走出
创业与创业投资
的误区

彭健 著

知识产权出版社
全国百佳图书出版单位
—北京—

图书在版编目（CIP）数据

走出创业与创业投资的误区 / 彭健著. —北京 ： 知识产权出版社，2022.8
ISBN 978-7-5130-7912-9

Ⅰ. ①走… Ⅱ. ①彭… Ⅲ. ①创业投资—研究 Ⅳ. ①F830.59

中国版本图书馆CIP数据核字（2021）第243478号

内容提要

这是一本关于如何创业及揭秘创业投资本质的书。本书共收录作者的143篇随笔文章，分为上下两编，上编“创业，从商机发现到价值实现”，下编“创业投资，服务创造价值”。作为一名大学教师，同时又是一位资深的风险投资者，作者将其多年的教学经验和自身风险投资的实践经验集结成册。本书不仅可以启发读者的创业意识和投资观念，更能帮助读者理解创业和投资背后更深层次的价值基础。

本书可作为创业者、风险投资者和并购领域的从业人员及准备从事该行业的读者使用。

责任编辑：李小娟　　　　**责任印制**：孙婷婷

走出创业与创业投资的误区
ZOUCHU CHUANGYE YU CHUANGYE TOUZI DE WUQU
彭健　著

出版发行：知识产权出版社 有限责任公司
网　　址：http ：//www.ipph.cn
http ：//www.laichushu.com
电　　话：010-82004826
社　　址：北京市海淀区气象路 50 号院
邮　　编：100081
责编电话：010-82000860 转 8531
责编邮箱：lixiaojuan@cnipr.com
发行电话：010-82000860 转 8101
发行传真：010-82000893
印　　刷：北京中献拓方科技发展有限公司
经　　销：新华书店、各大网上书店及相关专业书店
开　　本：720mm × 1000mm　1/16
印　　张：16.5
版　　次：2022 年 8 月第 1 版
印　　次：2022 年 8 月第 1 次印刷
字　　数：244 千字
定　　价：79.00 元

ISBN 978-7-5130-7912-9

导读

我写导读的目的是希望读者阅读本书时更顺畅。我首先回答四个问题：谁适合读这本书？为什么写这本书？本书有怎样的特点？本书的结构是什么？

1.谁适合读这本书

本书的读者定位是创业者、有计划创业的人、对创业感兴趣的人；创业投资者、有计划进行创业投资的人、对创业投资有兴趣的人；希望了解或研究创业与创业投资的人。

2.为什么写这本书

我创办过企业，也在创业投资公司里工作过，所以算是有一定实践经验的。

我目前从事创业与投资相关的教学工作，比起忙碌的创业者与创业投资者，有更多的时间反思。同时，我又身处行业的边缘，在行业边缘往往能更好地反思。

中国创业投资发展的时间较短，对很多问题还需要认真梳理与沉淀。例如，创业投资机构的最终客户是谁？客户的需求是什么？创业投资提供的产品与服务是什么？商业模式是什么？创业投资究竟创造什么价值？这一系列本质性的问题，一些创业投资者可能没有时间和精力去深入思考。

3.本书有怎样的特点

本书是对创业与创业投资的思考后写成的笔记，我尝试从不同角度对创业与创业投资提出一些新的观点、命题，侧重架构创业与创业投资的逻辑体系。

本书涉及一些创业与创业投资的实务操作方法，但又不属于操作指南的工具书，侧重对实践形而上的思考。我希望从更本质的层面对创业与创业投资的概念、原理与内在规律进行探索。

本书用的是一边思考，一边讨论的文风，力求在语言上平实；具有可读性，跳出专业语境，用家常话讲道理。

4.本书的结构是什么

本书包括两个部分，上编讨论创业，下编讨论创业投资。

上编创业，从商机发现到价值实现，主要由以下内容组成。

第一章分析创业者，从正确地看待创业者的成功与失败开始，重新描绘创业者形象，使创业者对创业、目的、人生选择进行再认识。

第二章分析企业，包括企业的要素、企业的本质、企业的边界、企业的经济价值、未来的变化趋势。

第三章探讨创业，包括创业的定义，如何发现商机、整合资源要素，找到合伙人与最初的员工，如何融资、找到适合的商业模式。

下编创业投资，服务创造价值，主要由以下内容组成。

第四章分析创业投资，从金融资产与实物资产的角度辨析什么是投资的本质，投资一家企业究竟投的是什么，创业投资的概念、本质、与风险的关系，以及创业投资的金融中介作用与超越金融中介的作用。

第五章分析创业投资是怎样发现价值、锚定价值、创造新价值并实现价值的；包括如何募集资金、如何尽职调查、如何评估并遴选创业企业、如何投后管理，如何增值服务，如何退出。

第六章梳理创业投资的商业模式，分析创业投资的客户分为哪些类型，最终的付费客户是谁，创业投资提供产品与服务到底是什么，创业投资如何通过交易结构来满足不同利益相关者，创业投资商业模式的内核是什么？

第七章讨论创业投资与创业企业的关系。投资决策前创业投资机构与创业企业如何沟通？如何谈判博弈？如何匹配合适的对象，投资后，创业投资过程中如何避免创业企业的投机行为，如何培育创业企业成长，如何破除创业企业的组织刚性与创业者的思维边界，如何通过资本市场的折现机制帮助创业者在今天利用未来的价值交换资源。

如果你没有太多时间仔细阅读并思考，本书在每一节中都用加粗的字体标示了重点内容，你可以只浏览重点内容，在一两小时内了解本书的主要观点。

如果你有时间，我很高兴你能慢慢阅读它，在“沙子”里找到一些“金子”，在每一页的文字里结合你的思考，淘出这些“金子”。

不管你选择哪种阅读方式，在此感谢你能用宝贵的时间打开这本书，感谢你的阅读。

目 录

上编
创业，从商机发现到价值实现

第一章
什么是创业的真相

第二章
什么是企业

下编
创业投资，服务创造价值

第四章
什么是创业投资的本质

第五章
创业投资，如何创造价值

第六章
创业投资的商业模式是什么

第七章
创业企业与创业投资者的关系

上 编

创业，从商机发现到价值实现

创业，你准备好了吗

2012年春天，我回到母校任教，主动申请了一门公选课，供学校里有兴趣的学生选修。因为我曾经不止一次创业，虽然最终都不算成功，但我认为从失败的教训中学习，收获会更大。卡尔·波普尔认为，哪怕一千次的证实也未必保证一个理论一定正确；而证伪更容易，只要有一个实验数据证明这个结论是错的。只需要看到一次黑天鹅，就可以颠覆数千年来无数次观察所验证出的结论——天鹅都是白的。

证伪，是对通行的结论找到反面的例子。通过反面的例子使我们更容易接近真相。

所以，我想给学生讲创业，与学生分享我的创业心得。

有数十个大二、大三的学生申请了我的创业课程。在课上，我问学生："未来想创业吗？"本来我以为在众多的公选课程里选了创业课程的学生，对创业应该是感兴趣的，但其中真正想创业的并不多。并且我发现他们对创业的认知，几乎都来自媒体对创业成功者及其故事的报道。即使是想创业的学生，对创业也普遍缺乏认知与心理方面的准备。

第一章

什么是创业的真相

提到创业者，我们的脑海中会浮现一些人的形象，如雷军、史蒂夫·乔布斯、马化腾、马克·扎克伯格等。他们是创业者，更准确地说，他们是成功的创业者。

但还有另一类创业者的形象，他们是不断拜访投资人的新经济企业的创始人，期望能够尽快拿到下一轮融资，以避免公司资金枯竭；寻找模式转型之路的传统行业私营企业主，他们有过创业的经验，并且还算成功，但从事的业务正在衰退或陷入“红海”，企业面临转型，某种程度意味着再次创业；苦苦坚持中不断反思是否该把企业关张的中年老板，他们已经创业多年，再也没有当年的热忱，现在的企业像不争气的孩子，有感情，却没出息，继续干下去，企业不能盈利，不干下去，又干什么呢；刚刚起步的充满希望与想象的青年创客，他们才是创业者中的大多数。

成功者的光鲜、媒体报道的有意选择与凸显，容易让我们产生认知偏差：以为那些我们更熟知的成功的创业者就代表了全体创业者。实际上，成功的创业者是创业幸存者。

据统计，在美国，新创公司第一年有40%破产，5年内有80%破产，在活下来的20%中，在第二个5年又有80%破产，存活10年的比例仅为4%。创业中的幸存者是胜利者，他们打扫战场的同时收割成果。

创业是勇敢者的幸存游戏

创业是勇敢者的幸存游戏，幸存者解释胜利。但是，他们向世界解释成功时，常常忽略了最主要的因素。

我们经常在媒体上看到各种创业英雄，看到他们的睿智、穿透时代的目光，听到他们的勤勉与力量，被他们的故事所感染。**人不可能两次跳进相同的河里，在时代的高速变迁下，复制别人无异于刻舟求剑。**

青年宜动，游侠江湖；老年宜静，坐拥书城。这是很好的人生安排。和平年代，创业的挑战与刺激，近似游侠江湖，对于一个怀有雄心壮志的青年，值得尝试。我认为一个人在青年时代应该去挑战，但是，在创业之前要知道不是所有的人都能笑傲江湖。

当我看到媒体上某个创业英雄回溯创业历史的慷慨激昂，会想起1998年斯皮尔伯格拍摄的电影《拯救大兵瑞恩》中的开场。美军在诺曼底海滩登陆，数以千计的美国士兵从数以百计的登陆艇上跳下来，踉踉跄跄地涉水奔向奥马哈海滩，穿过海滩上的德军机枪的密集扫射。**一名士兵最终能否活着冲到敌人的阵地，并不取决于他多么训练有素，多么善于躲避子弹。他无法穷尽计算敌军扇面射击呼啸而来的难以计数的子弹的全部运动轨迹，也不可能设计自己最安全的奔跑路线。**无论他多么智慧，多么敏捷，多么勇敢，多么英俊，都有可能被射中。换句话说，他是否被射中，和他自己的天资与努力无关。当他穿过枪林弹雨冲上滩头，胜利地占领敌人的阵地以后，扪心自问：为什么这么多的战友倒在了沙滩上，而自己仍然活着？

每个仍然站在奥马哈海滩上的幸存者环视左右，该怎样解释过去的几个小时内人与人的境遇为何如此不同？

最有可能的答案是什么？更多的美国士兵会说：“上帝保佑。”

当然，在他接受战地记者采访时，或许会给出更励志的回答——子弹会为勇气让道。同样勇敢的战友碰上了子弹的运动轨迹，勇气只是活下来的非充分非必要条件之一，就像努力也只是一个人成功的非充分非必要条件之一。成功者容易把自己的成功归结于努力。这样的归因显得更励志，似乎也更理性。

其实，成功背后真正的原因是概率，一场战斗总有人牺牲，总有人幸存，和勇敢、技能有关又无关，和上帝保佑有关也无关。我猜想在战场上，有很多在心中默念“上帝保佑”的士兵也撞到了无规则飞行的子弹而倒在“沙滩”上。

掷骰子的本质是概率。战争中总有百分之多少的人会死，这个概率叫作阵亡率。对于诺曼底登陆的统帅德怀特·戴维·艾森豪威尔而言，无论是战前参谋的沙盘推演，还是战后的统计上报，在可容忍范围内的阵亡率是一种代价，换取盟军第二战场的开辟。阵亡率是一个冷冰冰没有情感的百分比数字。但是，对于死在沙滩上的士兵，这个数字是可怕的100%，而对于活下来的人，这个概率是0。

对于整体而言，每一个个体的概率都是0或1，只有这两种可能之一。

每一个士兵很难从理智与情感上理解作为一个总体的诺曼底战役的阵亡率，如果他毫发无损，会说自己足够幸运；如果受伤了，会说自己倒霉；如果死了，也就不可能再发言。所以，我们听不到他们的解释。

对于个体而言，我们把它称为运气，对于整体而言，就是一个数学概率，所有个体的运气在总体上反映为概率。当一场战斗结束，多数人说自己运气好，我们就能统计出阵亡率很低。

创业企业的平均寿命只有三年，说明“阵亡率”很高，创业维艰。美国的本·霍洛维茨写了一本关于创业的书《创业维艰——如何完成比难更难的事》（*The Hard Thing About Hard Things—Building a business when there are no easy answers*）。**创业是比困难更困难的事情，创业的挑战就**

像和平年代的战斗。

我认为，创业就是一次次冲过1944年6月6日诺曼底登陆时的奥马哈海滩。

泰坦尼克号的幸存者与抽样偏差

泰坦尼克号沉船之后，有人对被救起来的幸存者作过一次调研。调研者问：你们在海里等待救援时，是否在嘴里说过或者在心中默念过“上帝保佑”。结果显示，绝大多数的幸存者都说过这句话。这是不是可以证明大多数说“上帝保佑”的人可以活下来，上帝真的存在并显示神迹吗？

事实上，这只是一个典型的抽样偏差，因为调查抽样的样本是活着的人。我们有理由相信，那些死去的人在海里漂浮，奄奄一息的时候，也同样说过“上帝保佑”。

如果要研究哪些因素导致创业者成功，我们的样本应该从全部创业者中抽取，而不是仅仅听取成功者如何解释。正是因为有很多不能在媒体上发言的创业失败者，所以从创业成功者身上总结成果规律也存在抽样偏差。

在世界某一个角落，或许有一个人和那个成功者一样预见到即将来临的商业机遇，同样开始创业，开展类似的项目，也同样勤勉努力，但并没有创业成功。

我们无法像医药临床一样进行双盲实验[1]，没有两个平行时空的地球来对照。历史不能假设，我们也很难用科学的方法找到创业成功者成功的根本因素。

成功故事的事后归因

成功故事就像战争中的幸存者在接受采访一样，倾向于把一个人人生中

---

[1]双盲实验是将实验对象分为病人组与对照组，病人组用药，对照组用“宽慰剂”，经过比较，判断药物的有效性。

的一系列事件的随机结果与这个人的某些性格、品质联系在一起。在事后复述历史，总是可以找到当时没有发现甚至事实上并不存在的某些因果关系。这种事后归因找到的规律总在说明，幸存者的成功是某种必然，因为他们具备某些特质。

这些特质或许是他们成功的重要因素的一部分，但远远不是全部，那些我们所不知的部分可能是更重要的因素。

人们比较容易出现的特点是把成功归因于能力，把失败归因于自己控制之外的事物，是某种显在的客观原因或者说不清楚的偶然性，归结为运气。一个人成功是因为他能力出众，因为他优秀，失败是因为外界客观原因，因为运气不好。

我认为一个真正客观的人，应该承认成功既有必然性也有随机性。

确实，一个人成功的因素在相当程度上，是说不清楚的，至少不像媒体报道的创业故事与成功者传记里表达的那样清晰明确，我认为更应归因于某种随机性或者说偶然性。

人类倾向于因果逻辑，喜欢事后归因，但实际上事物之间的因果关系远比我们能够理解与分析的要复杂得多，也更加混沌。在成功故事中，人们总是习惯于对成功者事后归因。

成功来自正确的选择，但是选择时未必基于睿智、能力、信息与分析，更多的可能是基于勇气。因为人们很难掌握选择所需的全部信息，也很难具备选择所需的足够理性。成功者当初的选择，很多可能是随机选择，甚至是无奈的被迫选择。事后证明这个选择是正确的，获得成功，当初并未深度思考的随机选择变成了深谋远虑，当初并没有替代方案的无奈选择变成勇往直前，一系列的选择被理出一条因果逻辑清晰的脉络，似乎成功者的成功恰恰是在很多个岔口都做出英明的决策。必然的逻辑代替偶然的运气。

你也许会反驳，一次决策正确可能因为运气，因为偶然，这么多次的决策正确，一定不是因为运气。怎样解释一些优秀的创业者，比如我们众所周知的企业家，在人生中做出很多次正确的选择与决策呢？

在赌场里连续押对二十次的人

一个人有没有可能仅是随机，而并非因他的能力超群而连续决策正确呢？

当林子足够大，鸟足够多的时候，总有一只栖上正确的枝头，而且正确的选择不止一次。

我们可以想象一个亿分之一可能的极小概率事件，当分母足够大时，无论概率多么小，一定有一些幸运的人。

我的朋友在澳门赌场里见到一位客人，那晚他连续押中二十次，吸引了几乎半个赌场的关注，他所坐的赌台围满了人，很多人跟着他下注，并随着他的再次押中分享他的运气而欢呼雀跃。那晚，他带着所有人艳羡与膜拜的目光离开。这个连续押对二十次的人赢了大钱，走出赌场时，也许有人会问他：为什么你能连续赢二十次？如果他是一个既清醒又老实的人，他会说：我怎么知道？或者我今天太走运了。但是，这样的回答，对于经济学者、媒体及围观群众而言，听起来不够有研究价值、新闻价值及励志的作用。聪明的或者自以为聪明的赌徒会这样解释："我连续赢了三十次，因为我是高手，我擅长计算、分析、判断……"甚至在他的心里也认为自己是高手。

他真的是高手吗？请他明天晚上再来赌场试一试。

我的朋友第二天又在赌场里看到了那位客人。在连续输了几把后，那位客人离开赌台，风光不再。他聪明的是没有继续玩下去，因为他知道今天运气不在了，他并没有什么超出常人的能力。

同样，在商业环境中，有不止一千万人在办企业，有一些人会在商业决策上连续正确二十次。其实，完全不需要连续正确二十次。商业不同于赌场，每一局都不是全新的，每一次选择都在上一次正确所形成的正向结果之上叠加。一个人只要有几次连续正确的选择，就会获得更多的资源、更好的位置，能做出更优的选择。失败未必是成功之母，但成功往往是成功之父，小的成功可能导致更大的成功，这是马太效应，也有冥律法则。

一个人很可能是因为某种随机的原因而稍稍领先于他人，进而由于马太效应和幂律法则加剧了这种领先。

1996年，我在中央电视台的《经济半小时》栏目实习的时候，曾经采访过春兰（集团）公司。当时春兰（集团）公司的空调如日中天，珠海格力电器股份有限公司、美的集团都望尘莫及，以春兰（集团）公司为楷模，以春兰（集团）公司的创业家陶建幸为偶像。

确实，陶建幸是成功的创业者，他把一个小厂在几年内带到上市公司，成为行业第一、中国空调大王。随后，春兰（集团）公司进入电视机、洗衣机、甚至行业不具有相关性的摩托车、卡车等行业，仍是一路凯歌，它的摩托车业务营业收入破10亿元，卡车业务利润贡献破2亿元，新能源电池研发通过行业技术验收。可以说，在10年左右的时间里，陶建幸的决策连续正确，春兰（集团）公司连押连中。

进入21世纪，春兰（集团）公司旗下的摩托车、机械制造开始亏损，随后空调板块的经营业绩也开始连续下滑，现在的营业收入已不足当年的“小弟”珠海格力电器股份有限公司的百分之一。

也许春兰（集团）公司当初的连续正确只是一种随机性，如今的连续不正确也只是回归均值。无论是概率论还是历史观，从长期看，都会回归均值。在上一个晚上连赢二十把的客人很难在下一个晚上继续。

随着经济高速增长的放缓，我们不断听到这样的消息，某个著名的曾经风光无限的创业者在一个新的领域倒下了，甚至在自己原有的领域倒下了。如果我们认为是他的特质造成了他的成功，为什么同样的特质，在一个新的领域或者新的时期会突然失效？

由此可见，决定他成功的未必是他身上的特质，而很可能是他所处的时代。

有没有所谓成功者的特质

有很多人试图归纳成功创业者的特征，尽管他们出身、性别、身份、学历、职业、年龄并不相同：他们中可能有从乡村走出来的，如曹德旺；可能有从海外归来的，如李彦宏；可能来自殷实的中产阶级家庭，如比尔·盖茨；可能被人领养长大，如史蒂夫·乔布斯；可能50岁创业，如尹明善；可能20岁创业，如马克·扎克伯格。但是，媒体、学界、创业投资者仍然努力地从成功创业者的性格、思维模式、行为模式、价值观、精神与能力等维度，寻找他们的共同特点。

成功的创业者有没有共同特质呢？我看到很多文章给出不尽相同却又相近的结论，如远大的追求、强大的执行力、宽广的胸怀与高情商、乐观、抗压、执着等。

这些特质确实出现在很多创业成功者身上，对于一个人的创业成功也确实非常重要。

但是，也存在一些反例。有的成功的创业者，并非源自梦想远大，当初的创业动机比较多元，可能仅是为了活得更好，如"瓜子大王"年广久；甚至有些人是被动的选择，是被创业。

大多数所谓的成功创业者的共同特质中，都不难找出一些反例来证明，他们中的一些人并不具备这些成功特质，但创业成功了。根据波普尔的观点，经验真理不能被肯定，只要有一个观察或实验数据证明这个结论不正确，就足以证明它的不正确。世界上只有两种理论：一种是已经被检验，并发现反例，被证伪的错误理论；另一种是尚未被证伪，但将来有可能被证伪的暂时正确的理论。

远大的追求、强大的执行力、宽广的胸怀与高情商、乐观、抗压、执着，这些所谓的优点特质，也许不仅是成功的创业者身上有，在那些失败的创业者身上也有。

由于我做过多年的企业咨询与创业投资，曾经接触过数以百计的创业者，他们中的大多数都具有远大的追求、强大的执行力、宽广的胸怀与高情商、乐观、抗压、执着等特点。这些特点与其说是成功的特质，不如说是大多数创业者的特质。

但是，仍然有大多数创业者们，他们并没有因为具备这些特质而成功，并出现在媒体上。换句话说，那些被媒体与所谓的学者总结出来的特质，并不是创业成功的充分条件。

是必要条件吗？我仍然不能确定。我看到过确实有并不完全具备这些特征的创业者最终也成功了，虽然出现的频次不高，但也可以作为反例。

可能某个人只因为在合适的时间出现在了合适的领域，所谓天时与地利，站在风口就被吹了起来。而这个人出现在那儿，并非来自他的睿智，而是一种随机现象。在这一点上，我是塔勒布的观点的信徒，我们可以用概率来解释这些偶然与幸运。一只停了的时钟，在一天内也有两次时间正确。

〉〉 随机性的大与小

我认为如果说有一条是所有创业成功者确定的共同特质，那就是：他们都创业了。如果我们没有勇气创业，就不可能成功。勇于创业是创业成功的前提。这是本书的一个关键词——勇气，没有勇气开始，就不可能碰上偶然性的运气。

注意！我要说明的第一点：不是所有人的成功，运气都是主要因素。

偶然性在创业这种高度不确定性的过程中，以及商业这种充满随机性的环境中，作用更为显著。

但是，对于很多工种与行业，随机性的作用不大。不管多么偶然，我这辈子不可能跑过刘翔。一个专业的乒乓球运动员，把一只胳膊绑起来，也能让我在一场比赛里一球不赢。很多职业是基于先天的超人禀赋与后天的海量训练，对于身体、智力、技术、知识、经验的要求极高，比如运动员、飞行员、软件工程师。

我要说明的第二点：虽然我认为创业者的成功有运气的成分，优秀的创业者未必成功，可能因为缺少运气；但是，成功的创业者一定有其优秀之处。

这些优秀之处不是来自随机性，而更可能是来自知识的结构、身体的素质、生活的磨砺，是先天与后天共同作用下形成的一些思维方式、行为方式、心理素质。

他们能够同时接纳两种相反的思想，在脑海中同时运作而不困惑，如追求成就的强烈动机与欲望；如遇到困难时总是更愿意去想解决方案而不是抱怨；如努力去避免导致自己彻底失败的严重风险的同时又常去主动承受一定的风险；如对自己的苛刻、纪律性与勤勉。

如果要开列清单，这个清单会长达数十行。但是，这不是创业者必须照本修炼的，更不是创业投资者选秀的标准。

所以，我认为一个创业者没有必要去寻找所谓的成功的共同特质。

即使我们证明成功的创业者确实有些共同的品质，如在逆境中的抗压能力、对市场机遇的把握能力，但这也并不能证明这些特质就是成功的必要条件。有些特质并非是成功的因，而是创业的果。是他们生而就具备这种特质，这种特质促使他们成功？还是在创业的道路上被环境逼迫而塑造的特质？

可能是创业过程中复杂的思考使他们开始习惯同时接纳相反的思想；可能是创业领导者的责任使他们不得不在遇到困难时去想解决方案而不是抱怨；可能是创业的高风险性使他们在避免导致彻底失败的严重风险的同时又常常去主动承受一定的风险。

有时因果是一种循环加强。创业者敢于承担风险的心理素质使他开始创业，创业中不断承担风险进一步提高了他的心理抗压力，也就能够承担更大的风险。在这样一个因果循环中，我们很难判断哪个是因，哪个是果；哪些是自变量，哪些是因变量。

我有一个创业的朋友曾经说："坚强是因为不得不坚强。"如果他当时选择了另一条道路，他的性格特质可能发展成另一种样子。

同时，一些看起来并不具备那种特质的人，被放在创业者不得不面对的特殊情景中，他们也会被激发出抗压能力与判断力。

我在初三暑假的时候，曾经爬过家乡的一座高崖。那座断崖一侧稍缓，大约有五六十度，另一侧更陡一些，大约七八十度，接近垂直。当时，我患有甲状腺功能亢进症，又处于青春期，瘦得像一根"木柴"，并没有什么臂力。一天清晨，我想挑战自己，爬一爬那个相对更缓的断崖，结果攀着一块石头又一块石头，逐渐地偏离了路线。当意识到，我在那面几乎垂直的陡崖的半壁时，退回去和爬上去同样无比困难。这时，我只能咬着牙往上爬，路变得越来越陡，我的体力已经透支，我打算放弃，但当我往下看时，感觉非常害怕。我想我只能在那里龟缩不动，直到有人看到来帮助我。但过了一会儿，我明白：这里可能一两天都不会有人经过。我感到非常无助，此时有种恐惧与绝望感。当我歇了一会儿，又咬牙继续往上爬，最终我竟然爬上去了。我过去没有攀岩的经验，也不认为自己有什么样的天赋，甚至一点儿也不勇敢，我能爬上去，只是因为当时没有别的选择。

有时坚持是因为无路可退，有人的坚强因为不得不坚强。伟大的人未必生而伟大，所谓的成功特质未必是成功的前因，而是走向成功的过程中，不断得到的正反馈，从而沉淀并强化后的产物。

如果在山崖顶部有人问我：你怎么会攀上如此陡峭的断崖？我该怎么回答别人的提问，是说我勇于挑战极限？还是说出我的心里话？或者说："天哪，老天保佑，我自己到今天都想不起来我是怎么爬上去的。"

所谓成功者的特质，可能是他们具有判断与决策能力。这一点他们可能确实优于常人，但我认为这种优于常人的程度也不过是一点点。

我见过很多企业家在作决策的那一刻，心中对决策的结果没有百分之百的底气，他们想说的，可能和我攀上山顶时说的话一样：老天保佑。

我在做企业负责人的时候，也经历过很多这样的时刻，我不会告诉别人，只能自己扛，为了给员工打气，我还会把这个过程说得慷慨激昂。

《相对宇宙》一个人的两种人生，星探与林青霞

我看过一部美国电视剧《相对宇宙》，讲的是地球的两个平行时空。在电视剧的其中一集中，同一个女孩在一个时空成长为杀手，而在另一个平行时空成为小提琴家。她们有着同样的性格与童年，不同的是在两个不同的时空中长大，形成不同的人生，这样的不同，一方面，来自选择，人生本来就是一连串选择的结果；另一方面，来自其他人的影响，如遇到一个影响一生的人。

社会中的每一个人都像物质中一个粒子，在各自无规则的运动中相互发生作用，因为粒子间的力，不断相互吸引、相互碰撞而改变原来的轨迹。

我们今天人生的样子，很重要的原因是遇到了一连串的人而改变了我们。初恋的女孩、提携我们的贵人、一个好的领导，以及与我们共建家庭的另一半。

一方面，性格决定命运，因为性格影响选择；另一方面，命运也塑造性格。而命运与我们遇到的人与事件相关。所以，从成功的创业者身上寻找某些确定的共同的特质，意义不大。

很多投资人说，创业投资，就是投人。所谓投人，确实需要评价、遴选创业者。很多投资人会在意识或潜意识中应用类似曾国藩《冰鉴》那样的识人之道，去辨别创业者的潜质。但这并不意味着可以慧眼识珠发现某种具有成功特质的创业者，或者找到具有成功特质的创业者，就能投中成功的创业企业。

创业投资不是街头的星探，一眼发现恰逢花季的林青霞。

即使当年作为学生的林青霞被星探发现因出演《窗外》一举成名，也不能认为星探就是一群独具慧眼的人。

一个星探的工作是在街上寻找漂亮的姑娘与小伙。他们的收入取决于他们向影视公司推荐的漂亮姑娘与小伙的人数。像林青霞这样被星探发现而成名的有多少？确实有一些，但在明星中的比例不高，和星探推荐过的人数相比，比例一定更低。

换句话说，星探推荐了很多个漂亮姑娘，其中有一个叫林青霞。同样，创业投资投了很多有潜质的创业企业，有的成为阿里巴巴公司。有人计算，过去的二十多年里，软银的孙正义投资了800多家科技企业，获利的有40家，赚了1700多亿美元，其中1600亿美元是从阿里巴巴公司一家企业赚来的。就像连续买了800多天的彩票，有40天中了些小奖项，有一天中了大奖。

还有一个问题，是星探发现了林青霞？还是《窗外》成就了林青霞？借鉴美国电视剧《相对宇宙》的思维，我们也可以想象平行时空里的两个林青霞，同被星探发现，一个被推荐出演了《窗外》，一个被推荐出演了一部劣质剧。

事实上，有一种可能：有一个姑娘有着和林青霞差不多的美貌，气质脱俗，也被星探推荐到影视公司，但她遇到的是一部劣质剧，人没红，自己又失去了兴趣与动力，也就不会像林青霞一样继续在演艺的道路上前行。

也有另一种可能：一个姑娘有像林青霞一样的美貌，气质脱俗，也有表演天赋，但一直没有被星探发现推荐到影视公司。

星探在街头发现美丽、有特点、有气质的人，给他们（她们）机会打开一扇窗。但是，他们真的有多么神奇的慧眼？

与其说林青霞是被星探发现的，不如说林青霞是被星探碰到了，又被《窗外》及后面一系列的作品碰到了。这也是创业者与创业投资者关系的本质。

所以，不是有了优秀的创业者，就一定会有成功的创业企业。

创业者，迎接不确定性的人

我们说过与其归纳成功创业者的特质，不如归纳创业者的特质。

创业者的特质同样和他们的社会属性没有什么必然联系，他们可能是某一类社会群体，如体制外的打拼者；也可能是中产阶级或者政府官员。不同于前者是为了生存而创业，后者的动机可能是实现抱负或者谋求改变。

对，改变！实际上即使是被创业，在行为动机的深处都有一个特征——改变。改变贫穷的现状或者改变生活中单调的重复，改变自己的人生或者像史蒂夫·乔布斯一样改变外边的世界。

所以，创业者的共同特点是有意愿改变，接受变化。变化意味着不确定性。创业充满了未知，充满了不确定性。

风险被定义为不确定性，因此创业企业也被称为风险企业，创业投资也被称为风险投资，创业者也被称为风险企业家。

创业者共同的特质是对不确定性的感受与态度。一般的从业者是风险的厌恶者，不希望或者不喜欢总是面对不确定的工作、生活状态，希望下个月、明年都有确定收入。而创业者对变化有更高的适应度，更能接受不确定性。创业者很难确定自己未来几个月的收入水平，也不确定自己明年的业务内容。因为创业是在不确定的世界中，创立一个没有过的企业，这比在一家事业单位上班更加不确定。

也许因为不确定性是创业的特质，因此造成接受不确定性成为创业者的特质。也许是因为创业者更喜欢不确定性，更渴望冒险，所以才选择充满不确定性的创业。也许互为因果。

创业者是创业企业的重要风险承担者。

首先，在科技创业企业中，最重要的是创新能力，企业生存与发展的基础由物质资本为主转向人力资本为主，人力资本所有者成为企业发展的决定性因素。人力资本投入创业企业，也具有投资的专用性，很难移为他用，对于创业者来说，创业失败，将损失创业时期内的其他机会成本。

其次，在资本流动的背景下，货币资本的所有者如果不愿意继续承受一家创业企业的风险，可以通过事前的协议条款，要求创业者回购股权，可以把股权转售给其他投资者，一般会锁定创业者，因此创业者很难从一艘将沉的船上提前离开，否则会损失个人信誉。而且，即使创业投资机构在一家创业企业中的货币资金亏损或者沉没，对于他们而言，这可能只是一个投资组合中的一部分，这个投资组合中包括若干个其他创业企业的投资标的。所以，一家创业企业的失败，是创业投资机构可以接受的损失。而对于创业者来说，则是一段生命与内心煎熬的真正的损失。虽然，创业者也可以再次创业，东山再起，但是很少有创业者可以接受多达五六次的创业失败，长期没有成功的正面激励，再坚强的创业者也很难百折不挠；而创业投资行业的失败率一般超过50%，甚至有时高达90%。说到底，货币资金可以分散投资，可创业者的人生只有一段。

货币资本与创业企业的关系在弱化，而创业者的人力资本与企业的关系在强化，企业风险的主要承担者是创业者。

企业家这个概念于1775年由法国经济学家理查德·坎梯龙提出，他把企业家定义为承担经营风险的人。

》我们不知道下一只“黑天鹅”在哪里起飞

人的本性习惯于在一个重大黑天鹅事件发生时，为它的发生寻找理由，使它变得可解释，并在未来可预测。

第一，虽然人类倾向于因果逻辑，但世界的复杂与混沌，事物之间的错综关系，已经远远超过我们的理解与分析能力，我们不可能穷尽所有的自变量去预测结果变量。正如波普尔认为知识永远是不完备的。

第二，人类大脑的结构也早已经被脑科学充分证明有其局限性，不确定性心理学的鼻祖丹尼·卡尼曼和阿莫斯·特沃斯基用一本厚厚的书《思考，快与慢》告诉我们认知习惯的缺陷。就像大卫·休谟所说："理智是情感的奴隶。"

第三，对于社会实践活动的预测，还存在索罗斯所说的"反身性"。每个参与者的片面的观点影响他的行动，错误的观点导致不恰当的行动，参与者的意见影响事态的发展，而事态的发展又影响参与者的意见，这种相互影响持续而循环，形成一个反馈回路，进一步加大不确定性。

经济学家明斯基对金融投资的观点与索罗斯的"反身性"有相通之处。

一是人们在稳定和没有意识到危机的时候，总是被自大麻痹，降低了对可能发生的问题的认识；二是人类的冒险与自大的行为会放大问题，以致加剧本来可以避免的危机；三是直到危机爆发，人们才意识到，并深感震惊，开始防御；四是危机过去不久，人们很容易忘记；五是人类的缺陷会造成危机在下一次还会发生，同样不能被预测。

虽然学者总是认为可以找到确定性的东西，然而不确定性才是社会发展的常态。"9·11"恐怖袭击、金融危机、特朗普上台、英国脱欧，没有被成功预测的黑天鹅事件虽然数量少，但影响重大，几乎改变了世界上发生的所有事情。

创业者故事，一般是缩简美化版

一个标准意义上的创业者故事，说的是这个创业者首先进行了思考，发现并预测了一片蓝海、一种趋势；然后通过市场和竞争对手分析，找到客户的需求，并且设计研发了能够满足需求的产品与服务；制定正确的战略与财务规划；整合资源、组建团队；不断地洽谈融资，推动企业一步一步地成长。

这是简化版本的创业故事，也有美化的成分。真实的世界没有如此清晰线性的因果逻辑。绝大多数公司成功时的方向和最初设想的都大相径庭。在每一步的岔口中，创业者未必是基于因果逻辑做出的选择，而很可能是一种赌博，是一种无奈，在尝试错误之后做出调整，而不是经过预测思考后的一步到位。

创业者向外界讲述的是简化版本的创业故事，他们一般会讲充满因果逻辑的故事，这样的故事更容易被外界理解，人类的认知模式先天倾向于有因果关系的坏习惯，更符合不确定心理学的鼻祖丹尼·卡尼曼和阿莫斯·特沃斯基所界定的“快思考”的模式，人类喜欢简化。

〉〉 效果逻辑

成功的创业过程往往是这样的：我们想实现我们的计划，如一路向西航行，到达印度，结果我们发现了美洲。

即便是一个创业者在出发时已经有了清晰的思路与规划，一旦开始做也会发生很多变化。创业在起步的那一刻起，就是在不断迎接变化，不断拥抱不确定性及不确定性所孕育的机会。

创业者碰到负面意外，一般不会就此放弃，而会重新审视手段和目标，寻找新路。就像河流遇到不转的山，就自己转变方向。

所以，创业者有理想信念的成分，但在实践中，又是实用主义者，或者说他不得不作为一个实用主义者，不得不以行动为导向。即使他们确实曾经构思过一条充满因果逻辑的通向未来的道路，但在行动中也仍然是不断尝试，调整当初的构思，发现有关未来的现实。

弗吉尼亚大学达顿商学院的萨阿斯·萨阿斯娃斯教授是创业认知研究领域的杰出学者，他提出了用于解释创业企业的效果逻辑理论，选择了27位创始人开展实验研究，主要研究发现如下。

（1）创业者是从手段驱动而不是目标导向的行动起步。创业者并非一开始就有一个明确的愿景或者产品创意，而是思考自己是谁，知道些什么，认识谁，然后联系这些利益相关者，寻找合作机会。随着新的资源组合被发掘和设计出来，愿景可能会形成，但推动发展的并不是愿景，而是手段、机会和利益相关者。

（2）创业者在评估机会时，考虑的是“可承受损失”，而不是预期收益。既然未来从本质上说不可预测，创业者就不会花时间去计算预期值，而是将潜在损失降低到自己可以接受的程度，即便没有那么成功，他们的损失相对那些凭借猜测潜在收益而进行大胆投资的创业者来说也要小得多。这种基于可承受损失的反复实验为获取宝贵的新资源组合创造了机会，也铺就了前行之路。

（3）创业者会设法利用意外而不是回避意外。创业者承认未来是不可预测的，最终的道路是未知的。因此，他们会保持灵活性，利用突发事件重新审视手段和目标。即使面对的是负面意外，他们的创业热情也绝不会因此而熄灭。

（4）创业者会召集一些愿意加入的人。他们建立大量的合作关系，常常把最初的客户变成合作伙伴，把最初的供应商变成投资者，把最初的投资者变成客户、员工，或任何其他身份。最终，他们会把投资者、客户、供应商和员工等利益相关者整合在一起，共同做出承诺，携手共创事业并营造相应的环境。

这是创业的效果逻辑理论，与之相反的是因果逻辑理论。因果逻辑也称为预测逻辑，因为它强调依靠精确的预测和清晰的目标；效果逻辑也称非预测逻辑，依靠机会、利益相关人，且是手段导向的。[1]

我认同效果逻辑的观点。

〉〉车的前挡风玻璃被涂黑时，如何向前驾车

创业的过程，如同驾驶一辆前挡风玻璃被涂黑的汽车，向着未知的前方行驶。虽然历史有其相似性、规律性，但仍然无法准确地预知未来。

于是，在不断的磕碰中，发现偏离道路，然后不断调整回到正确的路

[1] 张玉利，薛红志，陈寒松，等.创业管理[M].4版.北京：机械工业出版社，2016.

上。我曾经看过电影《盲探》，刘德华在影片中扮演一位盲人侦探，不得不驾驶汽车，他看不到前方的路，只能用汽车的车体擦着一侧的崖壁一路磕碰着慢慢地走。

这种磕碰，可以理解为创业者与客户、员工、资金提供者、供应商、竞争对手等各种不同的利益相关者不断互动，不断碰撞，不断根据客户的反应与竞争对手的动作随机应变。

就像一个孩子在犯错后成长。

既然未来是不确定的，创业者不会花太多时间去试图准确地预测未来，只是大致判断前进的方向，把握看得见的机会，并根据一路发现问题与解决问题的实践，不断地调试企业的具体目标，不断地整合所需的资源，直到各方利益相关者的需求和资源投入逐渐汇拢到一条可行的路上，就像河水被周围的作为限制性因素的山地收敛到最后的河道上奔流。河道不是被河水规划设计的，而是河水在地形的约束性条件下找到的。

〉〉 勇气与运气

既然一个创业者无法避免不确定性，那么正确的策略应该是尽可能多地勇敢尝试和把握不确定性所带来的机会，设法利用遇到的每一个不确定性，而不是回避不确定性。

亚历山大·弗莱明发现青霉菌污染了他之前的一个实验样本，这个不慎的意外，帮助他在偶然间发现了青霉菌的抗菌特征。伟哥最早是为了治疗高血压才开始研发，最后却成为提高中老年男性性能力的药物。1865年，一名药剂师潘柏顿为了配制治疗头痛病的药水，而在意外中发明了可口可乐，失败的药成了世界上最畅销的饮料之一。

科学家发现科技成果的过程，与创业者商业化的过程是一致的。每遇到一个无法预料的事件，他们都会自问：这个意外是否开启了一个新的机会？

法国微生物学家路易斯·巴斯德说：“运气青睐有准备的人。”他懂得实践中不确定的价值与偶然发现的意义，获得好运气的好方法是不怕失败，不断尝试，这才是真正的有准备。

我们之前说到创业是一次次地穿过1944年6月6日的奥马哈海滩，战士能否穿过德军扫射的密集的子弹取决于好运。但是，如果我们一直站在海滩上没有勇气奔跑，就不可能穿过去，而是被子弹放倒。勇气不会让子弹让路，但勇气有可能让我们碰到好运，而没有勇气开始，我们一定碰不到好运。勇气能让我们碰上运气。

创业者的思维是既然我无法预测未来，就不怕变化。即使进入经济低谷，也继续坚持。统计数据显示，在经济低谷期创业并发展的企业比在繁荣期创业并发展的企业存活得更长久。

培根说，给人类带来最重要的发展的往往是人最没有预料到的，是“想象之外的”。

缺少不确定性体验的大学生

未来是不确定的，创业者是迎接不确定的人，驾驶着一辆前风挡玻璃被涂黑的车，通过观后镜参照过去，驶向未来。相信效果逻辑而不是因果逻辑。

但是把这些感悟告诉大学生很难。

在我仅上了一个学期的创业课上，有学生问我他是否应该创业。我问他两个问题：“你希望你的人生充满变化，还是大体稳定不变？你是愿意在一个大致确定性的环境中工作生活，还是面对不确定性没有明显不适，甚至是在不确定性中工作生活更舒适？”这个学生说他希望人生充满变化，但不知道自己是否能够适应不确定。因为他不曾经历过，从小到大在家长与老师规定的确定性中生活。

2013年，因为一个偶然的机会，我开始为中国与以色列的经济技术合作机制服务了几年，接触了以色列这个创业的国度。关于这个国度的创业热情之高、创业成果之好，以及其背后的原因，已经有很多文章作过分析。

我认为出现上述现象主要有两个很重要的因素，一个是以色列的年轻人普遍服兵役，上战场；一个是他们上大学的年龄普遍比较晚。

战场是一个高度不确定的环境，以色列的男女青年在服兵役的过程中要面对恐怖分子等危险和复杂的不确定性，彼此讨论、达成共识、相互合作、战胜困难。所以，以色列人很喜欢辩论，不愿意接受指令，而愿意经过讨论决定，哪怕对方是领导或者权威。在谈判中有进攻性，敢于博弈，即使已经占了便宜还会要求更多。他们不怕挑战，在压力中安之若素。据他们自己分析，这和教育有关，也和青少年时期的经历有关。

以色列青年在青春期经历过巨大的不确定性，这种经历对人生十分有价值。

在我讲授创业课的课堂上，学生不仅对不确定本身没有足够的理解，也不确定自己想要什么样的人生。因为从幼儿园到大学课堂的十多年里，都是在规定的情境下，回答有标准答案的问题，做确定性的事。

我特别想告诉课堂上的大学生，其实，人生的本质同样也是驾驶着前挡风玻璃被涂黑的汽车，向未知的未来行驶。即使你不选择创业，你的人生仍然充满不确定性，早一点理解与适应不确定性，是人生的要义。

创业者，克服资源条件对内心追求束缚的人

创业的艰难，体现在两个方面：一个是面对未来的不确定性，不断验证性试错；另一个是创业者资源条件的相对匮乏。

创业的前提不是资源条件匮乏，不是只有资源条件匮乏才能创业、才去创业。

资源条件的匮乏不是绝对意义上的，而是相对意义上的；不是体现在资源条件的数量与规模上的，而是体现为资源条件的数量规模与创业者试图创立的事业相比，是否匮乏。相对匮乏指的是创业者已有的资源条件不足以支撑创业者的雄心。

这里强调的是创业的另一个特点，体现为资源条件对创业者的约束。

在这个意义上，创业者也可以定义为是需要克服资源条件约束的人。所以，本·霍洛维茨关于创业的书叫作《创业维艰：如何完成比难更难的事》。

如果没有资源条件的约束，没有艰难，我们通常不会认为那是创业。

对于创业者而言，不是他有的太少，而是他内心追求的太多。创业者的奋斗是不断克服资源条件对内心追求的束缚，而所谓的创业成功是这种束缚的释放。这是创业者不同于一般从业者的另一个特质。

一般从业者是根据自身具备的资源条件去工作、择业、生活；创业者不是根据自己具备的或者已经控制的资源去选择，而是根据出现的机会或者个人的意愿来选择。

从现有的开始，去整合没有的

当然，这并不是说创业者不从现有资源出发，只顾理想；恰恰相反，好的创业者往往是现实的理想主义者，从现有资源条件出发，以手段驱动，并不是一开始就有一个明确的目标或产品创意。

创业者往往立足自己是谁、自己拥有些什么、自己的社会关系、自己能够调动什么，在这个基础上思考、挖掘与发现机会。

但是，创业者不局限于自己具备的或者已经控制的资源，他们在内心深处有不断发展突破的动力，并且有能力不断设计并整合新的资源。

而且，由于创业是不确定的，创业者也不知道正确的方向在哪里，在试错中，资源快速消耗。创业者常常需要融资，通过不断的资源注入，弥补资源在试错中的消耗。

在一场资源消耗与找到正确方向之间的竞赛中，很多创业者在没有找到正确的方向之前，就已经资源殆尽。有的创业者高举高打，有的创业者小步快走。高举高打者，即使资源充沛，如果盲目下大赌注，会耗光资源；小步快走以更低的成本试错，验证产品、验证商业模式，不断修正，似乎风险更小。

但是，在新经济时代，快速也是核心竞技指标，以快制胜。在这场竞赛中，高举高打也好，小步快走也罢，最终的胜者是在不断整合外部资源时，先找到正确道路的人，或者更准确地说，是先碰到正确道路的人。

创业者整合外部资源也是困难的，资金厌恶风险，锦上添花易，但让资金雪中送炭很难。

创业者需要整合的资源不仅仅是钱，更主要的是人，当然很多人可以用钱雇佣，但也有很多人仅用钱无法交换。越是重要的、关键的、稀缺的人才越难以用钱交换。

创业者的生存与发展，是在外部资源条件相对内心创业意愿匮乏的状态下，不断整合资源的过程。

是资本雇佣劳动，还是劳动整合资本？

工薪阶级，以工作交换薪酬。按照马克思主义的观点：货币资本是以货币形式存在的资本，在流通中作为支付手段，购买生产所需要的生产资料，雇佣劳动力，形成生产资本。工薪阶级是被雇用的劳动力，劳动力使用生产资料，产出商品，形成商品资本，商品销售后再回到货币资本。

传统型的企业，企业产权以企业成立时货币资本的出资比例划分，投资者根据出资比例拥有相应的企业产权。经理、技术人员等是雇佣劳动者，按工作量与绩效取得相应的报酬，没有企业的产权，也没有对企业的收益权和处分权。在传统型的企业产权构造中，资本是主动方，资本雇佣劳动，劳动者处于受支配的被动地位。

新经济时代，随着知识型企业的出现，资本与劳动或者说货币资本与人力资本之间的关系，以及在企业中贡献价值的权重发生了变化。

土地、厂房、设备的作用不再突出，知识和技术的作用不断增强。金融体系的不断深化降低了获得货币资本的成本和难度，货币资本不再是稀缺的生产要素。而拥有知识和技术的人力资本相对于资本逐渐成为企业的稀缺要素。人才不是简单的劳动力，人才的地位在上升，投资者会给予经理、技术人员以股权和期权，让他们参与分配企业的剩余收益。因此，经理、技术人员也成为企业产权的所有者之一。

20世纪60年代，美国经济学家舒尔茨和贝克尔创立人力资本（human capital）理论，认为物质资本是附着在物质产品上的资本，包括厂房、机器、设备、原材料、土地、货币等；而人力资本是体现在人身上的资本，表现为人身上的各种知识、技能、容貌、身材、体能、干劲等存量的总和。

在我们的脑海中，人力资本被过多地理解为人的知识与技能，实际上远不止此。**人的容貌、身材、技能、知识、体力都属于人力资本。**

人力资本是主动性资本，它决定企业其他资本和人力资本本身能否获得回报及获得多少回报。因此，不是“资本雇佣劳动者”，而是人力资本所有者运用并整合资本。

所以，随着人力资本的崛起，“资本雇佣劳动者”的传统观点逐渐发生变化，即“劳动雇佣资本”。这样的表述也不准确，资本不可能被雇佣。我认为更准确的表述应该是人力资本支配货币资本，是人力资本与货币资本以企业为载体的合作，从企业价值的创造、核心竞争力、人力资本的稀缺性与谈判力方面，人力资本取得主导地位，成为企业更重要的资本。

创业者，货币资本无法雇佣的人

创业者是这样一类人，不管他是否在自己创立的企业中投入了货币资本，不管他投入了多少，他们是企业的主导者，他们不是货币资本的雇佣者，而是支配货币资本、进行资源配置的人。

在创业企业中，创业者投入的是货币资本和人力资本。

创业企业更多的是创业者（们）的人力资本决定企业的方向和内容，参与分享企业的剩余价值；而货币资本的所有者，有的成为债权人，像银行类金融机构，只获取固定的利息收益，有的成为合伙人，如创业投资机构，共担风险、共享收益，但只在有限范围内参与决定企业的方向和内容。

周其仁认为，在市场经济条件下，企业是人力资本（包括员工阶层和经理阶层）和非人力资本的所有者共同签订的一个特殊的契约。

在创业企业中，人力资本与货币资本形成新的以人力资本价值为主导的产权契约。在这个契约中，不再以货币资本的意志决定产权与主导权，二者的关系发生了逆转，货币资本变为被动资本，而人力资本变为主动资本。

人力资本在企业中的价值不断提高，成为企业生存和发展的关键性资源，在企业产权配置中的谈判力量也不断增强。人力资本所有者控制着人力资本的开发和利用，当他认为人力资本受到限制时，可以压缩人力资本输出，甚至不作为，因此对其只能激励。让最重要的人力资本掌握企业的所有权，对企业的发展有利。

当然，一般意义上的人力资本所有者仍然为资本所雇佣，也不是所有一般意义上的人力资本所有者都可以运用资本，整合资本。

能够运用资本与整合资本的往往是创业者。

》创业企业的人力资本与货币资本的权益分配

创业企业的股权分配是对投入要素的贡献和回报的预期权衡与交易的结果。

有的创业者以投入货币资本为主，较少甚至基本上不参与创业的过程。这类投资者常被称为“沉睡中的合伙人”。严格说来，他们不是我们所讨论的创业者，他们承担了不确定性，但没有投入更重要的人力资本。

有些创业者投入的货币资本很少甚至没有货币资本投入，他们投入的是自己的时间、脑力、心力和体力。这种股权常被称为“汗水股权”[1]。不同于传统企业根据出资比例分配股权，创业者们会参考每个个体在企业未来发展

---

[1] KAMM J B, NURICK A J. The stages of team venture formation: a decision-making model[J]. Entrepreneurship theory and practice, 1993,17(2):17-27.

中的贡献来分配股权，以保证合作的公平性。

创业之初，创业者拥有百分之百的股权，随着企业发展，在需要融资的过程中，不断地向外部投资人转移股权，交换资金。创业者和外部投资者会权衡对于未来发展、货币资本的贡献和人力资本的贡献，对股权的分配进行博弈。

货币资本可量化、可观察、可证实，可以被契约明确，投资者是真金白银的出钱。

可人力资本呢？价值如何判断？何况还是针对未来的价值。而且，人力资本不可转让，由自己控制，创业者是否努力很难证实，也很难在投资协议中通过条款规定创业者的努力程度，因为努力程度是很难外部量化的。

我担任投资决策委员会委员的创业投资基金，几年前投资了一家公司，这家公司的创业者之前颇有名气。在我们投资时，最大的顾虑是他心有旁骛不能为我们参与投资的创业企业全力以赴，所以在投资约定中强调要避免我们担心的现象发生。但是，我们担心的现象还是出现了，但这位创业者是否构成为违约？这点很难取证。这就是人力资本的特点之一。

创业的价值

创业的价值包括创业者人生的价值，创业过程产生的经济价值及社会价值。

先说人生价值。创业能够给创业者的人生带来什么？

有学生问我是否应该选择创业时，我除了问他对于变化、不确定性的感受与态度之外，还会问另一组问题，关于他的人生观。

你觉得创业能够给你的人生带来的价值是什么？是财富？是掌声？是荣誉？是被人认可，是自我实现？是造福社会？怎样衡量你的人生？

既然创业维艰，充满了不确定性与资源条件的约束，只有少数幸存者能够收割胜利，那么人为什么要选择创业？或许你们认为我反对创业。恰恰相反，我只是反对忽悠创业，我积极支持创业精神与创业文化。相比创业的国度——以色列，我们的创业精神与创业文化还有差距。

我认为，如果在理解了创业的艰难、不确定性、资源条件的束缚后，仍然不希望成为被资本或者领导支配的人，而是想成为支配货币资本的人，想要成为我的生活我做主的人，那么你就应该尝试创业。

我认为创业的价值在于过程，虽然结果也非常重要，但即使不能得到成功的结果，也可以尝试开始。就像作家在写作中有很多乐趣，创业者最好能够从创业的艰难与克服困难本身得到乐趣或者意义。

曾国藩说“躬身入局”，意思是与其旁观与评论，不如“躬身入局”，进入事件中，登到舞台上，做行动者。

想真正了解或者探究一个人的品格、能力、素质与道德水平，严峻的环境考验胜于在日常生活中观察。从这点上，创业有助于更深刻地了解自己，知不知，知不足，知道潜能所在，知道做人的底线与生命的可能。

因此，创业的艰难、不确定性与资源条件的束缚恰恰是创业的价值和趣味所在。

创业还有经济与社会价值，国务院印发的《关于大力推进大众创业万众创新若干政策措施的意见》中提到：“推进大众创业、万众创新，是激发全社会创新潜能和创业活力的有效途径。目前，我国创业创新理念还没有深入人心，创业教育培训体系还不健全，善于创造、勇于创业的能力不足，鼓励创新、宽容失败的良好环境尚未形成。推进大众创业、万众创新，就是要通过加强全社会以创新为核心的创业教育，弘扬‘敢为人先、追求创新、百折不挠’的创业精神，厚植创新文化，不断增强创业创新意识，使创业创新成为全社会共同的价值追求和行为习惯。”

大众创业，万众创新，提高了创业者的基数，创业的人数乘以成功的概率等于创业成功人数。即使在成功概率不变的前提下，也提高了创业成功的数量，促进了经济社会的发展。

创业的经济与社会价值，不仅是成功者的贡献，那些没有成功的创业者，也对社会活力的增强、经济的增长与技术的进步有所贡献。

在技术与产能供给充沛、服务的需求多样且不断变化升级的时代背景下，针对每一个显在或者潜在的服务需求，都可以孵化出一个或大或小的创业机遇。

我认为，现在是最好的创业的时代。

创业失败者纪念碑

创业作为一个整体是推动社会前进的浪潮。当然，由于创业成功率不高，我们只能看到少数的浪花跳出水面欢笑，多数人在水面下涌动。

跳出水面的浪花是不断涌现的成功创业者，他们成为新时代的楷模甚至偶像，从市场收获财富，从社会收获掌声与鲜花。但是，我们只赞美那些成功地留下名字的人，忽略那些没有被看到的贡献者。

创业是一系列试错性的行动，在不确定的情境下，行动是摸着石头过河，摸不到石头就掉到河里。试错，不见得能找到正确的路径，但能够知道哪些路行不通。掉到河里的人，告诉岸边的我们，这里没有过河的石头。

创业者，尤其是没有成功的创业者的试错，能让后来的人少走弯路，甚至为后来者铺平了道路，他们对新市场、新需求、新技术的探索，让后来者收获。他们并没有成功，或者说没能得到世俗意义上的成功，但他们同样值得感谢。

我们甚至更应该感谢没有成功的创业者。如果没有他们的参与，从而提高创业人数总体的数量，也就不会涌现出如此多的创业成功者。如果没有战友们的前赴后继，就不会有战斗英雄站在敌人的阵地上挥舞胜利的红旗。英雄是踩着烈士们的鲜血前进的。我们的意识中几乎没有空间留给那些没有可见成就的无名英雄，而历史往往是他们推动的。

创业者，无论成功与否，对于创业总体的成功，以及社会的进步都有意义。但是，其中没有成功的创业者缺少物质与精神的补偿，甚至因失败而被贬损。在某种程度上，他们不是失败者，如同我们不能说战场上的烈士与受伤者是失败者，而是这些牺牲者，更值得我们纪念。

决定创业成功这个结果变量的前置因素是如此丰富，相互作用机制是如此复杂，我们还没有一个足够科学、完善、规范的模型能够分析成功的原因。未成功者或许并不比成功者付出更少，智慧更少，差别可能只是一点运气。

有趣的是，杰夫里·提蒙斯在《创业创造》一书中这样定义创业：创业是一种思考、推理结合运气的行为方式。运气是创业的一部分。

同样，在美国战争片《中途岛战役》开篇时，有这样的一段话：这场战役又一次证明任何重大事件都是运筹、勇气、失误和机遇多种因素的综合结果。

美国思想家纳西姆·尼古拉斯·塔勒布认为，为了促进进步，现代社会应该像纪念牺牲的士兵一样对待没有成功的创业者。

每年10月的第二周是全国大众创业、万众创新活动周，在全国开展了丰富多彩的创业创新活动。

我觉得对创业最大的鼓励不是表彰成功者，他们已经得到了市场的回报与社会的认可，而应该感谢创业牺牲者。

创业是比困难更困难的事情。每一个创业者都在用一段青春或者整个生命尝试创造一个未来不确定的企业。毕竟，千千万万的创业者及他们所创造的企业是推动我们社会进步的重要力量之一。

〉〉创业者想要的是成功吗

创业维艰，成功者是少数，直到今天我们仍然无法总结出成功的规律。即使努力、勤勉、勇敢、睿智，仍然有可能成为创业牺牲者。虽然曾经的创业者拉动过就业、推出过新产品，可能为世界的更美好做出过一点一滴的贡献，或者至少作为那个巨大的分母的一分子，让幸存者从试错的路上走过，走向成功。但是，创业者永远不会像英雄一样被人知道，也没有物质的回报。而且，创业失利的时候，创业者的状态往往是身心俱疲。

但是，我的建议仍然是：如果你选择创业，你必须想要成功！如果一个人说，我完全就是为创业而创业，并不觊觎成功，那么我会认为他很矫情，多半也有虚伪的成分。人类的本性是希望被认可，希望获得成功。

而且，更重要的是，成功的欲望是前进的动力，是战胜困难的勇气，是持之以恒的能量。成功的欲望对于成功有巨大的作用。

如果我们在出发时，就并不想成功，那我们多半也不可能成功。

此外，我还有一条建议：选择创业，最好不要将成功作为唯一的目标，而是在意识深处，始终做好不成功的准备，并能接受最差的可能，然后全力以赴争取更好的结果。

一个优秀的人必须常常接受两种相反的思维在脑海中并行，而不是抱定一种思维。对于创业者来说，应该接受的两种相反的思维是：选择创业，我要成功，但我也能接受失败。

人生是一场死亡率百分之百的旅行

我们进一步思考创业者的人生选择，先分析一个老故事，我会先反着分析，再根据这个故事扩写一个新的故事。

有一位功成名就的企业家在沙滩上晒太阳，看到旁边一位渔夫不积极打鱼，也在优哉游哉地晒太阳。企业家就问渔夫："为什么不好好捕鱼呢？为什么不尝试创业买船出海？这样可以扩大产量，增加财富。"渔夫问："我增加财富以后，又能怎样？"企业家说："你就可以像我一样晒太阳享受人生了。"渔夫反问："我现在不就是在晒太阳吗？"

这个故事似乎很深刻：既然最终殊途同归，奋斗与不奋斗的结果都是老了晒太阳，何不及早享受呢？

但是，实际上，企业家的晒太阳和渔夫的晒太阳一样吗？企业家来这片沙滩上就是为了晒太阳，渔夫是来这里打鱼，偷懒晒太阳；企业家可以选择在这里晒太阳，也可以选择去巴厘岛、马尔代夫晒太阳，渔夫只能选择家附近的海滩；企业家可以选择晒太阳，也可以选择其他的人生方式，但渔夫能够选择的人生相对有限；更重要的是企业家是完成了创业，百战归来，在享受人生。虽然结果都是晒太阳，但是他们经历的过程和能选择的范围完全不同。

人生是一场死亡率百分之百的旅行。既然都有一死，最终结果一样，不同的恰恰是过程。

我们可以试着扩写一下这个故事。岸边有两个渔夫听企业家的规劝，一个叫张三的渔夫觉得企业家的话有些道理，决定去创业，贷款买船出海；另一个叫李四的渔夫觉得不过如此，继续晒太阳优哉游哉地在岸边打鱼。十年后，买船出去创业的渔夫张三并没有成功，又回到了海滩。李四见到归来的张三，说："辛苦一场，到头来还不是一样。"张三说："我去看过海的另一边。"

价值观是对价值的判断，不同的价值观决定了不同的实现价值的方式，并没有高下之分。

如果我们选择创业，同样有两种可能，一种是成功，另一种是失败。我们也可以不选择，作为一个旁观者。

创业者是那些选择并尝试实现自己人生价值的人。

〉〉 创业的目标是实现价值

创业的目标是实现价值，价值的哲学含义是存在的数量值，是可以度量的。实现价值是实际结果的数量值达到价值预期目标的程度，如图1-1所示。

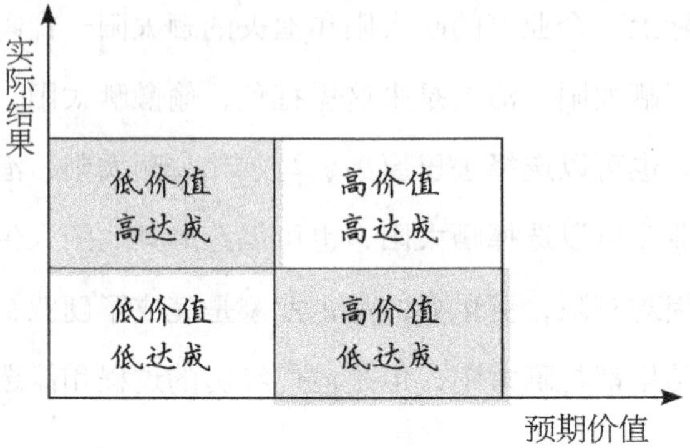

图1-1 创业者实现价值分类

横坐标轴为预期价值，越往右，表示预期的价值越高；纵坐标轴为实际结果，越往上，表示实现的价值越高。通过分析，我们可以将创业的结果分成四类。

第一类是高价值、高达成。所谓高价值就是创业者及创业企业有宏大的梦想、愿景、目标。所谓高达成就是创业者及创业企业的创业结果在很大程度上达到甚至远远超越了当初的预期目标。

第二类是低价值、高达成。价值预期虽然不高，达成的效果却出乎意料的高。有一类创业者，出于种种原因选择了创业。在创业之初，他们并没有高大上的愿景，也没有划时代的产品或服务，而是从点滴做起，越做企业方向越明朗，越做社会价值越大，最终在一个领域，或者是一个细分的小小领域里有所建树。

第三类是高价值、低达成。例如，美国很多已经倒闭的独角兽创业公司都有这个特点，他们当初商机广阔、愿景宏大，对社会的贡献突出，并迅速地完成融资，一路高歌猛进，又迅速沉没。

第四类是低价值、低达成。很多创业者，既没有高大的个人价值追求，也没有明确的企业价值方向，没能为社会创造更多的价值，创业的最终结果是失利，他们就属于低价值、低达成。

最理想的象限当然是高价值、高达成，但是毕竟创业成功是个小概率事件，绝大多数的创业者分布在另外三个象限中。

创业的价值包括三个层面：创业者的人生价值、创业企业的经济价值，以及对社会的价值。

从创业者到创客

20世纪七八十年代，改革开放初期的创业者未必是自己选择创业，也未必是想实现人生价值。这些创业者的创业动机比较多元，有的仅是为了生存，为了养家糊口，为了挣钱；有的是被创业。

随着1992年中国步入市场经济，尤其是伴随着20世纪90年代末互联网高速成长而崛起的新一代创业者，更接近现代意义的创业者。

现代意义上的创业者，他们有更明确的创业目标、更强烈的创业动机，他们追求自我实现、人生挑战，物质财富与社会认同。对他们来说，挣钱不是唯一动机，甚至不是最重要的动机。对于创业者而言，创业本身就是人生的目标和生活方式。

现代意义上创业只是一种个人选择，创业者是一群不安于现状的人，他们渴望改变，有人想改变生活，有人想改变行业，有人想改变自己，有人想改变世界。

进入21世纪，随着“85”后、“90”后，甚至“95”后成为创业者的主力军，创业者的定义更加接近于创客，他们是从兴趣出发，把创意、梦想转化为现实的人。兴趣与创意是核心，创业有多艰难，也就多有趣，他们是一群痛并快乐着的人。

传统创业者选择创业的领域、行业、项目并非出于个人兴趣，创客们的创业选择则是来自他们的兴趣，他们的专业，他们的创造性。

创业者的人生价值就是有勇气走出第一步，把商机与梦想、兴趣结合在一起，用智慧与意志去尝试不一样的人生。当然，创业成功还需非常重要的条件，那就是概率。

第二章
什么是企业

如果说创业是创立一家企业，那么什么是企业？如果要给企业下一个简洁的定义，似乎并不容易。越是被广泛使用的词语，其定义往往分歧越多。在这个充满变化的时代，很多耳熟能详的词都需要被重新定义。在这一章，我们一起思考企业的本质。

企业是一类特殊的组织

企业是以营利为目的的组织。

组织的定义是多人为共同目标所形成的有结构、有控制、有协调的集合体。组织的定义包括五方面的内容：第一，人是主体，是组织中具有主观能动性的核心要素；第二，以共同目标为基础，没有共同目标，组织就没有存在的理由；第三，结构是分工与载体，包括岗位、职责、部门与从属关系，组织是把若干的任务明确为职责，把职责赋予岗位，为岗位找到并培育合适的人，把岗位组合成部门，把部门连缀为流程，进而联合为组织；第四，控制是保障，构建刚性的制度、柔性的文化，形成正式控制与非正式控制，实现计划、执行、监督等功能，保障组织的管理与运行；第五，协调是特征，人与人之间、岗位与岗位之间、部门与部门之间达成沟通、协调、信任与合作。

组织包括政府组织、企业组织、非营利组织等。企业组织与非营利组织的区别是企业以营利为目的。当然，非营利组织也可能有盈利，但它不以营利为目的。企业也可能亏损，没有盈利，但以营利为目的。

法人，是能够独立享有民事权利和承担民事义务的组织。

营利性与法人性，是企业组织的特征。

〉〉什么是企业必不可少的要件

我有一个认识事物本质的方法：首先尽可能多地描绘它的各种表象，然后把这些表象一个个地去掉，如果去掉这些表象，并不影响这个事物，或者影响不大，那这个表象确实是可以剥离的；但是，有的要件一旦剥离，这个事物就可能发生重大的质的变化，或者不再具备它的实质功能，那么这个要件反映的很可能是它的本质。把不重要的表象剥离，剩下的要件就呈现其本质。

说到企业，我们先去想象一个企业的表象包括哪些。有人从企业注册的角度来考虑，认为企业要有办公场所、设备、员工等。我们采取剥笋的办法，剥离掉一些表皮，如果剥离掉它们，企业还是企业，那么这个就不是本质，只有去掉某一个点时，企业不再是企业，那我们就找到本质了。

一个企业一定需要写字楼、厂房这些办公场所吗？我的答案是不一定。工商注册可以用虚拟地址；员工可以居家办公联机协作，办公场所不是一个企业必需的要素。

企业一定需要设备吗？生产、服务可以外包，没有设备的企业比比皆是。

企业一定需要员工吗？企业需要人干活，未必通过雇佣使之成为企业劳动关系合同意义上的员工，可以通过众包、劳务派遣、短期用工等方式灵活使用。

企业一定需要资产吗？正如美国学者希金斯所说：“除非一个企业将要

破产，否则其价值取决于该企业未来创造的收益流，而其拥有的资产并没有什么意义，它们只是创造收益流的必要条件之一。没有任何资产却能创造现金流的企业是最好的企业。”那么，一个企业必须具备什么要素才是一个企业呢？

为了签约而成立企业

1999年，我和一个朋友注册了一家公司，注册资金3万元，这家公司当时没有实际的办公地址，公司注册完成就有业务，账上的注册资金根本没有用过，公司依靠业务产生的现金流就够了。我们当时不是开公司才去发展业务，而是有业务才注册公司。

很多有过创业经验的朋友都有感受，他们的第一家企业往往也是这样为了签约才成立的。

这种最简单的企业包括哪些要件？

要有股东或者叫合伙人，一个公司不能没有股东，一个合伙企业不能没有合伙人。不管是一人独资、多人合资还是多人合伙，不管股东或者合伙人是自然人还是法人，没有他们就不会有企业，他们是这个企业的发起人。

经济学者奥利弗·哈特认为，一个企业的设立，是由某个资本的所有者充当“中心签约人”来追求剩余索取权。“中心签约人”的概念是阿尔钦和德姆塞茨提出的，他们认为企业需要由一个共同的中心签约人跟各种要素的所有者签订契约，从而组织企业的生产与经营。

一个企业没有钱可以与借款人签约融资，没有工作人员可以雇佣或签委托协议外包；没有厂房设备可以租赁，也可以完全不需要人或厂房设备，从事买空卖空的业务，在交易中甚至不需要本金就可以开展经营活动。

但是，企业不能没有签约，签约是成立企业的核心功能。

企业的本质是一组合同

以色列历史学家尤瓦尔·赫拉利曾经说过，企业是人类创造出来的虚构的概念。公司之所以存在，不在于它拥有的大楼、雇佣的员工。我们以为企业像人或者像动物、植物一样，是一个实实在在的实体，实际上，它是一组法律概念。

迈克尔·詹森和威廉·H. 麦克林提出，企业是法律上的虚构物，通过联结个人间契约关系而发挥作用。

有企业章程为法律契约，股东或合伙人厘清合作的责权利；有借贷契约，就可以进行债权融资，即使是一张借款的白条，也是一种契约；通过雇工协议或者委托外包协议，就可以雇人干活或者外包服务；一买一卖，需要与供应商的采购协议，与客户的销售协议。

一个企业必须具备与合作方签合同的条件。

当然，契约可以是纸质的合同，也可以是口头的约定。进入美国市场的钻石中近80%都要经过曼哈顿第五大道和第六大道之间的47号街的钻石商之手。很多数额巨大的钻石交易没有书面合同，而是口头协议，握手成交。钻石商人的相互信任使他们避免书面文本的复杂而提高了交易效率，这是基于信誉与人际关系纽带的商业来往和社交圈仲裁程序的[1]，而不是通过法律、信誉、社交圈层来保证契约，不管用哪种方式最终都是为交易提供保证。

企业是法人，履行民事责任，通过与各种利益相关者：员工或者外协工作人员、供应商、银行、渠道商、客户等达成契约，开展经营，如图2-1所示。

---

[1] 唐·科恩，劳伦斯·普鲁萨克.社会资本：造就优秀公司的重要元素[M].孙健敏，黄小勇，等译.北京：商务印书馆，2006.

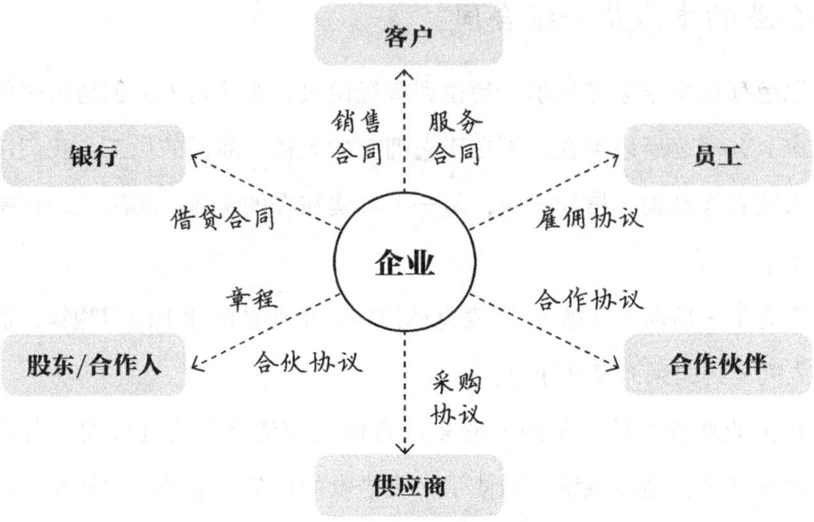

图2-1 企业的利益相关者

我们认为企业的要件是：**一个人或者一组人（自然人或法人）缔结一组契约进行交易，这是企业存在的本质。**

回顾现代企业理论，罗纳德·哈里·科斯认为，企业是一种契约关系的联结；周其仁认为，企业是一个人力资本与非人力资本共同订立的特别市场合约；阿尔奇安、德姆塞茨、张五常都把企业当作一组合同的连接物。

创业可以理解为创业者与各类利益相关者缔结契约，是组合各种要素的过程。

当我们作为投资者去一家创业企业做投资前的尽职调查时，我们无法看到一个创业企业的发展历程，我们能调阅的只是一组合同。

从最初设立的公司章程，若干次章程与执照的变更，一组销售协议、一组雇佣协议、一组借贷协议，一组采购协议……这组合同记录了企业的发展过程。

企业以营利为目的，以交易为手段

企业的定义是营利性的法人，营利是企业存在的目的。不以营利为目的的组织叫作非营利组织。

新古典经济学对企业本质的认识是：人是理性的，企业选择收益最大化的投入和产出，消费者根据自己的预算选择效用最大化的交易，在完全竞争市场，要素自由流动，以价格作为协调经济活动的有效机制，实现均衡。企业通过最优化行为，通过投入产出来追求利润最大化。当然，由于市场完全竞争，从长期看，企业只能获得正常利润水平。[1]

创业是创立一个营利性的法人，但是，有些创业者并没有把如何营利想清楚。

营利的手段有两种：一种是自己赚取，开展生产经营活动争取利润；一种是分配别人的利润，通过一个（组）契约交易分配其他主体生产经营活动产生利润，如投资公司、大部分的壳公司。

交易次数无所谓多少，一年一次甚至几年一次都可以。

境外的特殊目的机构通过协议控制境内实体，签一次协议就可以保证在境内的实体盈利的前提下持续分配利润。

协议控制

协议控制模式包含：可变利益实体VIE（variable interest entity）、协议控制。

---

[1] 连建辉，黄文锋.企业的同质性假设、异质性假设与企业所有权安排——两种企业治理观的经济学分析[J].当代经济研究,2002(9):57-64.

（1）VIE是美国会计准则的概念。美国在“安然事件”[1]后，颁布了《2002年萨班斯—奥克斯利法案》（以下简称《萨班斯法案》），美国财务会计准则委员会（FASB）颁布第46号解释函（FIN46）——《可变利益实体的合并》，规定只要某一法律实体对另一个法律实体事实上拥有“控制性财务利益”，哪怕不是股权控制，也必须合并财务报表。

（2）协议控制是法律概念，相对应的是股权控制。A公司持有B公司50%以上的股权或者表决权，对B公司实现了股权控制。协议控制不是股权控制，A公司并不持有B公司的股票，而是通过签一组合同，由A公司控制B公司。

协议控制模式的搭建步骤是：①境内的主体、几个自然人或者法人在境外设立SPV；②SPV签署一组合同控制境内的运营实体。

简单地说，A、B、C、D几个人是一家境内企业的实际控制人，为了规避监管，一般是四个监管：对外资并购的监管；对外资产业准入限制的监管；对企业境外间接上市的监管；税务的监管。A、B、C、D决定在离岸群岛再注册另一家境外企业，通过境外企业和境内企业之间签一组协议（注意不是股权转让协议），控制境内企业。这样，虽然境内企业还是境内企业，但是可以把利润上缴到境外的皮包公司。

其实，对于A、B、C、D来说，境内企业把利润给境外企业，是自己的左兜掏右兜而已，但通过协议控制模式，可以有效解决监管不完善造成的问题。

不撞衫的网站

2015年，我作为创业大赛的评委，其中一个大学生的创业项目引起我的关注。他是一个学服装设计的广东某大学的学生，创办了一家皮包公司，业

---

[1]安然事件是指2001年发生在美国的安然公司破产案。安然公司曾经是世界上最大的能源、商品和服务公司之一，名列《财富》杂志“美国500强”的第七名，然而，2001年12月2日，安然公司突然向纽约破产法院申请破产保护，该案成为美国历史上第二大企业破产案。

务内容是提供不撞衫的服装。

对于一个爱美的人，很痛苦的一件事就是穿了一身新衣，兴高采烈地出门，却和别人同款撞衫，尤其是与同事或同学和朋友。

为了解决这个痛点，这位大学生创业者设计了一个商业模式。他搭建了一个网站与App，用户需要实名注册，目的是避免产生撞衫现象，特别要求用户在注册时写明实际工作和生活的地址、注册。在该网站与App上，发布很多款不同穿搭的原创服装设计。如果消费者喜欢其中的一款，点击确认后，在消费者工作和生活的地区，如深圳南山区，其他人就没法儿再点选了。任何一款服装只要有50个人点选，这位大学生创业者就下单委托广东的某个服装厂家生产。这是一次小型的柔性定制。中国有2000多个县，加上市辖区，只要其中的50个地方有人选某款服装，一笔生意就形成了。50个用户下单，这位大学生委托生产，通过快递送货，支付宝结账，微信交流。每个用户得到服装及一个承诺——在我工作、生活的地区，这是唯一的一款。这个商业模式达到的效果不是绝对不会撞衫，而是在这个模式下，撞衫就成为一种千里来相会的“缘”。

〉〉 企业，集合资源要素的平台

制度经济学的代表人物约翰·洛克斯·康芒斯将人类所有的经济活动分为生产活动和交易活动。企业是从事生产经营活动的基本组织单元，生产经营需要各种资源要素。

从这个角度，企业被看作将生产经营活动必不可少的分散的资源要素有效集合在一起的平台。桑福德·格鲁斯曼和奥利弗·哈特认为，企业是在向社会提供产品或服务的过程中，通过所拥有、控制或可以利用的、能够帮助实现经营目标的各种生产要素的集合。

企业内部通过整合人力资本、货币资本、设备设施等资源要素，进行专业化分工、协作形成有机整体，向市场提供产品或服务。外部通过市场交易各类资源要素，包括筹集货币资本、雇佣人力资本、购买生产资料、原材料等，销售产品服务给顾客，以不同的契约实现。

所以，企业内部具有生产属性，外部具有交易属性。

企业为了完成生产交易，可以选择把更多资源要素（资产）纳入企业内部，从原材料生产到半成品加工再到成品销售，同类生产企业或者上下游关联企业合并成一个公司，形成垄断；还可以选择把资源要素有意地放到企业外部。

企业的目的是盈利，追求利润最大化。

是做大做强，还是做小做好?

做大，是让企业规模更大、资产更大、集合的资源要素更多，但是共享时代，企业通过市场交易使用这些资源要素（资产），有时比自己占有这些资源（资产）的效率更高、成本更低。企业甚至可以把已有的资源（资产）剥离出去，外部化，让企业变得更小，更小的企业同样盈利甚至更盈利。

有时更小的企业的经济价值往往更高。我们知道借债是有成本的，向债权人支付的利息就是成本；同样，使用股东的钱，虽然不用付息，但也有经济意义上的成本。对于股东而言，把资金投入一家企业存在机会成本，如果不投入这家企业，而选择买国债，有几乎无风险的国债利息收益；而选择投资到这家企业，会承担比买国债更大的风险。股东需要的是更高的回报，因此，考量一个企业真正的经济价值往往采取经济价值指标EVA（economic value added），也称为经济利润。

用公式表示：EVA =会计净利润 - 股权资本总成本

用企业息税后净利润减掉股权资本成本的估计值。一般的会计净利润只扣除了利息这种债务资本的成本，而忽略了股权资本的成本。一家企业虽然会计净利润大于零，但如果小于股权资本的成本，那么等于并没有为出资者创造真正的经济价值。例如，一家企业占用股东一千万元的投资，每年的会计净利润只有四五十万元。那么，股东还不如用投资企业的资金去买长期国债，收益率在4%以上，几乎没有风险。

小企业，资产少，不占用股东过多的资本，股权资本总成本低，因此在同样的企业会计利润下，EVA更高。衡量一家企业好坏的标准是能用更少的资本创造更多的利润。

如果企业做大能够产生规模效益，提高效率，有更高的经济增加值，当然可以选择做大。巴菲特说："最值得拥有的公司是那种在一段很长的时期内能以很高的回报率利用大笔不断增值的资产。"

如果企业做小，通过低成本交易，链接外部资源，将更有效率，经济价值更高，那么企业可以选择做小。

〉〉 企业来自分工与协作

从法律的视角，企业的本质是法人，是一个（组）合同。那么，从经济学视角如何看待企业?

古典经济学的发展与对早期企业的观察研究密切相关。学者通常认为，手工工场是企业的雏形，以机器生产为基础的分工和协作的工厂是现代企业的开端。

根据古典经济学的观点，企业来自分工。亚当·斯密在《国富论》中，从分工的角度论述了企业的经济性。企业的出现是因为分工与协作更能提高生产力。

早期的修理、缝纫等工匠，因为他们是以个体工作为主，所以就不算是手工工场。

有了分工，每个工匠不再独立工作，而是在一个系统中，按照分工将生产过程分割成若干步骤，相互协作，这个系统是企业的雏形，独立的工匠成为工人。

企业是追求效率的经济组织

在一个工业企业中，分工协作的效率比工匠们独立完成或者在市场上相互交易原料、零件、半成品，最后形成产品的效率更高。原因在于“一是由于各个工人熟练程度的提高；二是节省了转换工种过程中损失的时间；三是大量机器的发明，便利和节约劳动力，使一个人能做几个人的工作”[1]。

服务业企业同样如此，车夫擅长赶马驾车、小二善于服务、店员专长叫卖、账房先生会记账。商业分工，提高效率。

查利斯・巴比吉总结了亚当・斯密的观点并指出，劳动分工使企业各项功能相互区别并走向专业化，进而提高了生产效率。[2]

古典经济学家对企业本质的认识是“高效率的生产组织”。

阿尔弗雷德・马歇尔既是古典经济学的集大成者，又是新古典范式的开创者，他倾向于把企业的存在与发展看作一个有机过程，认为企业因增加效率而产生，也因为缺乏效率而衰落。

马克思继承和发展了亚当・斯密的思想，在强调劳动分工的同时，更强调协作对提高企业效率的作用。他认为分工协作可以将劳动者之间的生产率差别抵消，形成平均劳动生产率；节约生产资料等。[3][4]生产力提高或生产成本节约是企业产生的根本原因。[5]

新古典学派的代表人物保罗・萨缪尔森指出：“几乎所有的生产均由专业组织完成——那些主宰现代经济的小的、中等的和巨型的企业。”他认

---

[1]路易斯・普特曼，兰德尔・克罗茨纳.企业的经济性质[M].孙经纬，译.上海：上海财经大学出版社，2000:4-8.

[2]尼古莱・福斯，克华斯第安・克努森.企业万能：面向企业能力理论[M].李东红，译.大连：东北财经大学出版社，1998:25.

[3]马克思.资本论（第一卷）[M].郭大力，王亚楠，译.北京：人民出版社，1975:362.

[4]张银杰.马克思的企业理论与西方新制度学派的企业理论之比较[J].教学与研究，1998(10):46-51.

[5]何维达.马克思与科斯的企业理论之比较[J].当代财经，1998(3):21-25.

为，企业存在的理由是“导致在企业里组织生产的最强有力的因素来自大规模生产的经济性。有效率的生产需要专业化的机器、厂房、装配线和把劳动划分成许多细小的操作活动”。

两个层次的分工与专业化生产

阿尔弗雷德·马歇尔明确划分了两个层次的专业化生产。

第一，企业内部的专业化生产，可以分解为各种新的次级职能单位，不同的次级职能单位产生不同的专门技能和知识。但是，这种专业化分工的细化导致新的协调问题，需要新的职能部门对各种专业职能进行协调和整合。

第二，生产的专业化不仅发生在企业内部，而且发生在企业之间。[1]而这种分工需要有足够的市场空间。

类似的划分，马克思把企业内部的分工称作“工场内部分工”，企业之外通过市场协调的分工称作“社会内部分工”。马克思指出：“工厂手工业的分工要求社会内部的分工已经达到一定的发展程度。……工厂手工业的分工又会发生反作用，发展并促进社会分工。”[2]分工的深化、企业的发展与经济的增长有一种相互促进、不断演进的正反馈循环。[3]企业内部分工与社会内部分工是一种相互促进的关系。

社会分工的发展不是促进企业内部分工的细化，而是使企业无需更多的内部分工。

德国、日本“小而美”的企业有很多，他们正是基于外部分工完善、营商环境良好的社会生态。

---

[1] 刘刚.知识积累和企业的内生成长[J].南开经济研究,2002(2):47-51.

[2] 路易斯·普特曼,兰德尔·克罗茨纳.企业的经济性质[M].孙经纬,译.上海:上海财经大学出版社,2000:28.

[3] 贾根良.报酬递增经济学:回顾与展望(I)[J].南开经济研究,1998(6):29-34.

马克思认为企业的本质包括：一方面，企业是劳动力和生产资料两大生产要素结合发挥生产职能的组织形式，是社会生产力的基本组织形式；另一方面，企业是资本雇佣劳动进行生产而使自己增值的场所，是产权的组织和实现的契约形式。[1]企业本质上具有生产属性与交易属性。

企业的核心竞争力

学者们从企业能力的角度解释企业的成功，不是简单地归结于产品、技术的优势或市场策略，而是来自不易模仿的企业能力的表现。研究结论证明，拥有独特竞争能力的企业有望获得更高的经济绩效。

1990年，普拉哈拉德提出企业的核心竞争力是一个企业中的积累性学识，是协调不同的生产技能和有机结合多种技术的学识，是高于竞争对手的价值和组织长期利润的源泉。

企业核心竞争力是稀缺的、难以模仿的、短期无法复制的，在企业长期演进过程培育而成，在同行业中有自己的特点，这种特点又是同行业其他企业缺少的，同行很难模仿。企业核心竞争力可以创造价值并产生收益。企业一旦建立了自己的核心竞争力，就能衍生一系列的产品或服务，构成企业新的创造和发展的基础，产生持续的经济效益。

企业核心竞争力包括价值性、延展性、独特性与整合性。

价值性能为客户带来长期的关键性利益，同时有利于企业的效率的提高，能为企业创造长期的竞争主动权，带来超过同行业的平均利润水平的超值利润。

延展性意味着企业核心竞争力是一种基础性能力，构成一个坚实的平台，如同一个技能源，通过其发散作用，可以扩展到广泛的生产经营领域

---

[1] 荣兆梓.企业性质研究的两个层面——科斯的企业理论与马克思的企业理论[J].经济研究,1995(5):21-28.

中，支持企业向更有生命力的新事业领域伸展，将能量不断拓展。

独特性是指企业所独自拥有的，在长期生产经营实践中沿着特定的轨迹逐步培育和积累的，蕴藏于企业文化，融合于企业内质之中，印有企业特殊经历的烙印。

整合性是企业的核心竞争力，不会是一个单一的技术专利、一个单一的竞争优势，而是多种能力与多种资源的有机整合，单个技能的强大不足以成为核心竞争力，而必须是企业内其他能力与资源的配合形成一个有机的能力体。整合性是在人力资源团队基础上的整合性，离不开人这个最活跃的生产力要素。

企业竞争优势的本源是企业的核心竞争力。尼古莱·J.福斯指出："在企业取得和维持竞争优势这一过程中，企业内部能力的培养和各种能力的综合运用是最关键的因素。"

〉〉 追求利润最大化，对吗

新古典经济学的核心是价格理论，认为价格是协调经济活动的有效机制。消费者根据自己的预算选择效用最大化的交易，企业选择收益最大化的投入和产出，在完全竞争的市场下，实现均衡。[1]新古典经济学对企业本质有两个假设：一是企业是一个专业化生产者；二是企业是同质的最优化行为者，通过投入产出来追求利润最大化。

相当长一个时期，企业以利润最大化为目标。

1963年，斯坦福大学研究所首先提出利益相关者的概念：利益相关者是这样一些团体，没有其支持，组织就不可能生存。

爱德华·弗里曼在《战略管理：利益相关者方法》一书中提出："利益

[1]连建辉,黄文锋.企业的同质性假设、异质性假设与企业所有权安排——两种企业治理观的经济学分析[J].当代经济研究,2002(9):57-64.

相关者是能够影响一个组织目标的实现，或者受到一个组织实现其目标过程影响的所有个体和群体。”

利益相关者理论认为企业的目的不是利润最大化，而是股东至上主义，如今股东这种物质资本的所有者在企业中的地位逐渐弱化。企业应该满足各类利益相关者，包括股东、雇员、消费者、供应商、债权人、政府、社区、居民等的利益。

企业是平衡利益相关者要求的组织，追求的是利益相关者的整体利益。

盈利是企业的主要目的，但不是唯一目的。实践中也是这样，企业追求利润最大化，会损害价值链上的供应商、顾客及其他合作伙伴的利益，破坏企业持续成长的生态。企业承担社会责任。

企业家的作用

马歇尔是最早指出和强调企业家作用的人。企业家是进行组织管理并承担风险的人。企业越大，风险也越大，企业家就越重要。

保罗·萨缪尔森认为，企业生产率的提高“在于管理生产过程。我们几乎不能指望工人会自发的组织起来，准确而又按正确的程序完成每一项任务。相反，我们需要企业来协调生产过程，购买或租用土地、资本、劳动和原料。……经理是组织生产、引入新思想或新产品或新的生产方法、为企业决策的人，同时也是对企业的成功或失败负责的人。生产毕竟不能自行组织起来”[1]。

古典主义与新古典经济学的观点可以概括为：企业的本质或者说经济价值，是实现生产力与效率。这也是企业家最重要的作用。

不同的学者对企业家提出不同的定义，涉及对企业家作用的不同描述。

坎梯龙、霍德盖茨和弗兰克·奈特认为，企业家是承担企业经营风险的

---

[1] 萨缪尔森. 经济学[M]. 16版. 肖探，译. 北京：华夏出版社，1999:87.

人，这要求企业家具有突出的经营才能和冒险精神。

这个定义不精准，很多企业中，创业投资者、外部投资人通过投资也承担了企业的经营风险，企业失败，创业投资者、外部投资人可能颗粒无收，承担资本损失。不是所有承担经营风险的人都是企业家。承担风险和挑战不确定性是企业家的重要特征之一，但非全部。

熊彼特认为企业家是创新者，通过创新使市场失衡，从而创造利润，就是所谓“创造性的破坏”。创新精神与创新能力是企业家的重要因素。[1]

这个定义也偏颇。科学家也是创新者，有的企业的领导者也是科学家。科学家创业占创业企业总数的近三成，他们通过创新使市场失衡，从而创造利润，他们的作用首先是科学家，而不是企业家。此外，通过高效的模仿能否创造利润？这样的企业领导者是不是企业家呢？很多企业家以模仿而非原创创造利润，使企业发展。大多数创业企业是通过模仿开始起步的。

创新只是企业家的重要特征之一。企业家可以利用不均衡创造利润，未必需要通过创新破坏均衡。

利用不均衡创造利润可能来自企业家的机会敏感性，他们敏感地发现了某种非均衡状态，利用其资源或关系，提供了这种未被充分满足需求的办法。善于发现机会也是企业家的重要特性之一。

哈耶克、柯斯纳、西蒙认为，企业家是企业的决策者。这个定义值得商榷。在有的企业中，产业投资资本家拥有较大的控制权，对企业的很多方面参与决策，甚至拥有某些特定领域的最终否决权。有些以整合收购投资的私募股权基金的风险投资家，控股一个平台企业，以这个平台企业为收购主体，并购一系列有整合价值的企业，实现这个平台企业的范围效应、规模效应或者垄断效应，从而使平台企业的股权价值增值。在这个风险投资家控股

[1] 熊皮特.经济发展理论——对于利润、资本、信息、利息和经济周期的考察[M].何畏,等译.北京:商务印书馆,1999.

平台企业的时候，他不是这个平台企业的企业家，但拥有很大的决策权。

所以，可以对哈耶克、柯斯纳、西蒙的定义进行完善：**企业家是企业所有重要问题的最终决策者**。一般参股企业的风险投资家不会成为企业所有重要问题的最终决策者，参与企业所有重要问题最终决策的投资者事实上已经成为企业家。

所以，结合坎梯龙、霍德盖茨和弗兰克·奈特的定义，可能更准确：企业家**是企业所有重要问题的最终决策者，并承担决策的风险与收益**。

马克·卡森等人认为，企业家是一个组织的创造者，他们有权选择自己的组织。

节约交易成本

新古典经济学的假设前提是私有制条件下，要素自由流动，不存在任何交易成本。而新制度经济学的代表人物罗纳德·哈里·科斯认为，在现实世界中，经济主体根据利益最大化原则进行决策时不具有完全理性，信息也是不完全和不对称的，未来具有不确定性，市场交易存在成本。

为了交易，要发现谁想交易，告诉别人我们的交易愿望和方式，通过讨价还价缔结契约，督促契约严格履行，这些工作都需要成本，即交易成本，也叫作交易费用，消耗的资金，占用市场交易参与者的时间、精力等都构成交易成本。

我们可以把交易成本想象为企业在市场交易中产生的摩擦力，交易成本越大，意味着摩擦力越大。

一般来说，如果市场交易成本低，资源配置倾向于采用市场交易的方式。

回到我们前面谈到的那个不撞衫的网站，正是因为时代变化所带来的交易成本下降，摩擦力减小，创业者可以更便捷地交易外部资源。

但是，我们思考一下这个企业未来的发展。不撞衫的网站在创业阶段不需要员工，因为可以通过与设计师、代工厂、物流公司、网络结算平台签署协议的方式来解决设计、生产物流、结算等各种问题。但是随着业务的发展，需要一个对服装生产与质量更有经验的工程师，如果只是把学生设计师的设计图传给厂家代工，没有人去把关生产与质量，设计与生产之间的衔接可能出问题，产品质量难以保证。一开始可以雇佣一个有经验的兼职人员，但是，如果想发展，企业不得不把这个外部合作资源纳入企业内部，雇佣自己的01号员工。

当时，企业也没有专职会计，委托外部的会计公司代记账并报税。这个阶段，市场交易效率更高。但下一步，如果创业投资真的投了不撞衫的网站，会有比现在的简单收支复杂得多的会计科目需要处理。继续靠外部的会计公司代记账，恐怕创始人每天要在会计公司上班了。这时合理的选择是雇一个专职会计。

随着这个企业雇员的增加，在企业内部，员工之间知识与资源的交换不用就每一个合作签契约。罗纳德·哈里·科斯认为，企业是用一个长期契约替代市场上的一系列契约。

此时，创始人发现有些资源在企业内部由自己管理来协调比在外部通过市场交易来协调效率更高。

罗纳德·哈里·科斯提道："在企业之外，价格变动决定生产，这是通过一系列市场交易来协调的。在企业之内，市场交易被取消，伴随着交易的复杂的市场结构被企业家所替代，企业家指挥生产。"[1]

一个企业在企业家的调配下，使资源在组织内的交换发生的管理协调成本低于市场交易成本时，企业就有了存在的必要。换句话说，企业的存在是为了节约交易成本，使内部运行成本低于市场交易成本。

---

[1] 罗纳德·哈里·科斯.论生产的制度结构[M].盛洪,等译.上海:上海三联书店,1994:3.

罗纳德·哈里·科斯认为，企业是内部运行成本低于市场交易成本并从中获得利润的经济组织。

》企业是契约的连接物

约翰·洛克斯·康芒斯将“交易”这一制度经济学分析的最小单位分为三种类型：一是买卖的交易，即权利平等的主体之间自愿等价交换活动，就是我们所说的市场交易；二是管理的交易，在一个组织内所具有的上下级之间的命令与服从关系的运作，即企业内部的管理与协调；三是限额的交易，是由权力实施的资源分配活动。[1]

可见，企业是以内部的管理交易代替外部的市场交易。所以，罗纳德·哈里·科斯认为企业是对市场价格机制的替代。

张五常修正了这一观点，认为企业并非为取代市场而创立，而是以一种契约形式取代另一种契约形式，是用企业内的要素市场契约代替企业外的中间产品市场契约。

我们想象一个啤酒厂的出现。最初只是一个酿酒师傅，他希望把啤酒销得更多、更远，计划生产瓶装啤酒，而不只是在自家的作坊酿鲜酿。他需要买灌装设备、瓶子、瓶盖、标签这些中间产品，可以通过市场交易；也可以投资一笔钱设立一个工厂，把生产设备、瓶子、瓶盖、标签的师傅集中在一个企业里，上下游协作，形成流水线。

前者是企业外的市场契约形式，后者是企业内的要素契约形式，由企业作为中心签约人与人力资本、货币资本等生产要素达成契约，在企业内分工协作。

企业成为代替市场交易契约的另一种契约形式。

不撸衫的网站这种企业的出现是在市场摩擦力越来越小的背景下，用市

---

[1] 李怀，秦玉兰，赵德久.对当代几种企业性质理论的再评论[J].哈尔滨学院学报(社会科学),2002(9):55-61.

场的外部契约代替企业内的契约。随着信息经济与共享经济的发展，越来越多的企业把更多原来在企业内部管理协调的业务改为通过市场交换来实现。

企业的边界

我们可以把不撞衫的网站这个企业想象成一个几何形状。在创业时，只是一个点，只有创业者本人。随着业务的发展，服装工艺与质量工程师、会计的加入，一个点慢慢扩大形成一个圆。如果业务进一步发展，或者创业投资人给了大学生创业者一笔钱，有更多人加入企业，设置更多部门，这个圆形继续扩大。

罗纳德·哈里·科斯认为，当企业内部管理协调的边际成本小于外部交易的边际成本时，企业就能生存、发展。但是，企业发展的规模受到交易成本的限制，当企业的内部交易成本与市场交易成本相等时，扩张就会停止。

企业不可能无限扩大，由此衍生出企业边界的问题。企业边界是企业与市场之间的界限，我们可以想象成企业的边界是那个圆形的线条。线内的是企业内部行为，线外的是企业与市场的行为。

企业的边界包括组织边界与经济边界。

组织边界指资产所有权的边界，通过法律等正式规则的形式确立的与其他系统相互间隔的标志。组织边界的调整涉及企业所有权的变动。[1]

经济边界指对企业经济行为范围的界定，是企业与市场的边界。企业与客户、分销商、供应商、员工等利益相关者签订的每一份契约都影响企业的经济边界的变化，企业家可以调整企业的签约范围。例如，不撞衫的网站的创业者可以通过签约，改变企业的经济边界。企业的经济边界体现在企业的市场影响力及对组织边界之外的资源的控制力上。

---

[1] 冯华，司光禄，冯弘毅.公司治理视角下的企业边界分析[J].中国工业经济,2013(3):85-97.

企业的边界还可以分为横向边界与纵向边界。横向边界是企业的经营范围；纵向边界是企业在价值链上下游的界线，企业边界的扩张体现为横向一体化与纵向一体化。

什么决定企业边界

最早，亚当·斯密提出，劳动分工受到市场规模限制，这已经涉及企业的边界，市场规模决定企业规模。

罗纳德·哈里·科斯最先明确指出企业的边界问题。企业不能无限扩大，规模的扩张带来企业内部管理协调成本的上升，阻碍进一步扩大。当市场交易的边际成本等于企业内部的管理协调的边际成本时，就是企业规模扩张的界限，这个界限决定企业的边界。

奥利弗·威廉姆森在罗纳德·哈里·科斯的基础上，提出产生交易成本是资产专用性、人的有限理性、机会主义行为等因素的客观存在。他提出资产专用性的概念，指用于特定用途后被锁定很难再改作他用的资产，除非和某项特定用途结合才有价值，如果改作他用，其价值会降低，甚至可能毫无价值，这是评价资产转移难度的概念。

资产专用性分为五类。

一类是地理区位的专用性，如企业为了节约物流成本而设立的密切联系的一系列生产站点或仓库，如果不用于这个企业，其价值会缩水。

二类是人力资产的专用性，如员工在企业的工作实践中，学习到的特殊技能与知识，如果其不在这个企业和这个岗位价值就会缩水。

三类是物理资产专用性，如为了这个企业生产所开发的零部件模具，改为他用，就毫无价值。

四类是完全为特定协约服务的资产，如根据特定客户的定制要求投资的设备，很难改为他用。

五类是名牌商标资产的专用性，对一个品牌的投资也很难传到其他的品牌上。

资产的专用性越强，其所有者在和另一方谈判签约时的筹码就越少。因为一旦投资被“拴住”，另一方采取投机行为，专用性资产的所有者也难以转移资产。

为了避免这种风险，避免谈判签约方可能出现的不遵守协议的投机行为，企业不如采取纵向一体化，以节省交易成本。

举例来说，一个汽车零部件企业是第一汽车集团的供应商，为此在长春设立工厂、备件库，让工人在第一汽车集团培训，学习制作第一汽车集团专有零部件的技术，建立了专门的流水线、开了专门的模具。但是，如果有一天，与第一汽车集团的协议解除了，这些人力与物力的资产可能都不适用于其他的汽车集团。对于汽车零部件企业来说，为了避免风险，可以往下游发展；同样，对于第一汽车集团来说，为了适应这个零部件企业，可能形成一系列的专用性资产，比如与这个零部件企业形成配套关系的设备，流水线等，如果该零部件企业出现违约行为，或者零部件企业合理合法退出第一汽车集团的供应体系，第一汽车集团就会存在风险。为了防止这种风险的发生第一汽车集团向上游一体化，把零部件厂商纳入企业，也是一种选择。

奥利弗·威廉姆森指出，企业边界不仅与交易成本有关，也与生产成本有关，最优的治理结构是交易费用与生产成本之和的最小化，是企业和市场边界的临界点。[1]

企业能力理论认为，企业的能力包括企业的资源、核心能力和知识，能力不同的企业互补合作，会减少企业的规模，缩小企业的边界。企业边界是能力的边界。企业能力是动态的，能力的变化会引起组织结构调整，能力如

---

[1] WILLIAMSON O E. The economic intstitutions of capitalism[M]. New York: Simon and Schuster, 1985.

果不能适应环境的变化，就会导致企业边界的不稳定。[1]随着知识经济的兴起、知识在企业发展中重要性的提高，企业的个体知识、组织知识、知识创新、知识获取、知识积累等要素对企业边界也起到决定作用[2][3]。

企业家理论也能解释企业的边界。[4]企业家拥有资源控制权，企业边界的调整会影响企业家的私人收益，企业家通过权衡边界的调整实现公司价值和私人收益的优化。组织边界涉及股东核心利益，组织边界变动需要股东同意。[5]

新产权学派将企业看成物质资产的集合，认为当两家企业进行一体化带来的收益大于产生的成本时，企业会一体化，导致企业边界扩大；当企业一体化的收益小于成本时，企业边界不变。简森和梅克林认为，企业的边界是激励的弱化（股权分散）与风险的扭曲（债务融资）间的权衡。[6]企业的扩张一般需要股权融资或债务融资。股权融资增加新股东，会带来原有股权的分散，随着股权的分散，原股东的可分配收益可能在企业边界扩大后反而减小，这对原股东的激励效果会弱化；如果原股东不希望更多的股权分散，采取债务融资，又存在融资越多、风险越大的问题。企业扩张的边界就是在对股权分散与风险扭曲的权衡下决定的。

研究企业边界的视角还有很多，如有学者应用企业资源理论从企业资源和可持续竞争力之间关系的战略角度考察企业边界。

我们不必一一列举，因为重点需要谈的是创业问题。创业者要思考企业

---

❶EISENHARDT K M, MARTIN J A. Dynamic capabilities: What are they?[J]. Strategic management journal, 2000, 21(10-11): 1105-1121.

❷哈耶克. 知识在社会中的作用[M]. 罗卫东, 译.杭州: 浙江大学出版社,2007.

❸德姆赛茨.所有权、控制与企业——论经济活动的组织(第1卷)[M]. 段毅才, 等译. 北京:经济科学出版社,1999.

❹高小平. 互联网对企业边界的影响研究[D].广州:华南理工大学,2014.

❺冯华,司光禄,冯弘毅.公司治理视角下的企业边界分析[J].中国工业经济,2013(3):85−97.

❻JENSEN M C. MECKLING W H. Theory of the firm:managerial behavior, agency cost and ownership structure[J]. Journal of financial economics, 1976, 4(3).

的边界，经营范围与在价值链中的定位。

企业边界的漂移

企业边界的调整是企业家对环境变化的适应性行为，如同冰块在水面上漂移，企业的边界呈现两个方向的运动漂移，边界的扩大与缩小。在不同的历史阶段，甚至在同一历史阶段的不同企业企业边界，企业边界呈现变大与变小。

在过去的100多年里，发达国家的企业边界经历过不同阶段的漂移。20世纪80年代之前，企业的边界倾向于扩大，包括“纵向一体化”，以及“纵向一体化”与“横向一体化”相结合的混合扩张两种态势。企业实现规模经济扩张横向边界，上下游整合扩张纵向边界。

20世纪80年代以后，随着信息技术的发展，改变了企业的分工与合作模式，一方面，越来越多的企业更专注核心能力，出现业务外包等“纵向分离”趋势，企业的边界在缩小；另一方面，出现虚拟企业、战略联盟、“平台+合伙人”等新的形式，企业边界呈现模糊化的趋势，也出现组织边界与经济边界分离的趋势。

企业的边界在漂移、扩大或缩小；企业的边界也在模糊，企业与市场的界限、生产与消费的界限在消融。

涮羊肉饭店，客户嵌入企业

我们看看一个传统企业是怎样调整企业边界的。

涮羊肉饭店属于餐饮业，餐饮业的核心业务环节是烹饪，将菜市场买来的菜与肉加工成熟，供客户直接食用，并提供相关服务。

涮羊肉饭店调整企业边界，先把厨子这个核心生产环节取消，给顾客直接上生菜、生肉，相当于菜市场直供。但是，卖给顾客的肉价、菜价，可不是菜市场里的价格，要翻上几番。

餐饮企业重要的成本之一是人员薪酬，厨师的薪酬肯定比洗菜、切肉的小工要高。涮羊肉饭店比一般的餐饮企业节省了人工成本，还避免了对核心技术人员的依赖。

谁是涮羊肉饭店的厨子呢？消费者。

无偿劳动，拿着筷子，自己拌料，自己七上八下地在开水里把牛百叶加工成熟。涮羊肉店不仅不给我们付费，还减少了顾客投诉的可能。在别的餐厅吃饭，我们能喊服务员过来说："怎么搞的，这个菜烧老了。"但涮羊肉饭店里，服务员会回答："先生，那是您自己涮的。"

为什么涮羊肉饭店能把客户变成免费员工？因为他给了消费者一种自助参与（do it yourself，DIY）的体验感，一群人一起热腾腾DIY的仪式感。

企业把客户变成员工，打破了企业的边界，客户嵌入企业，完成本该由企业自己来做的业务环节。

例如，宜家家居，既是家居用品生产企业，又是家居用品卖场。一般的家居生产企业与卖场，主要的业务环节包括采购原材料或半成品、生产加工、卖场展示、销售、物流配送、上门安装。宜家在卖场里给我们发一根铅笔、一卷纸尺，自己测量，自己选购；卖给我们一堆木板、铁架、螺丝的半成品与一张安装说明书，自己安装。

在一句"我的家庭我做主"的理念下，我们成为给宜家家居无偿打工的家具生产工人、销售店员、运输与安装工人。宜家不仅节省了人工成本，还节约了仓库场地成本和物流运输成本。

将企业的边界打开，让用户进入。

〉〉企业边界的模糊

如果说，涮羊肉饭店、宜家家居还只是开放企业边界，让客户嵌入企业，客户作为企业的员工，代替企业完成一些业务环节，那么很多互联网企业已经开始让企业无边界化，消费者成为生产者，或者说成为"产消者"。

媒体一般采取两级交易，一级交易发生在媒体与受众之间；二级交易发生在媒体与广告主之间。一级交易是媒体以内容交换受众的注意力资源；二级交易是媒体用一级交易所获得的受众资源（体现为收视率、收听率、阅读量、发行量等）交换广告主的广告费，广告主表面上购买的是广告位（广告时段、广告版面），实际上购买的是媒体所附着的受众眼球（或耳朵），借此推广其产品（服务）、品牌等。

媒体的收入是广告，成本是用于一级交易的内容制作或内容购买。一般媒体不管是制作电视综艺、广播栏目，还是购买电视剧、体育赛事，都是花钱才能得到受众想看的内容。

新浪微博不用支付费用，就能获得内容。微博的博主是新浪微博的义工，无偿撰文贴图，提供内容，供其他受众观看，相当于新浪微博不用支付费用的记者、美编，还是宣传推广员。新浪微博的广告收入，军功章有博主的一半。

为什么新浪微博能够无偿占有劳动力？它用的是平台模式。按照产业经济学的双边市场理论，平台把两类彼此需要的用户吸引到平台上交易。

典型的线上平台是淘宝店、线下平台是链家地产。平台两边的用户，淘宝店的店主与买家、卖房者与买房者，通过淘宝平台、链家平台达成交易。每一边用户需要的交易对象不是平台，而是另一边的用户。卖房者需要买房者，淘宝店主需要"剁手党"。

新浪微博也搭建了一个平台，让用户彼此需要。我为新浪微博"打义工"写作，是为了让微博的其他受众看到我的文章，受众看微博本来也是希望看到各种人提供的内容。换句话说，大家都有表达、交流的意愿，新浪微博给我们一个相互找到对方，满足彼此需求的平台。

平台两边的用户存在交叉网络外部性。网络外部性指连接到一个网络的价值，取决于已经连接到该网络的其他人的数量，一个平台连接的人越多越有价值。例如，用微博的人越多，使用微博的人得到效用越大，只有一个人用毫无价值。

交叉网络外部性是网络外部性的一种特殊形式，指的是平台一边用户所获得的价值，随着另一边用户数量的增长而增长。淘宝店买家越多，对卖家越有价值，反之亦然。

在这个交叉网络外部性的作用下，生产者也是消费者，消费者也是生产者，企业与市场的边界消失了。

互联网与众包

2001年1月，一个叫吉米·威尔士的商人用一种新方式开始编纂一部百科全书，他利用互联网，集聚大众智慧，向数以百万的普通公众开放，每个人都可以编写词条、修改完善词条，集体生产，免费提供。这产生了世界上最大的百科全书——维基百科。它对公众也是免费开放、每个人都可以浏览学习，词条动态随时更新。过去出版一本百科全书，在印刷成品的那一刻起，很多信息与知识就已经过时，所以人们不愿意付费购买。

这种通过互联网集合众人之力共同完成一项任务的工作机制被称为“众包”。[1]

维基百科虽然不是一个企业的营利行为，但维基百科的“众包”思维对企业整合外部人力资本有巨大启发。

传统的企业是专业化分工协作，新的企业是把消费者变成研发者、设计者、生产者、推广者，在他们身上生产、流通、消费的边界在消失。

正如蒂姆·奥莱利的预言，这是一个DIY的时代，人人动手。这也是一种互惠经济，在企业搭建的社群中，人人服务人人。

---

[1] 彭健.文化众筹:从兴趣到信任[M].北京:知识产权出版社, 2015:12.

业余者的时代

业余指工作时间以外，本业之外。现在已经进入业余者时代。“副业刚需”成为网络流行词。对于个人来说，发展副业，是职业“备胎”；很多人的副业收入甚至是主业工资的N倍，副业成为刚需。对于企业来说，使用兼职员工可以更灵活地使用人才，降低成本，提高效率。

业余者时代是技术进步、生产力发达、社会财富与闲暇时间丰盛的产物，是对工作时间制的颠覆，是对工作与休闲的重新定义。

管理学者彼得·德鲁克提出“知识社会”概念，知识是社会最重要的资源。知识在知识工作者身上存储，传统企业的工作时间制度下，雇佣只是获得员工工作时间的使用权，并没有获得员工知识的所有权。

“副业刚需”，恰恰是个人的知识资源外溢的反映。这对企业管理提出了新的课题。

人们被生产力发展所解放出来的时间、精力、体力、智力与心力，不再为了谋生或者物质回报而付出，更乐于把它们投入到自己有兴趣的、能获得意义的、在自己的价值观体系中更重要的领域。

企业中被替代的人

信息技术与生物技术的双重革命将改变人类的工作方式。19世纪英国工业革命时期，因机器代替人力，制造业中的很多技术工人失业，他们被称为“卢德分子”[1]。现在尤其是未来，“卢德分子”将不断扩大，从第一产业、第二产业到第三产业。

人类有两种能力，身体能力与认知能力。工业革命是机器替代人的身体能力，把人从农业、制造业中解放出来。我参观过京东方科技集团股份有限公司的无人工厂，看到无数台机器人在分工协作。

[1] 指因机器发明而失去工作的人，现也泛指反对科技发明的人。

一直以来，人类相比机器的优势是认知、分析、决策。例如，医生对我们的病情进行分析，提出治疗方案。而今，人工智能在认知分析甚至决策能力上已经追赶并在很多方面超越人类。人工智能读取扫描、化验、磁共振成像所形成的病人的身体数据更系统准确地分析病情，并根据大数据与算法，提出治疗方案。医生在智力上可以被替代。服务业的大部分岗位在未来也面临替代。

即使是人类的情感能力，对他人情绪的感知能力，只是数十亿神经元的相互作用，随着生命科学、生物技术的发展，人类在了解了是哪些神经元之间的作用机制在决定人类的情感时，机器学习就可以知道怎样模仿这种情感及在这种情感下人类的行为。

未来，专业者相对于融合生物技术与信息技术的机器人而言，也是业余者，它们可以在几个小时内掌握国际象棋大师几十年的专业技能。

人类在企业中的生产角色被替代，企业里不再是人与人之间的分工协作，而是人与机器人，或者机器人与机器人之间的分工协作。

企业的边界将消失。什么是企业，将是未来的企业理论重新解答的问题。

第三章
如何创业

在这一章里，我们来界定什么是创业，创业应该从哪里起步，需要哪些资源，怎么整合这些资源，怎么找到联合创始人和最初的员工，怎么找到业务方向，怎么找到商业模式，怎么营利？

什么是创业

企业是营利性的法人，有两个特性。

一是营利性。南丁格尔开创了近代护理事业，发起了国际红十字会，但是国际红十字会不是营利性的组织。所以，南丁格尔创立国际红十字会不属于本书定义的创业。

二是法人性。法人是依法独立享有民事权利和承担民事义务的组织。首先，不是自然人，而是组织，张三在超市门口开了一个煎饼果子摊，属于自谋职业，但如果把煎饼果子摊做成连锁企业，就是创业；其次，企业享有独立的民事权利主体资格。

国外的创业也指创立企业，start-up、venture、business venture 或 new business venture表示创业企业；venturing表示创业行为、创业活动。

学界研究创业的机构一般设在商学院下面，研究的是创立企业的行为规律。

学术界对创业普遍使用的词是entrepreneurship，或者形容词性entrepreneurial，如沃顿商学院的创业研究中心称为Entrepreneurial Research Center，斯坦福大学商学院称为Center for Entrepreneurial Studies，斯隆管理学院称为Entrepreneurship Center。entrepreneurship还有一个含义是创业精神或企业家精神。

国外与创业相关的理论已经有超过百年的历史，很多学者从经济学、管理学、社会学、心理学、金融学等不同的角度研究创业。根据国外的研究，狭义的创业是创建新企业，广义的创业包括对现有企业再次创新。为了讨论的聚焦，本书用狭义的概念——创建新企业。

那么，设立一家空壳公司为客户走账，以自雇为特征的个人工作室注册为公司，受政府委托成立一家财政投资平台公司，这些属于创业吗？

创立一个企业就是创业吗

创业研究以创新理论、风险理论和企业管理理论为基础。

法国经济学家让·巴蒂斯特萨伊认为，创业是把生产要素组合起来。创新理论代表人物约瑟夫·熊彼特更进一步认为，创业是实现生产要素新的组合，创新是创业的本质。[1] 彼得·蒂尔认为，创业是“从零到一”，本质是创立、开创。

科尔对创业的定义更完整，创业是发起、维持和发展以利润为导向的企业的有目的性的行为。

管理大师彼得·德鲁克认为：“创业是一种行为。”与本书一样，彼得·德鲁克反对寻找成功创业者的特质，他认为创业就是一种工作，“可以

---

[1] 熊彼特. 经济发展理论[M].何畏,易家详, 译.北京:商务印书馆,1990.

组织并且是需要组织的系统性的工作”。[1]

还有些学者从创业者与企业家的角度谈到了创业。

1755 年，法国经济学家康替龙将entrepreneur（创业者，企业家）一词引入经济学。他认为，创业者要承担以固定价格买入商品并以不确定的价格卖出的风险。弗兰克·奈特提到：“有更好管理才能（远见力和统治他人的能力）的人具有控制权，而其他人在他们的指挥下工作。”[2] 创业者承担风险，指导企业经济活动，保证员工收入。

英国经济学大师乔治·卡特利特·马歇尔认为，创业者（企业家）在企业中担任多重职能，如管理协调、中间商、创新者和承担不确定性等。

马克·卡森[3] 提到：“创业者是擅长于对稀缺资源的协调利用做出明智决断的人。”柯斯纳提出描述创业者心理认知特征的术语——“敏感”，认为创业者具有发现市场机会的敏感。[4] 霍华德·史蒂文森，莱恩·罗伯兹和苟斯拜客认为，创业是一种管理方法，是“在不拘泥于当前资源条件限制下的对于机会的捕捉和利用”。“机会”学派强调从“存在有利可图的机会”和“存在有进取心的个人”两个角度去研究创业。

斯科特·沙恩和文卡塔马兰[5] 指出：“不同人所识别的创业机会在质量上是有变化的，一是为什么会存在可以创造商品和服务的机会，是如何存在的；二是为什么有的人能够发现和利用这些机会，如何发现和利用；三是为

---

[1]德鲁克.创业精神与创新[M].柯政,安仙,译.北京:工人出版社,1989.

[2]弗兰克·奈特.风险、不确定性和利润[M].王宇,等译.北京:中国人民大学出版社,2005.

[3]CASSON M. The entrepreneur :an economic theory[M] . Totowa: Barnes & Noble Boos, 1982.

[4]KIRZNER L. Competition and entrepreneurship[M] . Chicago:University of Chicago Press,1973.

[5]SHANE S, VENKATARAMAN S. The promise of entrepreneurship as a field of research[J] . Academy of management review, 2000,25(1): 217-226.

什么会采用不同的行动模式来利用创业机会，如何采用。”

根据上述学者的定义，仅创立一个企业还不是严格的创业，创业应该具备如下特质。

第一，创新与要素重组。根据约瑟夫·熊彼特的观点，创业的本质在创新，彼得·蒂尔更进一步认为是开创，从零到一。创新是要素重组。创业是成立一个企业实现这种要素重组。

创立一家没有任何创新的企业，严格说来，不是创业。彼得·德鲁克认为，仅开一家“既没有创造出新的令人满意的服务，也没有创造出新的顾客需求”[1]的企业，不是创业。任何新的可以使事情更容易完成的方法都是创新。这是广义的概念，新材料、新能源、新工艺、新设备、新方法、新模式、新流程、新产品，甚至新思路都属于创新。

第二，承担风险。创业者承担风险，创业利润是对风险的补偿。约瑟夫·熊彼特将“创业者”和“资本家”区分开来，认为是资本家承担风险，即使创业者在企业中投入了一定的资金，“那他也只是以资本家或者商品拥有者的身份，而不是以创业者的身份，来承担风险”[2]。我认为，约瑟夫·熊彼特上述观点有待商榷，创业者与作为创业投资者同样承担风险。

确实，创业者通过融资，让创业投资者等资本家承担更多的货币资金风险。但是，他要承担自己投入的人力资本的风险。资本家损失的是钱，创业者损失的是一段生命历程。

当然，由于人力资本的流动性使人力资本不具有抵押性，有时人力资本会采用“偷懒”的方式“虐待”非人力资本。[3]

第三，发起、维持和发展。科尔对创业的定义中有三个很重要的动词：

---

[1] 德鲁克.创业精神与创新[M].柯政，安仙，译.北京：工人出版社，1989.

[2] 熊彼特.经济发展理论[M].何畏，易家详，译.北京：商务印书馆，1990.

[3] 张维迎.所有制、治理结构及委托—代理关系——兼评崔之元和周其仁的一些观点[J].经济研究，1996(9):3–15,53.

发起、维持和发展，这意味着创业是一个从零到一，从小到大的历程，从发起开始，维持并发展企业。成立一家壳公司，只是为了财务走账，并没有发展企业的目标，不能称为创业。注意：衡量一个企业是不是创业企业的标准是追求增长性。

第四，机会与资源。创业始于创业者对商业机会的敏感与发现，并利用资源去把握。

创业的定义

创新是一个创业企业最重要的力量。创立一个在研发、生产、销售、运营、服务等各方面都没有任何创新的企业，不属于本书要讨论的创业。

正如彼得·德鲁克所说："企业的宗旨必须是存在于企业自身之外的。企业的宗旨必须存在于社会之中。"因此，从创业者的目标来看，包括物质的，也包括精神的，创业是个人价值的实现，也是社会价值的实现。

我认为创业：创业者发现了一个商业机会，发挥自己的能力，整合各种资源，把商机转化为产品、服务、市场、方法或经营形态等，从中获得利益，包括物质的与精神的，从而实现价值，包括个人的与社会的，如图3-1所示。

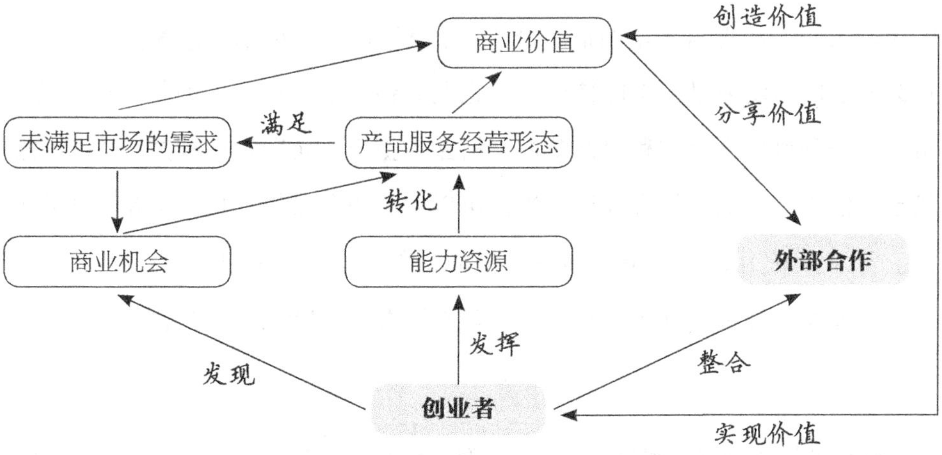

图3-1 创业者创业行为过程

本书对创业的定义：创业是**创业者发现商机，发挥能力，整合资源，推出产品、服务或经营形态，实现价值的行为过程。**

其主体是创业者，客体是企业，过程是发现商机、整合资源与能力、推出产品、服务或经营形态，目标是实现商业价值，并将这个价值与合作者分享。

创业精神，创业最重要的因素

entrepreneurship的另一个含义是创业精神或企业家精神，其由法文entreprendre引申而来，其意思是“着手工作，寻找机会，通过创新和开办企业实现个人目标并满足社会需求”。近年来，国外有学者提出intrapreneurship与entrepreneurship相对应，前者指在现有企业或大企业内部的创业精神，后者侧重于新创企业的创业精神。本书将创业精神、企业家精神理解为相同的含义，可以相互指代。

创业精神是创业的动力所在。

不同的学者为创业精神（企业家精神）给出不同角度的定义。约瑟夫·熊彼特认为，企业家精神是做别人没做过的事或以别人没用过的方式做事的组合，包括开发新的产品、采用新的生产方法、开辟新的市场、寻求新的供给来源、实现新的组织形式。[1] 企业家精神是一种不断创新的精神，是社会发展的策动力量。桑巴特认为，企业家精神是一种不可遏制的动态的力量，是一种世界性追求和积极精神。柯兹纳提出，企业家精神是抢先抓住新机会的能力，认识到机会并抓住机会可以“矫正”市场，把市场带回平衡状态。舒尔茨认为，企业家精神是处理非均衡的能力。彼得·德鲁克的观点是，企业家精神是一种革新行为，为现有资源赋予新的创造财富的能力，是

[1] 熊皮特.经济发展理论——对于利润、资本、信息、利息和经济周期的考察[M].何畏,等译.北京:商务印书馆,1990.

社会创新精神，社会进步的杠杆。[1] 加特纳认为，企业家精神是组织的创造，是新组织产生的过程。梯莫斯的观点是，企业家精神是一种思考、推理和行动模式；是一种追求机会、整体权衡、具有领导能力的行为。梅瑞斯认为，企业家精神是个人和团队投入资源、利用机会、创造价值的过程。发生在任何组织环境下，产生多种可能的结果，包括新企业、新产品、新服务、新流程、新市场和新技术。夏莫和克里斯曼认为，企业家精神包括组织的创建、重组或是组织内外部的革新行为。

上述学者的概念，将创业行为、创业过程、创业精神、创业本质、创业的能力等混为一谈。外延过宽的定义等于没有定义。既然是一种精神，首先回到精神的概念。所谓精神，指精气与元神，**是脑组织所释放的一种能量，表现为一种思想形式、意识形态、情感、意志与价值抽象**。

创业精神体现创业者这一群体的思想、意识、素质、意志、价值取向及思维模式的特点。

彼得·德鲁克的定义强调创新，**创新是创业精神的最重要特质**。创新的外延不仅是从零到一，像农夫种菜，从无到有的原创过程；也可以是重组，像厨师做菜，把现有的食材重新组合加工，是“从有到好”的整合过程。整合创新同样有价值。桑巴特的定义强调了两点：一是**企业家精神的力量**；二是**企业家精神是指向企业之外更宏大的追求**。弗兰克·奈特和舒尔茨为代表的新古典学派，认为企业家精神与承担风险的冒险精神相关，**冒险精神确实是创业精神的重要特质**。

〉〉 企业家的四种能力

乔治·卡特利特·马歇尔认为，企业家是凭借创新力、洞察力和统率力，发现和消除市场的不均衡性，创造交易机会和效用，给生产指明方向，

---

[1]彼得·杜拉克.创新与企业家精神[M].彭志华,译.海口:海南出版社,2000:9.

使生产要素组织化的人。[1]他认为，企业家应具备三种能力。

一是创新力，与约瑟夫·熊彼特的创新性相通。

二是洞察力，是抢先抓住新机会的能力，是发现需求与满足需求的方式之间的不平衡或者说发现市场存在不均衡性的能力。企业家未必是技术、模式的创新者，但通过发现不均衡，引领消除不均衡的创新。高效的模仿就能创造利润，说明市场存在不均衡，存在商业机会，企业家洞察了这一点，他没有采取创造性的破坏，仍然可以让企业获利。当年江浙闽粤有很多生产制造业的隐形冠军，他们依靠成本优势，高效模仿他人，而不是依靠创新力，也能带领企业获利并成长，也是优秀的企业家。当然，在市场变化或者企业需要进一步跨越时，企业家要勇于创造性地破坏，开展创新。

可见，洞察力与创新力是关联的，洞察力引导创新力，发现市场不均衡，为创新提出方向；创新力消除市场不均衡，推动企业家去发现新的市场不均衡。

三是统率力。统率力是领导力，也是整合力，整合是资源要素的集聚与组合，企业家自己可以不是技术的创新者，不是商业模式的设计者，甚至不是市场商机的发现者。但是，他可以集聚技术专家、管理专家、市场专家，激发他们的能力，使他们彼此产生物理、化学反应。所以，乔治·卡特利特·马歇尔提出，企业家是使生产要素的组织化的人。

在乔治·卡特利特·马歇尔的定义基础上，我想补充一条企业家的重要能力——决策力。

四是决策力。**在风险中决策，并承担风险的结果。**

本书对企业家的定义是：**以洞察力发现市场的不均衡与交易机会；以创新力消除市场的不均衡，创造效用；以统率力组织生产要素，为企业指明方向；对企业最终决策，并承担决策风险的人。**

---

[1] 马歇尔.经济学原理：上卷[M].朱志泰,译.北京:商务印书馆,1997.

因为企业家承担最终决策与风险，企业家组织生产要素，企业家决定其他生产要素的产出水平，所以企业家必须拥有剩余索取权，或者自己投入货币资本，拥有产权，或者以企业家能力与企业家精神入股，与货币资本的持有者，如创业投资，共同拥有产权。所以，**创业者不是被货币资本雇用的人力资本，而是货币资本的使用者与合作者。**

创业企业与创业投资合作，是以企业家能力、企业家精神与创业投资的货币资本合作。

企业家精神与企业家能力

企业家精神与企业家能力相辅相成。

企业家精神是火，企业家能力是木材。没有企业家精神的激情点燃，企业家能力只是木材，不能烈火燃烧；但没有企业家能力的木材供应，企业家精神也只是短暂的燃烧。

企业家精神是企业家内心的价值取向，反映了企业家的人生价值观，决定了他为什么创业，为什么要创新，决定了企业的宗旨。企业家能力是“知识+能力”，企业家精神驱动企业家发挥才能，提升才能；没有企业家精神，企业家能力可能被闲置浪费，也可能走向另一个极端，无底线无规则，巧取豪夺。威廉·杰克·鲍莫尔认为，一个经济体能否实现持续增长，关键在于企业家精神是配置到创新等活动中，还是配置到寻租活动中。

企业家精神作为一种意志品质，一种情感状态，决定企业家承担挫折、压力、风险的决心与态度，企业家能力是一种心理素质、身心康健的程度，决定企业家承担困难的水平。企业家精神也能够提高承担风险、挑战困难的能力。决心能够放大能力。有很多企业家并不是天生就比别人的心脏大，**而是靠决心、坚持、煎熬而承受，如果没有这种强大的企业家精神，也许他们就会放弃。**

企业家精神是一种思维模式，决定企业家思考的角度、深度与强度，企业家能力是思考能力，思考如何获得信息、整合信息、分析信息，如何决策。如果没有企业家精神的支撑，企业家思考时可能会缺少创新、缺少迎难而上的勇气；企业家思考的深度可能会缺少刨根问底；企业家思考的强度可能会缺少持之以恒。当然，如果没有企业家能力的支撑，企业家的思考可能穷思竭虑而不得法。

企业家精神对企业的作用是指引企业发展的方向，其是企业文化的内核，企业发展的动能。没有企业家精神，企业不知道往哪个方向走，走到哪里，为什么走。没有企业家能力，企业可能会夭折在路上（见表3-1）。

表3-1 创业者实现价值状况分类

企业家精神	企业家才能
企业家精神是一种内在的价值取向，是企业家的力量源泉	企业家才能使被企业家精神所驱动的包括洞察力、创新力、决策力、统率力等能力以及相关专业知识在内的综合才能
决定了企业家为什么要创业或者为什么要创新的目标、动机与企业的宗旨	决定了企业家如何创业创新，如何成功的创业创新
企业家精神是一种情感状态，一种意志品质，决定了企业家承担风险的态度	企业家才能是一种心理素质、一种身心抗压能力，决定了企业家承担风险的水平
企业家精神是一种思维模式，决定了企业家如何思考、如何决策	企业家才能是一种思维能力，决定了企业家能否做出有效的思考，有效的决策
企业家精神是一种追求，一种意识形态，是企业的图腾、旗帜，决定了企业往那里去，企业为什么存在	企业家才能是企业家精神的技术与条件保证，是企业的资源、价值，决定了企业能否到达企业家精神所指引的地方，能否持续存在

创业阶段，企业家精神与企业家能力对于企业的作用更加重要。

创业机会是指开创新事业的可能性，以及通过自身努力达到创业成功的可能性。具有企业家精神与才能的创业者可以在茫茫商海中识别哪些是机会，他们怀着雄心壮志，并愿意承受风险。

创业面临的最大的挑战是资源的缺乏，具有企业家精神与企业家能力的创业者，依靠其个人社会资本，依靠企业家精神的感召力，获得企业生存和发展所必需的资本，网罗到企业生存和发展所必需的人才，从而提高创业成功的概率。

当然，企业家精神与企业家能力只是创业成功的条件之一，远非必要条件，并不能保证创业的成功。影响创业成功的前置变量太多，相互作用的机制太复杂，企业家精神与企业家能力只是其中之一，并且是重要的。

》创业从商机开始

商机，指能产生商业价值的机会。没有商机，就没有成功的创业。

创业者要寻找商机，但并非需要“众里寻他千百度”。我认为，创业者寻找商机应该是“骑驴找马”，固然大的商机酝酿大的企业，大的池塘能养出大鱼，但现成的就在手边的小商机也不要错过，与其“二鸟在林，不如一鸟在手”。

商机的特点：

第一，商机是稍纵即逝的。很多行业都会有一次向上蓬勃发展的浪潮，弄潮儿不是形成或者引领潮流的人，对于巨大的社会或市场潮流，个人的力量是沧海一粟，实在微不足道。个人无法形成潮流，如同个人无法创造历史，即使是伟人也一样，时势造英雄，英雄在被时势选择后顺势而为地被推了一把。弄潮儿是与潮共舞的人，好的创业者就是这样的人。

第二，商机是不断变化的。

第三，商机是不断涌现的。商机的不断变化与涌现，决定了创业者须不断创新。创业不是一次性的，而是周而复始的。

第四，商机是可以被创造出来的。商机与客户需求不同，发现商机不是发现客户需求。需求是顾客已有的或者是顾客还没有察觉到的潜在需求，发现客户需求，需要挖掘顾客的偏好、心理、动机、潜在需求、需求变化，以及需求转化的成本。但是，商机往往不是客户需求，甚至可能是客户反对的东西。客户意识不到自己的潜在需求，需求存在惯性，**如果尊重客户需求，这个世界上一半的东西都不会被发明出来**。

实际上，在很多划时代的产品出现的时候，客户最初都是嗤之以鼻的。我认为，越是划时代的商机，越不是由客户的需求主导的。好的创业者因为可以创造商机，所以可以创造需求。

对待商机的态度。商机需要去验证。未来不可预测，好的创业者对所发现的商机究竟能带来多大的回报不做推演测算，只是提出一个假设：这可能是个机会，这个假设可能为真，也可能为假。既然发现了，就去验证，而不是理论论证。只要我们能够承受目前尝试的成本，就用可控的成本去制作可行的产品或推出可行的服务，看看产品与服务能不能满足需求，把握住这个机会。

我们应该用产品与服务到市场去测试，而不是用主观判断，哪怕判断的结论看起来理所当然。

我们需要根据实际的测试，收集反馈，决定是坚持，还是转变方向。当然，这个测试也可以只是一份商业计划书，但即使是文本，也不要“闭门造车”，而要走出去测试我们的策划方案，进行客户开发，至少要邀请潜在的使用者、购买者和合作伙伴提供反馈，包括功能、定价、渠道、客户获取战略。这个测试的过程要快，根据调查结果调整我们的产品与服务，调整后的产品与服务再次接受市场的检验，不断重复这个循环，不断迭代我们的产品，对行不通的想法果断地转型或者放弃。

创业者在测试的过程中，不能有路径依赖的思想，不要因为曾经说过A，就一定要坚持A；不要怕承认自己错了，哪怕让下属知道是自己错了也并不丢人。

商机需要不断寻找。果敢地大步行动，如果运气好，也许可以让我们一步“登堂入室”。但是，如果我们不认为自己是那种足够幸运的人，选择小步快走，多次行动，不断尝试、调整和适应变化，同时能够在变化中持续寻找商业机会，是更现实的选择。

在寻找商机的过程中，不断问自己可以承受的损失及愿意承担的损失有多大，然后再投入相应的资源。不要根据一个预期回报就投入大量资源，尤其是自以为投入将会有大的回报的时候就更要小心。

当然，失败获得的是经验与回忆，也是一种人生财富。

商机和我们个人的资源能力有关。“商机和我们个人的资源能力有关”这句话要辩证地看：第一是应该根据并尽可能运用我们手中拥有的资源与能力去找商机，从已有的出发。第二是不要等到资源能力完备再出发，其与第一条并不矛盾，这些项目需要的资源与能力和他已有的成功的经验相关。第三是创业者不能拘泥于自己的资源与能力，而应该不断地整合更多的资源与能力。

〉〉 创业是资源整合

创业过程是一个资源与能力不断整合、聚集、提升的过程。一个企业的发展需要各种不同的要素，人力、资本、科技、土地、厂房、信息、注意力等。

创业企业的不同，是创业者自身资源要素的不同，更是创业者整合内外部资源要素的能力不同。大部分创业者的自身资源要素不足，就需要整合。

创业者整合资源要素的能力、模式、层次、边界决定企业成长的速度、层次和规模。

创业者如同一枚吸力巨大的磁铁不断地去四处吸聚“铁屑”，并随着吸附“铁屑”数量的增多进一步增强磁力，不断吸聚，不断扩大。创业企业发展越好，资源整合能力越强；资源整合能力越强，企业发展越好。这个正向循环需要突破一个临界点，一旦这个临界点被突破，这个创业企业就进入发展的快速通道。

创业者可利用的资源与能力的类型

创业者可以利用的资源与能力分为两种类型。

一是创业者自身的资源与能力是基础和核心。资源与能力是两个维度，资源越多，整合力越强，能力越强，整合力越强，资源整合的数量取决于创业者自身的整合能力。

二是归属于联合创始人或初始员工的资源与能力，是创业企业进一步对外整合资源的基础。有的创业者在很长的一段时间选择独立决策、雇佣员工，不引入联合创始人；有的创业者一开始就聚合联合创始人。关于这两种选择的优劣，本书将在下面的内容中进行讨论。

要注意的是员工与创业者的资源与能力有三点不同。

第一，员工的资源与能力具有流动性。创业者、联合创始人的资源与能力一般始终归属创业企业，除非企业破产清算；员工的资源与能力不同，员工可以辞职，另谋高就，其资源与能力就随之从企业消除。

第二，员工的资源与能力具有专业性。甲有的，乙未必有；员工有的，创业者未必有，创业者整合员工，是通过员工获得自己没有的、企业没有的、并且是企业需要的资源与能力。

第三，激发员工的能动性。员工的资源与能力不是自来水，一打开龙头就自动流出来，如果创业者不能很好地激发员工的能动性，他可能“徐庶进曹营——一言不发”，“身在曹营心在汉”。只有员工有意愿、有动力，他的资源与能力才能充分发挥。

从图3-2可以看到，归属企业的资源与能力，与更外面一层的边界用了实线，这是企业的法律边界。其他几层的边界用的是虚线，在企业内无须市场交换，由创业者构建的管理与分配体系，让企业内部归属不同员工，不同部门的资源与能力交换、流动、共享。在企业外，需要通过契约的市场交易来整合资源。

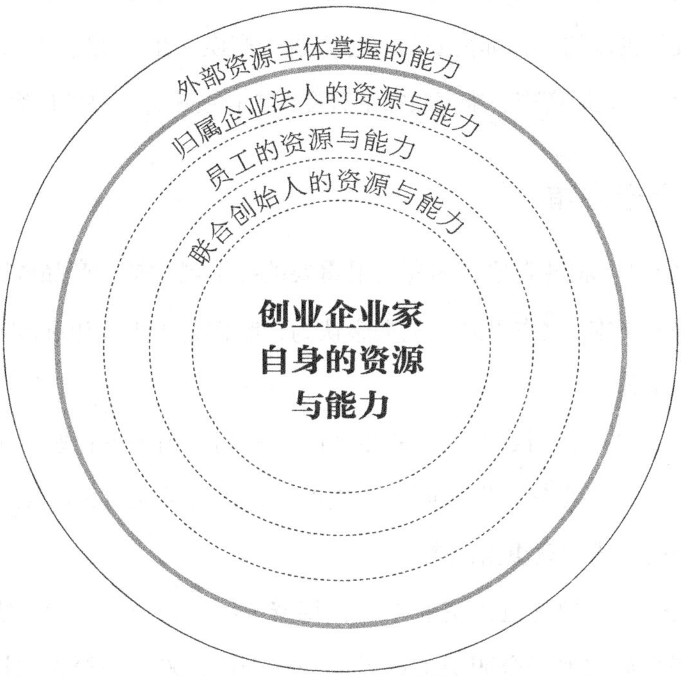

图3-2 企业拥有的资源与能力类型

企业需要整合资源，但如果一定要把资源都整合到企业内，在一个法律主体中，既是不现实的，也是不经济的，无论多么强大的企业，归属它的资源与能力都有边界，发展都存在瓶颈。

在图3-2中，最外一层归属外部资源主体掌握的资源与能力也用了虚线，这是整合的思维：**企业有法律边界，但没有交易边界。**

创业企业的创业过程是不断改变企业的资源能力禀赋，不断打破企业的交易边界，通过设计合作模式、交易外部资源，从而不断促进企业成长。

创业企业要利用的资源与能力，未必一定占有它，所有权与使用权是不同的，但求所用，不求所有。

创业者可以采用传统的资本控制手段获得需要的资源与能力上的所有权；也可以采用以品牌、技术专利、渠道等无形资产的方式或者设计利益分享机制的方式获得其他主体的资源与能力的使用权。不管是获得所有权，还是使用权，整合其他主体的资源都需要与资源方进行交换，在交换时付出的可能是货币资本、股权、无形资产、未来收益的分配或者核心设计交易的内容与方式。

链接大于占有

“互联网+”剥开表象，内在的最重要的经济规律是：**产品或服务复制的边际成本趋向于零。**[1]杰里米·里夫金认为，我们将进入零边际成本社会，共享经济时代来临。

在这个背景中，创业者与商业生态的各种利益相关者：联合创始人、创业投资者、银行、客户、供应商、渠道商、员工等的关系需要重构，创业企业获得资源的模式需要重新思考。

创业者未必需要通过投资的方式，将资源纳入创业企业内；**需要一个员工，未必需要雇佣他为全职员工；需要一家企业，未必需要将它控股；需要一种技术，未必需要买断它。**创业者不必通过资本的方式占有资源，而可以更多地用“软实力”，如专利、技术、渠道、品牌，甚至某种创意、诀窍、方法等整合资源，获得资源的使用权，而非所有权。传统的资本、投资占有、所有权的概念都在变化。

随着协同共享经济模式的崛起，创业者对资源整合的理念进一步开放，以利益分享机制的设计就可以整合资源，而无须控制。商业模式设计成为关键，让资源的拥有者愿意与我们合作，因为与我们合作可以获得更多的利益分配。这种利益甚至不见得是经济利益、物质利益，可能是社会利益、精神利益，在共享时代，人们分享自己的知识、经验、技能、创造力和产品与服务，有时并不是为了获得物质利益、经济回报。

这是一个社交生产的时代，其特征是共同创造、共同受益，无人独占。

---

[1] 彭健.文化众筹：从兴趣到信任[M].北京:知识产权出版社,2015:12.

在互联网前时代，创业者整合资源需要人际网络不断寻找、沟通、洽谈，融资并投资，购买或雇佣，不断滚动，逐渐扩张，一个企业的成长周期是很长的。企业成长的速度取决于企业资源积累的速度，取决于企业资源整合的模式的重大变化。互联网延伸了创业者的感官——耳朵、眼睛、鼻子和嘴，帮助创业者低成本、高效率地链接资源的拥有者，并与之合作。

对于一个创业企业获得资源而言，链接大于占有，共享能力大于控制能力。

〉〉 联合创始人与首批员工

创业者最早的资源整合是联合创始人或者第一批员工。企业这时候“一无所有”，但要让对方相信能一起创造美好未来。

领导者是有人跟随的人，领导力是使人跟随的能力。

〉〉 与联合创始人分配股权

有些创业者不愿意一开始选择联合创始人，因为人多时，你一言我一语，影响决策，同时涉及股权如何分配的问题。有些创业者愿意先找很多联合创始人，这样做有两个好处，一个是可以弥补自己的不足；另一个是联合创始人不必给太多的薪酬，毕竟给了股权。找不找联合创始人，找几位，决定时须遵循一个原则：把握眼前的商机，我们是否需要联合创始人的人力资本与其社会关系网络。但是，如果需要找很多，有可能这个商机未必适合我们，过早地引入过多的联合创始人是有风险的。

严格意义上的联合创始人，是要参与决策。股权意味着表决权。对于创业企业而言，在未来的很长一段时间，没有盈利，利润的剩余索取权并不那样急切。但是，大家会对未来尤其是对接资本市场以后的股权价值有一个预期。因此，股权分配影响联合创始人之间的人际关系和合作方式，影响整体创业绩效，是创业企业的重要治理机制。

实践中分配股权是一件并不容易的事情，企业的真实价值与联合创始人的实际贡献无法准确估量。有人提出可以在合作中根据实际变化调整控制权的分配。但是，这要求企业所有的联合创始人彼此信任，沟通良好。初次分配股权后，进行再调整，真的很难做到。

创始人找来多个联合创始人，又涉及公平问题，不分股权还好，分不公平更糟。人的积极性不仅仅与经济回报有关，也和对回报公平的感受相关。这种感受是主观的。创业者在股权分配时，会考虑每位成员的投入和贡献，尽可能公平，但也没有绝对的公平。这一点，团队的信任与文化也很重要，否则，在创业之初就埋下了刺。

创业者也是利己的，在与联合创始人分配利益时，会希望自己保有更多。但我的建议相反，一个家族里当老大的往往吃亏，吃亏才有弟弟妹妹的家和万事兴。一个创业者利用自己的谈判地位追求更大份额，反而是错误的选择。

股权分配既是创业者权衡思考的结果，也是与联合创始人将心比心沟通的结果，不需要产生博弈。如果企业的经营还没有走上正轨之前，股权就在博弈中形成，会破坏合作者未来的信任。这个阶段要鼓励互利，而不是利己。所以，我们寻找的联合创始人最好和我们有比较强的社会关系基础。

股权分配和商机的发现与产品（服务）创意的来源息息相关。谁发现的商机，谁最初形成了产品（服务）创意，意味着他对创业已做出贡献。如果创业者就是发现者与创意者，就有理由利用先动优势，并有较强的动机将更多股权留给自己，如果发现与创意是共同形成的，那么股权会更分散。

鉴于人力资本难以计价，一般不建议在初次股权分配中划定员工的股权，而是依据创业过程中员工的绩效，客观地衡量其人力资本的真实价值，采用期权或让渡部分股权的方式，在某个约定的时点，再次分配，这样能缓解初期主观判断导致的股权配置不合理性。

》信任是最重要的因素

我认为信任是寻找联合创始人及与联合创始人建立基于股权的合作关系中最重要的因素。

信任来自不同的维度。基于时间轴，有基于历史的信任与基于未来的信任。所谓基于历史的信任，是来自彼此过去的历史总结与评估而形成的信任。创始人选择童年的伙伴，因为一起长大，充分了解他的过去；选择战友，因为一起扛过枪；选择同学，因为一起同过窗。但是，很遗憾，也许需要的联合创始人过去并不熟悉。这就必须形成基于未来的信任，信任来自双方的共同目标与对未来合作利益的展望。双方有共同目标，就容易同心同德，产生信任。

因此，信任也可以分为基于理性的信任和超越理性的信任。理性选择模型认为，人们决策时，会对各种选择进行计算，最终做出使自己利益最大化、损失最小化的决策。理性信任是对双方信息进行计算，权衡潜在收益与潜在损失，再选择彼此信任。

创业的路很长，千难万险，周围的诱惑也多，怎么能保证，我们一直是对方最理性的最优选择？创业者与联合创始人形成超越理性的信任后，就可以抵御创业途中更大利益的诱惑。

我认为严格意义上的**信任是创业者与联合创始人形成超越理性的信任以后，就可以抵御创业途中更大利益的诱惑**。是面临一个预期收益时，做出的经济学意义上的非理性选择。换句话说，信任就是我明明知道这样做，我可以得到更大的好处，但为了不伤害我们，我没这样做。

这种信任往往基于双方共同的价值观，是自发的，也不完全依靠对历史的记录与计算，对未来目标与利益的权衡，甚至都不用通过协议保障，所谓志同道合者，所谓精神共同体。

当然，信任还包括基于能力的信任与基于意愿的信任。基于意愿的信任是信任对方的态度、观念、意愿，相信他会兑现承诺，采取互利行动，避免投机。寻找联合创始人不仅要建立基于意愿的信任，还要建立基于能力的信任，因为我们最终需要的是能力，而不只是态度。基于能力的信任指信任对方的技术、业务、资源方面的专长与能力。

实际上，我们的任何一次交易行为，都会从能力与意愿两个方面评估交易对象。

创业者在创业的过程中，不仅要整合联合创始人或者第一批员工，还要不断地吸引更多的人加入。为创业项目能够带来实际资源的各类利益相关者，创业者都应该通过谈判与利益共享机制，整合到企业中来，或者围绕企业形成联盟，形成一个为创业企业所用的利益相关者网络。

〉〉 土地、厂房、办公室

土地与厂房曾经是一家企业必备的要素，在过去的经济学模型中，土地是重要的变量。

知识经济企业对物理空间的要求越来越低，一个创业企业的成长过程，也可以形象地看成是一个企业不断搬家、不断扩张办公面积的过程。

办公室是创业企业发展的一个物理空间。在中国，企业注册需要提供办公地址。随着商事制度改革，企业可以虚拟地址注册，也可以在家创业。

随着互联网、3D打印、智能终端等技术的发展，以及共享经济的发展，一家创业企业在起步之初，可以通过在线办公实现团队的合作，并不需要固定的场地，如土地、厂房等，可以通过3D打印技术生产出实体的产品。

在线办公迅猛发展，有人提出一个问题：企业是否还需要一个办公室。我认为仍然需要，但是，面积会缩小，不需要这么多工位，不需要这么大的会议室。

在线办公虽然可以通过电子渠道把不同空间的工作个体连接在一起，但**是消除了人们在同一个地点的共事感，不利于企业社会资本的形成与发展。**社会资本由人与人之间积极的联系构成，包括在共享价值观与行为理念下的信任、理解、情感、协作，体现为人际关系商（network quotient，NQ）。为了组织的NQ，一个创业企业的人力资本需要在某个现实中的物理空间中，面对面感受若干次彼此的温度，哪怕并不频繁。

当然，土地、厂房是农业企业、地产企业、制造企业、仓储企业很重要的生产要素，但对于高科技企业、现代服务业其重要性较低。

〉〉 信息，有用的数据

这是一个信息的时代，也有人说这是一个数据的时代。

信息与数据的概念需要辨析。

人们通过眼、鼻、舌、耳、身等感官感受到的，或者通过技术与仪器测量到的反映事物的状态的信号，包括声音、图像、文本、数字、语词等，就是数据。数据是对客观事物最原始的记录，还没有被加工，没有被解释，数据之间也没有建立联系。

信息是经过加工处理的数据，信息是更高级的数据，建立了数据之间的联系，形成了对特定问题的回答，数据被解释后，具有了意义。

数据=信息+冗余。经过加工的有用的数据是信息，不能贡献信息的数据是冗余。

信息、数据是一个创业企业在发展过程中，自始至终都需要不断整合沉淀处理的资源要素。甚至创业企业的起点——商机，某种程度上也是一个信息。

〉〉 注意力，一个被忽视的要素

注意力是现代信息社会的重要稀缺资源。注意力是人的心理活动指向和集中在某种事物上的能力。

由于人不能同时注意很多对象，视觉、听觉、味觉、意识、思维等集中注意一个对象的时候，就意味着对其他对象的不注意，注意到某些，势必忽略其他。有的人、事、物获得了更多的注意力，有的人、事、物则不被关注。所以，对那些被注意的对象而言，所能获得的注意力是有价值的。20世纪70年代，诺贝尔经济学奖获得者赫伯特·西蒙提出，“信息的丰富导致注意力的稀缺”。信息如此之多，我们的注意力是有限的，只能投射到我们感兴趣的少量信息上。

在信息时代，注意力也是企业发展的要素。

美国加州大学学者赫伯特·西蒙1994年发表《注意力的经济学》（*The Economics of Attention*）。美国的迈克尔·戈德海伯1997年发表《注意力购买者》，指出“信息经济”的提法不妥，经济学研究应利用稀缺资源。信息社会的稀缺资源，不是信息。信息不稀缺，相反过剩。面对过剩的信息，另一种资源变得稀缺，那就是人们的注意力。

雷军创办小米公司，从创业之初，就饱受关注，注意力资源多，或者我们通俗地说，自带流量。史蒂夫·乔布斯时代的苹果公司每推出一款新的手机机型，都会有人讨论，有人等待，有人抨击，从不缺少关注，苹果手机吸引全球数以亿计的人的眼球，这眼球就是价值，就是苹果发展的力量。

注意力有几个特点。

一是不能共享，无法复制。我们做大学老师的，在课上说学生注意力不集中，说的就是他们把本来应该投到讲台上的注意力投到了别的地方，不集中就没有任何效果，注意力非此即彼，不能共享。

二是有限、稀缺。人一天只有24小时，只有两只眼睛，两只耳朵。信息量爆炸的时代，注意力根本不够用，尤其是眼睛。现在很多企业发展针对耳朵的商业机会，如喜马拉雅听书、移动课堂等。企业的竞争很大程度上是对消费者注意力的竞争。与其说搜索引擎把信息变成了商品，不如说搜索引擎是为了满足人们节约注意力的需求。

三是易从众，受众可以相互交流、相互影响。在每届的国际足联世界杯期间，如果我们不知道头一天夜里比赛的结果与进球的明星，在第二天早上的办公室里，我们几乎不好意思插话。在美国，电视的黄金时代被称为“饮水机效应”，饮水机是办公室里喝水的地方。饮水机效应指的是办公室里围绕某个大众文化事件的热烈讨论。一个事物获得的注意力可能通过受众之间的交流得到加强。

四是注意力可传递。受众的注意力可以由自己关注的名人传递到名人做广告的产品，所谓爱屋及乌。注意力可以转化为影响力，“我们的影响力就取决于我们使人们采取行动的能力”[1]。

五是注意力是一种经济资源，具有经济价值。例如，一个媒体的注意力资源，可以通过收视率、订阅率等方式测量，直接可以转化为广告或者票房。一个企业、一个明星的注意力资源等于其所吸引的受众的数量乘以质量。数量很容易理解，吸引的受众数量越多，价值越大；质量指的是受众的经济实力、消费意愿与社会影响力。

以注意力为基础的经济，称为“注意力经济”。2011年阿玛蒂亚森经济学奖得主陈云说：“谁把握了注意力，谁将掌控未来的财富。”

用别人的钱

创业者需要融资。融资，是资金的筹集，也是资源的整合。一方面，通过资金交易资源；另一方面，通过融资捆绑投资者的资源。有人说，融资包括内源融资与外源融资。内源融资是创业者用自己的钱投资，或者创业企业盈余的钱转化为投资。我觉得内源融资根本无须讨论，就是用自己的钱。

重要的是外源融资，用别人的钱，包括股权融资与债权融资，还有混合股权与债权特点的可转债、优先股等。

创业者自己的钱有限，即使是已经财务自由的埃隆·马斯克创业，仍然是需要找别人的钱。

创业企业用别人的钱并不容易，20世纪70年代，根据韦斯顿和布瑞哈

[1] 莎莉·霍格斯黑德.迷恋[M].王胜男,译.南京:江苏凤凰文艺出版社,2017:40.

姆提出的企业金融成长周期理论，中小企业由于自身的信息不透明、信誉基础、规模等原因，获得外源性融资困难。中小企业融资难这一问题在世界各国，甚至是金融体系较为完善的发达国家仍然存在。

2012年4月初，美国总统奥巴马签署了《创业企业扶助法》，试图应对解决创业企业融资难的问题。这已经不是美国政府第一次针对创业企业融资难的问题颁布专门法案了。可见，在创业生态很好的美国，创业企业的外源融资也不容易。

》如何得到别人的钱

世上没有免费的午餐，融资也是有成本的。成本是我们支付给对方的回报。2019年和2020年，由于经济低迷，有些国家采取零利率，意味着用别人的钱在历史上第一次没有成本了。这件事对经济、企业的发展将发生怎样的影响，还需要进一步观察。即使是零利率，仍然是需要归还本金的。我们用别人的钱，要证明我们至少有一天能够归还本金。

银行把钱贷给我们，至少要满足两个条件。

一是我们有收入，或者未来有收入，能够偿还贷款的本息，这是**银行资金的第一还款来源**；银行借给我们钱，我们必须要证明我们有能力还钱。这就是偿付能力。

二是我们把资产抵押给银行，或者有人为我们提供担保，或者我们历史交易记录形成良好的信用，如果我们不还款，银行可以处置我们的资产；或者找担保方要钱；或者我们长久地丧失了我们的信用。银行并不想要我们的资产，这只是银行资金的第二还款来源，其更多的是一种保证，保证我们有意愿还钱。有些人不还钱，不是没钱，是不愿意还。这就是偿付意愿。

任何一个经济主体，不管是个人，还是企业，想获得融资，最终都靠这两条，偿付能力和偿付意愿。

》 金融排斥与金融普惠

债权融资，借钱的人需要回收本金与利息，我们创办的企业未来经营得再好，和他们也没关系，但是我们的创业企业经营得坏，对他们就有风险，可能拿不回本息。所以，像银行这种债权借款者，不太关注创业企业的未来是不是有可能赚很多钱，而是关注它已经形成的存量资产，并以存量资产作为抵押，以控制还款风险；或者关注企业的历史交易记录，如果借钱的人信用好，就给他们无抵押的信用贷款。

一个信贷员为一个创业企业办100万元的贷款需要尽职调查、财务分析、风险控制设计、办理批贷手续，花费的时间、精力与承担的风险要大于向一家大企业贷款1个亿。

维基百科对经济学的定义之一是："研究稀缺状态下的选择。"稀缺是经济学的基本假设，既然资源有限，当然选择重点，有所取舍，有所侧重。

按照帕累托的重要少数法则，即通常所说的"80/20法则"，既然20%的人为银行创造80%的收益，当然应该集中80%的精力服务这20%的客户，所以20%的富人与大企业得到了80%的金融资源与金融服务。

从全球金融资源分配来看，越是穷人，越是创业企业，越得不到平等的金融资源与金融服务。这就是从全球金融资源分配来看，**"金融排斥"**（financial exclusion），即金融体系中，人们缺少对金融服务的平等分享。这不是银行不作为，是一种普遍现象，金融排斥包括规模排斥、对小企业的排斥，这是经济规律决定的。

互联网时代，这些经济规律发生了改变。按照克里斯·安德森在《长尾理论》一书中所描绘的"丰饶经济学"的观点，互联网改变了边际成本随着总产量先是递减，然后递增的规律。互联网的发展"让传统经济学的两个基本函数边际生产成本与边际销售成本，正在趋近于零。"[1]

---

[1] 克里斯·安德森.长尾理论[M].乔江涛，译.北京：中信出版社，2006:125.

理论上，银行可以通过互联网让这个世界数以亿计的电脑、手机所链接的每一个人只需动动手指就可以实现消费支付、跨时空转账、交易与投资。由于信息的单位比特的增加几乎是零成本的，那么每增加一个银行用户所带来的边际成本递减，甚至趋向于零。换句话说，互联网让银行不必再增加更多的网点、人手、窗口就可以为更多的人服务。

第一次工业革命，蒸汽机让动力不再稀缺，“互联网+”让银行的服务资源不再稀缺，银行不必再刻板地遵循“80/20法则”，因为服务于80%小客户中的每一个人也不会增加银行的边际成本，互联网所链接的每一个人无论高低贵贱都可以成为银行的客户。**“互联网+”有助于金融排斥走向金融普惠。**

但是，“互联网+”只是提高了金融服务的效率，降低了金融服务的成本，只是在服务端能够为更多的人提供金融服务。企业创业伊始，财务制度不健全，历史信用低，发展不确定性大，破产率远远高于成熟企业。

银行借出去的是储户的钱，要为储户的信托责任负责，对创业企业融资仍然审慎。前面我们讨论过，当一件事下行空间有限（损失有限）、上行空间大（收益大），就值得尝试，即在风险可承受，收益可观的情况下，值得冒险。但是，对于银行等金融机构而言，贷款给创业企业，收益有限（利息有限），风险巨大（破产率远远高于大企业），因此，银行类一般不去承担这种收益与风险不对称的冒险行为。

P2P——点对点金融的发展，互联网金融在技术、理论上，可以实现“任何人向任何人融资，任何人为任何人投资”。但是，我们无论向谁融资，都需要按照金融的底层逻辑，具备偿付能力与偿付意愿。

>> 知识产权抵押的问题

银行等金融机构给企业债权融资，为了风险控制，防范企业出现不愿还款或者不能还款的状况，一般要求：企业作资产抵押或质押；或者要求有其他公司或者专业担保公司进行担保。公司担保一般要求融资企业提供风险控制的保障，如资产抵押或者要求企业实际控制人承担无限连带责任，即捆绑实际控制人的个人资产。

创业企业往往具有轻资产属性，缺少固定资产，缺少银行等金融机构认可的抵押物。创业企业拥有知识产权等无形资产，政府鼓励银行等金融机构以知识产权为抵押物的贷款产品，银行也尝试开展知识产权贷款的业务。但是，版权（软件著作权等）、专利权（包括实用新型等），确实存在权属确认困难、价值估值缺少科学客观标准、难以确价、出现违约后知识产权抵押物处置变现困难等问题，所以实践中知识产权抵押贷款操作较难，远不如土地、房产、大型设备等固定资产容易确定权属、价格，便于处置、拍卖变现。

〉〉 未来的成长空间

相比债权融资，股权融资更适合创业企业。创业企业的特征是高风险、高成长，股权投资者与创业企业风险共担，利益共享。股权投资，一般要求更高的风险溢酬，在更大的风险下，追求更高的收益，可能颗粒无收，也可能投资回报超过万倍。

创业企业早期融资的主要方式是股权融资，但在这个阶段很难获得债权融资，主要渠道是向亲友与联合创始人融资。大多数创业企业创业伊始，很难获得天使投资、创业投资等职业投资者的青睐。我们的亲友很可能就是我们的天使投资人，因为信任。如果我们对自己的创业真的有信心的话，为什么不让亲友分享？当然，在让亲友投资之前，我们自己要投资，如果我们自己都不愿意投资自己的创业企业，如何说服亲友，如何说服职业投资者？

股权投资者一般不关注创业企业已经形成的存量资产，不要求抵押物，而更关注企业未来的成长性。不同于银行类债权投资机构对中短期偿付能力的要求，股权投资者对于创业企业的偿付能力的要求也不高。

有些创业企业，已经得到5轮以上的股权融资，甚至登陆公开资本市场，仍然未能实现盈利，即企业仍然不具备偿付能力。股权投资者一轮轮投资并不具备偿付能力的创业企业，并非善举，而是基于一种预期，即创业企业今天不赚钱，明天会赚钱，会赚很多的钱。

债权投资指向企业的过去，依靠企业历史交易的记录、存量的资产判断企业的偿付能力与偿付意愿，从而判断风险，决定能否投资。股权投资指向企业的未来，依靠对企业成长性的分析判断企业未来的盈利能力，决定能否投资。

当然，企业历史交易的记录、存量资产的确定性强，风险小。企业的未来盈利能力不确定性强，股权投资的判断有可能是错的，即使是一个企业高速成长，已经完成5轮融资，仍然可能在未来的某一天被证实并不具备长期盈利能力。

一家创业企业成为独角兽企业（估值超过10亿美元的非上市企业）也会破产，即使登陆公开资本市场，也可能有一天会发现之前对其盈利的预期是错误的。

在这个过程中，股权投资者不仅在比拼对创业企业的判断，也在比拼彼此的判断，有一点像击鼓传花，对一家创业企业的盈利预期像鼓声，在鼓声没有停的时候，把花传给下一个人。当然，企业可能持续盈利，鼓声不停，也可能有一天证明对这家企业的盈利预期并不正确。

关于创业企业股权融资的问题，我们将在后面两节中进一步探讨。

》融资，不仅是用金融机构的钱

创业企业在融资的时候，可以充分考虑财政融资。财政融资指企业从国家财政，包括中央财政、地方财政、政策性银行获取资金，包括专项资金、财政扶持、财政补贴、财政贴息、政策性放款（政策性银行、财政信用机构）、税收减免或返还等。创业企业的发展方向符合国家特定产业政策或区域政策的要求，就可能通过某种政策优惠获得来自财政的资金。而且，一般这种资金具有无偿性或者低廉性、使用期限长、来源稳定、渠道多样等优点。

创业企业可以积极探索参与供应链融资的渠道。供应链融资是把供应链上的核心企业及其相关的上下游配套企业作为一个整体，根据供应链中企业的交易关系和行业特点制订基于货权及现金流控制的整体金融解决方案的一种融资模式。创业企业在创业之初很难成为供应链中的核心企业，但可能是供应链中核心企业上下游的重要环节、重要的配套企业。通过与核心企业建立的长期战略协同关系，通过物流、资金流、信息流增强商业信用，获得银行等金融机构的金融支持。

创业企业同样可以通过加大预收账款利用客户的资金。房地产开发企业通过房产预售获得客户资金开发项目。美容院、健身房、高尔夫球场、影院都可通过预付费的会员卡向客户融资，将未来一段时间的营业收入提前变现，从而利用客户的资金发展企业。这同样需要创业企业进行商业模式设计，通过给客户相应的利益交换利用客户的资金。

〉〉 商业模式，企业经营的逻辑

彼得·德鲁克说过，当今企业的竞争不是产品的竞争，而是商业模式的竞争。创业企业的本质应该是依靠创新盈利，但是技术专利与技术秘密本身并不会产生商业价值，只有与一定的商业模式结合，才能产生商业价值。

这里主要回答：企业靠什么挣钱？挣谁的钱？是从现有的市场中挖掘、争夺，还是创造新的需求？如何销售？从产品（服务）到消费中间有几个环节？企业所处的产业链是上游、中游还是下游？产业链中的其他企业有哪些商业模式？区别是什么？哪些是有定价权的企业？为什么？企业与客户的关系是怎样的？

创业企业的商业模式具体化为内部价值链和外部价值网络。波特的价值链理论认为，企业的产品研发、制造、销售等价值环节构成了企业内部价值链，而与企业产品共同组成最终产品或者服务包的上下游价值环节构成了产业价值链。而当前经济条件下，传统企业内部的价值链已经分解，由多个企业专注于各个细分环节，形成了动态复杂的价值网络。

商业模式简单地说是企业的经营逻辑，企业怎么经营？

亚历山大·奥斯特瓦德提出，商业模式是企业对价值创造、传递和分配的逻辑，包括三个从时间上递进又不断循环的进程：一是识别客户需求；二是建立企业内部的组织结构、流程，协同外部资源，提供满足客户需求的产品与服务；三是与客户接触，将产品与服务的价值传递给客户。这三个步骤不是完全割裂的，与客户接触、向客户传递价值既是在满足客户需求，又是在验证客户的需求、识别新的需求。商业模式可分为四个界面：客户界面、企业界面、价值主张和盈利模式：一是客户界面，包括客户需求的识别、挖掘与引导，甚至是创造出新的客户需求，客户的分析、目标客户的细分与界定，将产品与服务的价值传递给客户的渠道的设计与管理，客户关系的维护与管理；二是企业界面，包括企业的内部结构、组织流程、关键业务活动的设计，合作伙伴与外部资源的整合，核心能力的培育；三是价值主张，包括如何发现、创造、实现产品或服务的内在价值，以及对企业商业价值的表达；四是盈利模式，包括商业设计、收入模式、成本控制、现金流控制，保证企业经济可行性的成本结构和收入流。

〉〉 商业模式，利益相关者交易结构

魏炜和朱武祥认为，商业模式是利益相关者之间的交易结构。企业的本质是一组合同，企业经营的逻辑就是如何与利益相关者做交易。好的商业模式能实现利益相关者共赢。

企业根据自身的资源能力禀赋与缺口，与利益相关者交换资源能力，设计交易结构，包括与谁交易，交易什么，如何交易。尤其通过交易，收益怎么来，怎么分配？如何安排交易的权利、责任？如何管理交易存在的或潜在的风险？

交易从发现问题、发现需求、发现商机开始。第一，分析客户的问题、自身的问题、合作伙伴的问题、行业的问题、竞争对手的问题；第二，分析自身的资源条件的优势与不足，分析竞争对手现有的交易结构的缺点，分析与行业中各类合作伙伴，包括上下游企业之间的交易结构的缺点，分析与员

工的交易结构的缺点；第三，从客户、合作伙伴、上下游企业、员工没有被充分满足的需求，以及企业在满足这些需求时可能创造的价值。

在这个过程中，重新定义企业，核心是企业自身的资源能力与其他利益相关者（其他资源能力的掌控者）之间的交易价值是什么？包括企业为客户提供的产品与服务是什么？企业与上下游合作伙伴交换的资源能力是什么？企业对外输出的资源能力是什么？需要输入的资源能力是什么？企业与投资人、企业与员工的关系该怎样重新界定？有没有可能身份转化？例如，从投资人变员工，即使用投资人的智力；从员工变投资人，把员工作为合伙人。

在这个基础上，设计交易结构，设计具有较强激励的交易模式，让利益相关者获得超过机会成本的超额收益，从而激活和利用利益相关者的资源能力，通过交易实现对资源能力的有效连接，从而以最短的时间、最快的速度、最少的资源能力，投入最小的交易成本和交易风险，在保证利益相关者获得合理、有动力的收益的条件下，最大化创业企业的价值。

〉〉商业模式，整合与分享的辩证

交易的基本原则是创造价值并分享价值。

创业是资源与能力整合的过程。资源与能力的整合，是把分散的、属于不同主体的资源与能力，链接组合在创业企业中，创造新的价值。整，是化零为整，合是衔接组合。整合是手段，资源能力整合的目标是让资源要素重组后产生新的价值。

资源要素重组是将多个资源要素进行重新组合，以获得具有统一协同作用的新价值，如新的产品（服务）、新的材料（工艺）、新的技术、新的模式（业态）等，或者使原有的产品服务更好，原有的工艺更优，原有的商业价值更大等。整合组合不是一种简单机械的叠加，而是一种创新。

分散的资源与能力，归属于不同的主体，为什么要把资源与能力交给你来整合呢？

世上没有免费的午餐，我们前面谈到融资的时候说过，融资是用别人的钱，要给人回报，同样整合别人的资源与能力，也要给别人回报。回报可能是经济与物质收益，也可能是社会与精神收益。耐克公司邀请运动爱好者设计跑鞋，是用兴趣与荣誉的精神收益换取设计者的智慧与深层用户体验。

整合是为了资源能力重组，创造了比现在更大的价值，分享是把所创造的价值分配给提供资源与能力的不同主体，没有价值分享的机制，无法整合资源与能力（来自非市场指令的政府主导的整合，有时缺少对分享的设计），没有整合创造的价值，也无法分享价值。这就是整合与分享的辩证。

分享，不仅是分享当期的收益，还包括分享未来的收益。创业企业在注册的那一刻起，就有了100% 的股权，这些股权代表创业企业可能存在的未来收益，可以用股权与合作伙伴交换资源能力，可以用股权吸引人才。

创业企业可通过分享股权整合资源与能力。因此，与利益相关者的交易结构不仅包括业务交易，也包括投资交易、股权交易。交易结构的目的不仅是为了提高收益，包括货币收益与非货币收益（精神回报、便捷、体验感等），也为了降低成本，同样包括货币成本与非货币成本（时间、精力等），还包括降低风险，减少不确定性。

我们后面讨论创业投资的商业模式时，会着重说明降低风险的商业模式。

〉〉 探索并构建商业模式

创业企业的商业模式不是诸葛亮未出茅庐、三分天下的“隆中对”，不是事前框定的，即使有事前的设计，也只是雏形，也不是一蹴而就的，需要创业者与团队在实践中通过不断思考、应用、测试、调整、打磨而逐渐形成。

一个创业企业的商业模式也是动态的，是不断成熟，不断变化的。创业者可以没有成型的商业模式，但**不能没有对商业模式的思考，不能没有探索与构建商业模式的意识与能力，有了这种意识与能力，才可以在未来的发展**

中完善商业模式。重要的不是一个成型的商业模式，也不可能是一个完善的商业模式，而是创业者和他的团队思考并努力找到自己的商业模式的意愿与能力。创业者及其团队要持续思考，努力探索并构建自己的商业模式，否则这个企业长不大。

要不断地分析创业企业、合作伙伴、客户现有哪些资源，如流量、数据、品牌、渠道、关系、信用、特许权、资本市场通道、土地、厂房、设备。有哪些能力，如组织能力、策划能力、管理能力、生产能力、服务能力、推广能力……要分析：哪些是自身的优势资源与能力？哪些是劣势资源与能力？哪些资源与能力被闲置？哪些资源能力是短缺的？客户、合作伙伴、投资者、员工又有哪些资源与能力？他们的资源与能力哪些是闲置的？哪些是短缺的？怎么调动他们的资源与能力？

可以换一个角度重新识别现有的利益相关者的资源与能力及交易价值，重新设计交易结构。也可以对创业企业目前的业务环节进行分解，对资源能力进行分拆，对组织职能进行分离，从而重构交易结构。还可以发掘产业链上的利益相关者的交易价值、更广阔的产业生态中的利益相关者的交易价值，甚至从跨界角度发掘新的交易主体，重新设计交易结构。

在这个过程中不断思考、试验、调试，直到利益相关者的资源与能力逐步收敛到一个被市场证明行之有效的商业逻辑中，形成商业模式。

概而言之，一个创业企业的成长历程是一个从发现商机开始，不断聚合人、不断融资，不断整合各类资源与能力的过程，如果我们把商业模式定义为与利益相关者的交易结构，那么创业历程也可以理解为通过不断探索并构建商业模式，用各种交易结构，包括业务交易与股权交易，通过分享机制整合客户、员工、股东、合作伙伴的资源与能力，通过整合创造新的价值从而更好地实现分享的过程。

一个创业企业从发现商机开始，通过交易，融入人力资本、货币资本及其他资源与能力，形成商业模式，就走过了创业期。

下 编

创业投资，
服务创造价值

创业是山高人为峰的持续攀登，能登顶的人是少数。即使登上去，又发现：一山更比一山高，不能停歇，否则会被后来者超越，还有可能从山巅滑落。在这个过程中，“登山者”需要不断补充给养，创业投资机构为创业者提供干粮与装备。

第四章

什么是创业投资的本质

我们在第一章中说过创业是要素重组，创业者整合技术、人才、设备、厂房、信息、金融资本……实现要素在创业企业的整合集聚与优化配置。其中，金融资本除了由创业者及其亲友提供一部分以外，主要由创业投资机构提供。由于我们前面谈到的创业的高风险特征，银行等传统的金融机构一般不会为创业企业提供金融资本。

我们先来认识一下金融资本的作用。

〉〉 钱不是社会财富，也不创造社会财富

我在课堂上曾经问过学生：什么是投资？他们说：投钱是为了赚更多的钱。学生的答案已经非常接近投资的本质。这里的问题是，钱怎么赚钱，钱能生钱吗？

我们需要的不是钱，而是用钱可以交换的东西：水、海鲜、化妆品、电影、房子、旅游……这些满足人类需求的物质与精神产品或服务的总和，被称为社会财富，包括自然资源、通过劳动创造出的产品与服务。钱可以交换社会财富。

一个经济体的社会财富的多少取决于它的资源禀赋（如沙特阿拉伯的石油），更取决于它的经济生产能力，就是社会成员提供产品和服务的能力（如日本虽然资源禀赋不多，但社会成员的生产能力强）。

在经济生活中能够生产物品和提供服务的资源，被称为实物资产，包括土地、建筑物、知识、生产设备及拥有运用这些资源的劳动力。一个社会中的生产能力是实物资产的函数，实物资产越多，创造社会财富的生产能力越强。

与实物资产相对的是金融资产，简单地说，创造社会财富的是实物资产，分配社会财富的是金融资产。钱本质上是一种被法律或者习俗赋予交易权利的凭证。

金融资产是索取实物资产创造的价值的权利。股票代表对一个企业的所有权、分红权、处置权、表决权；债券代表对一个借款行为索取本金与利息的权利。

即使你拥有1万股苹果公司的股票，也不能造出苹果手机，金融资产不能创造社会财富，但是苹果公司每卖出一部手机，你都有索取收益的权利。

你觉得下列哪些是金融资产？哪些是实物资产？

知识、客户关系、人寿保险、专利证书。这些都不是实物，但是知识能够直接创造社会财富，客户关系也有助于创造社会财富，按照实物资产与金融资产的定义，这些都属于实物资产，实物资产不见得一定是实物，衡量是不是实物资产的标准是能否创造社会财富。

人寿保险是金融资产，不难理解，它是一种权利，在人的健康与生命出现某种情况时，可以向投保的公司索取社会财富。这里比较容易产生分歧的是专利证书，专利证书代表知识产权，但本身不是知识，专利证书不能创造社会财富，但它能够告诉使用专利的人，你要分配给我社会财富，专利证书是我索取权利的证明。

衡量金融资产的标准是它是否有权索取社会财富。

关于如何区分实物资产与金融资产，我有一个简单的方法，看这个资产是否可以瞬间产生、瞬间消失。

金融资产是一种权利，权利可以通过商务交易、法律等方式瞬间产生或瞬间消失。例如，你的朋友找你借10万元，他打一张借条，在签字的瞬间就产生了一张债券，一张索取借款本金的权利凭证，你朋友还钱时，你当着他的面把这张借条撕掉，权利瞬间就没有了。

实物资产的产生与消亡一般需要一段时间，一个建筑物建设需要一段时间，知识的形成需要时间，其消失也并不会瞬间发生。

钱之所以重要，因为它是一种特殊的金融资产，充当一般等价物，有存储、支付、衡量的作用。

“股票并不比印刷股票的纸张更有价值，它们对社会经济的生产能力并没有直接贡献。”[1]大到一个社会，小到一个企业，依靠其经济生产能力为社会提供产品与服务，创造社会财富。“经济生产能力是实物资产（土地、设备、技术、人力、知识）的函数。”[2]一个企业用实物资产创造社会物质与精神财富，而不是靠印在纸上的股票。实物资产才是真正创造收入的资产，金融资产不能直接创造社会财富，但金融资产对实物资产创造的社会财富有分配的要求权。

〉〉 投资的本质

表面上，投资是一个经济主体，可能是企业法人，也可能是自然人，其是投放资金或其他货币等价物的一种经济行为，目的是在未来可预见的时期内，获得资金的收益或者资金增值的回报。它包括3个要素：当下的资金投放、未来的资金回报、可预见的时期。前两个不言而喻，可预见的时期需要强调一下，我们有时投资会忽略这一点，投资要有可预期的回收时间。

---

❶滋维·博迪,亚历克斯·凯恩,艾伦·J.马库斯.投资学[M].朱宝宪,译.北京:机械工业出版社,2005.

❷同❶.

实质上，投资是用金融资产分配实物资产的生产能力创造的社会财富。任何投资穿透到最底层逻辑，要看明白它最终靠什么赚钱回收。如果我们的某一笔投资找不到这样的底层逻辑，虽然它在此刻赚钱，但是可能在一个“庞氏骗局”的“击鼓传花”的游戏中，你不知道什么时候鼓槌会停止。

投资是当下的资金投放为求未来可预见时期的资金回报。因此，投资包括三个环节，第一个环节是资金或者其他货币等价物的投出，这是开始；第二个环节是投资的回收，是中间环节；第三个环节是回收到的资金或者其他货币等价物，可能更多，是投资盈利，也可能更少，是投资亏损，也可能血本无归。但是，要切记投资是一个闭环，从资金到资金。

买房如果是自住，你不能卖掉，就不可能获得资金回报，也就不是投资，只是一种消费行为。

用资金投放交易的标的放在那儿，还没有回收资金，不叫完成投资。开玩笑说，应该叫收藏，收藏指用当下的资金投放去交换某种物质资料或精神产品，留存而不消耗，如收藏古董、黄花梨、字画等。卖掉的那一瞬间，才算完成投资。

投资是一个资金出到资金回的全过程。

创业投资为创业企业提供金融资产，创业企业用金融资产交换实物资产，购买设备、技术，雇用人才，从而创造财富，创业企业利用实物资产创造利润后，创业投资根据其金融资本所占有的创业企业的所有权比例，分配财富。

》投资一家企业，投的是什么

既然投资是用金融资产分配实物资产创造的社会财富，投资是一个从资金出到资金回的过程，那么投资一家企业，就是投资一家企业的生产能力（服务能力）或者说盈利能力。

这家企业生产能力、盈利能力强，钱投给这家企业，比放在别人那儿能产生更大的回报。

股权投资与债权投资有一些不同。债权投资者需要回收本金与利息，企业经营得再好，和他们也没关系，拿的是固定的利息；企业经营得坏，就有风险拿不回本息。所以，像银行这种债权投资者不太关注企业的未来是不是有可能赚很多钱，而是关注它已经形成的存量资产（或者信用）作为抵押（质押），以控制还款风险，同时关注企业现在的盈利能力或者现金流回款能力。（可以不盈利，但要有现金流回款，因为投资最终是要回收现金）

股权投资者一般与融资企业风险共担，利益共享，在更大的风险下追求更高的收益。股权投资者并不关注企业已经形成的存量资产，更关注企业未来的成长性。

股权投资者在一家企业的盈利能力还不确定的时候投资它，就是在"赌"它未来的某个时间能够盈利，或者"赌"其他人相信这家企业在未来的某个时间能够盈利，只要还有人对这个企业的盈利能力有强烈的预期。股权投资者虽然不能通过未来盈利后的分红来回收投资，也可以通过把持有的股权转给其他对这个企业的盈利能力心存预期的投资者，实现资金的回笼，完成投资的闭环。

当然，这可能也是一个"击鼓传花"的游戏，当最终没有人相信它未来能赚钱的时候，鼓声就停了，看看花在谁那儿？

概括地说，投资一家企业最终是为了分享它的盈利能力，天使投资、创业投资等早期投资更多的是投资一家企业的盈利预期，当然，这个预期可能更高，也可能落空。

〉〉 可测量与不可测的、可控制与不可控制的不确定性

风险来自不确定性，由于内外部环境因素的不确定性及这种不确定性给决策结果带来的多重性和不可预测性，从而造成特定决策结果的不确定性与变动性。

风险的大小可以由预期结果与实际结果之间的变动性的大小来描述。

一笔钱用来购买银行理财产品，一年时间，有99.99%的概率获得4%左右的收益，结果的变动性很小。用来购买上市公司股票，一年时间，可能有60%的概率盈利，40%的概率亏损，这取决于购买的时间与上市公司的发展。假设盈利可能盈利30%，亏损可能亏损20%。假如做创业投资，投资创业企业股权，一年时间，有10%的概率创业企业股权的估值提高10倍，有20%的概率估值提高2倍，但也有70%的概率创业企业夭折倒闭，结果的变动性就更大。

不确定性是主体面临的直接或间接影响其活动的各种外生和内生因素，无法全面准确地观察、分析和预见。

有观点认为不确定性是可度量的。经济主体可以基于先验的计算或由过去的经验为支撑进行统计推断，以此来决定各类不确定的可能结果的分布。弗兰克·奈特认为，“风险”是一种可测量的不确定性，而“不确定性”指在不可测的基础上进行决策，不确定性无法统计分析，决策者只能对将来的结果做猜测。

我同意不确定性包括可测量的与不可测量的，但是对于创业投资而言，所面临的风险是不能够完全测量的。

创业投资所面临的风险，包括三重不确定性：创业企业发展的不确定性；创业投资自身发展的不确定性；未来社会、政治、经济、文化、科技发展的不确定性。

其中，由于信息不对称、合同不完备造成的对创业企业的现状与发展把握的不确定性，相对更容易度量或者提升度量水平。但是，创业企业的未来发展面临的内生、外生因素是如此复杂，在创业投资陪伴创业企业成长的漫长时间中，还可能遇到各种“黑天鹅事件”。这些都是完全不可预测的，而决定创业投资的恰恰是这些极少发生但影响重大的事件。

而且，创业企业一般是创新企业，创新就意味着不可预测，任何创新在逻辑上是不可预测的。因为假如我们能够预测一个创新，就相当于我们已经启动了一个创新。如果我预测在未来的某件事会发生怎样的创新，如我们能够预测人类能够发明车轮，我们就已经知道并能够想象、描述车轮的模样，知道如何运用车轮，那么相当于我们已经发明了车轮。反过来推理，创新是在试错中找到的，而不是预测形成的。

因此，创业投资也被称为风险投资（venture capital，VC），即我们通常所说的VC，其重要特征之一就是承担不确定的风险。

风险包括系统风险与非系统风险。由共同因素引起，对所有人的所有投资会造成影响的，不可分散的不确定性是系统性风险，如政治风险、利率风险、通货膨胀风险、经济周期风险、疫情风险、自然灾害风险等。由非共同因素引起的，只对具体人的具体投资产生影响，可以消除或减弱的，可分散的不确定性。

系统风险在某种程度上来自不可抗力，难以避免，但可以通过控制法与财务法减少或补偿损失。

控制法是在损失发生前，识别、估量风险因素，避免发生或减少发生的概率；在损失发生时，将损失降低，包括风险规避，即意识到可能存在风险时，事前放弃，如意识到经济危机可能来临；或在政治将出现重大波动，减少对外投资或完全不投资。风险削减，在投资过程中，发现系统性风险，及时止损，减少损失。当然，系统性风险是很难削减的，只能设法减少损失，或者采取财务法，在损失发生后，对后果进行补偿。通过风险转嫁，有意识地将风险转移给其他主体承担，如保险、对赌的协议条款安排等。

非系统性风险，可以更加积极地识别、评估，甚至部分消除风险因素，这也是创业投资者的专业价值所在。创业投资者无法避免不确定性，但可以通过识别、评估，甚至部分消除非系统风险，减少投资损失的概率。一般也是通过控制法与财务法。例如，事前放弃投资，进行风险规避。一个创业投资者放弃的投资应该是其真正投资的数十倍甚至数百倍，放弃认为存在较高风险的投资是创业投资者的专业价值。创业投资一般是一个包括若干投资项目（标的）的组合，这是风险分散，通过投向的多样化，减少总投资的风险。当然，创业投资者不仅是把20个鸡蛋放到20个篮子里的人，更重要的是始终监管并保护着这20个篮子，并在投资过程中，及时发现变化，及时排除风险因素，不断地帮助创业者编织篮子，甚至在某个篮子将要破损前，及时把鸡蛋从篮子里拿出来。

是风险投资，还是冒险投资

venture capital，实际上venture不应该翻译成风险，风险是risk，venture应该翻译为冒险，是一种主动承担风险的行为。这种为了获得更高报酬而承担更高风险，在投资学中被称为“追求风险溢酬”，“投机是为了获取相应的报酬而承担一定的风险”[1]。投机者（speculator）的词根源于specula，意思是烽火台。我们知道烽火台是早期的预警系统。因此，投机者是努力看清未来的危机并做出相应反应的人。投机并非贬义。

风险不等于危险，风险=危（险）+机（会）。风险意味着决策的结果的不确定性与变动性，这种变动表现为预期结果与实际结果之间的偏差，偏差可能是坏的偏差，也可能是好的偏差。

将钱投资在初创企业的股权上，几年以后，可能挣十倍，甚至百倍，也可能投资的钱血本无归。看起来，确实很像赌博，然而是“认真的赌博”。赌场的概率计算是提前设定的，决定我们作为娱乐者走进赌场内的下注是没有风险溢酬的，这是创业投资与赌博的不同。虽然有相同之处，都是在为一个不确定的结果下注，但是，创业投资要求有足够的风险溢酬作为回报，是在对风险—收益权衡后认为有利才做出决策。而创业投资通过专业人士对风险与收益的权衡，以及一系列风险控制与价值增值的手段，可以努力提高投

[1] 滋维·博迪，亚历克斯·凯恩，艾伦·J.马库斯.投资学[M].朱宝宪，译.北京:机械工业出版社，2005.

资的风险溢酬。

所以，**创业投资是更认真的“赌博”，是对风险与收益进行分析权衡的“赌博”**。创业投资的代表性人物有刘建钧等。他们认为创业投资能够准确揭示其“支持创业的投资制度创新”这一本质内涵。刘建钧认为，创业投资“是指向具有高增长潜力的未上市创业企业进行股权投资，并通过提供创业管理服务参与所投资企业的创业过程，以其在所投资企业发育成熟后即通过股权转让实现高资本增值收益的资本运营方式”[1]。刘建钧的观点较为接近国外对创业投资的主流认识。

确定的小损失与不确定的大收益

与其说，创业投资与赌博有相似的地方，都在为不确定的结果下注；不如说，创业投资与买彩票相似，承担一个确定的小损失，而博取一个不确定的大收益。

每个人在买彩票的瞬间，内心的基本预期是这笔钱大概率会打水漂，并能够接受这笔钱的损失。这是一个可以接受的小损失，损失的边界也是可以确定的，就是买彩票的钱。但是，买彩票的人会寄望于得到一个大的回报，这个回报远远超过投入。这个回报是不确定的，无法预测。

风险投资也是如此，是一个主动冒险的投资，主动承担一个可以接受的损失，这个损失的边界是可度量的，最多颗粒无收；同样，风险投资是为了博取一个未知的巨大回报，这个回报是不确定的。

风险投资是投资某些具有高度不确定性的投机性企业（我已经说过投机并非贬义而是追求风险溢酬），寄望于其中的某个或某些企业产生非线性的价值爆发增长。

[1] 王敏.创业投资机构行为、企业能力与高新技术企业成长研究[D].杭州:浙江大学,2009.

当然，创业投资与买彩票也有不同。如果说“零和游戏”是赢钱的人赢得其他输钱人的钱，那么买彩票就是一个总量减少的“负和游戏”。最后，所有中奖的钱大大少于所有买彩票的钱，中奖的人只赢走了“蛋糕”的一部分。“蛋糕”的一部分消耗在彩票销售、推广、组织、运维的各个环节；“蛋糕”另外的很大一部分交给国家的财政、公益事业，如体彩是资助体育事业、福彩是支持福利事业。创业投资，不是“负和游戏”，也不是“零和游戏”。创业投资的盈利不是来自其他创业投资的亏损，而是来自帮助创业成长所带来的创业企业的总体价值增长；不是分配其他创业投资者一起形成的“蛋糕”，而是努力做大创业企业的“蛋糕”，从中分走自己该得的一块。

创业投资以确定的小损失，追求不确定的高收益，而非确定的低收益。

〉〉好运，风险

彼得·蒂尔在《从零到一》这本书里提到一个创业投资的投资原则：在一项创业投资的组合中，每一笔投资所预期的回报都应该是至少回收整个投资组合的全部资金。假如，一个创业投资基金计划投十个标的，每笔投资的规模一样大，那么单笔投资所预期的投资回报应该至少十倍；同样，一个创业投资基金计划投资五十个标的，每笔投资的规模一样大，单笔投资所预期的投资回报应该至少五十倍。

为什么彼得·蒂尔会提出这样的原则呢？因为创业投资是承担确定性的大概率的损失，本金全无，博取不确定的小概率的收益，收益巨大，任何一笔所获得的收益足以支撑其他各笔投资的全部损失。创业投资是需要中奖的。每一个知名的创业投资机构都有一个知名的“中奖”，投中了一个带来巨额回报的创业企业。

每一个创业投资机构追求的并不是100个稳健的投资标的，有百分百的概率能够获利5%；而是以承担本金全无的风险，追求1个有5%的概率获利百倍的投资标的。换句话说，创业投资不追求平庸的创业企业，而是追求能够成为爆款的创业企业。

一般来说，十个电影项目，有一多半是亏钱的，真正能够盈利的是其中的一两部，一百个电影，会有一两部大爆款，产生十倍以上的收益；一百种图书，一多半的图书的销售收入不足以回收成本，少量能够打平成本，只有一两本成为畅销书，畅销书的销量会是其他一般图书的百倍甚至千倍。电影投资人追求的是爆款电影，图书出版人追求的是超级畅销书。同样，创业投资也在追求爆款的创业企业、超级畅销的创业企业。

从这个角度看，创业投资是期待中奖的投资，是期待好运降临的投资。

为什么说是期待？因为一家创业企业能否成为爆款，能否大获成功，能否去资本市场敲钟，能否获得股价的大幅飙升，这些大大惠及创业投资的结果，恰恰不是创业投资者能够仅靠自己的努力就可以促使它们一定发生的。简单地说，创业投资无法靠自身努力实现这些好结果，无论他们多么努力。

创业投资只是给创业企业提供作战装备与弹药的人，好的创业投资者还可以给创业企业提供作战的建议、辅导、训练，甚至局部协助作战。但是，创业投资者无法代替创业企业去战斗，战斗的最终结果主要依靠创业企业的努力。

所以，创业投资只能期待自己投资支持的创业企业在战斗中取得好成绩。

此外，我们在第一章中已经讨论了创业企业的成功固然要靠自己的努力，但也有各种不确定的内生、外生因素，如自身、对手、客户、政治、经济、文化、社会、科技的变迁的影响，且不断地遇到各种不可预测的“黑天鹅”。创业企业的成功需要好运气。

但是，创业投资的好处是通过投资组合，分散风险。一个创业企业，即使失败是百分之百，但对于创业投资，那只是其中的一笔投资，一个投资标的。创业投资从不预期每一笔投资都是正确的，只希望能够碰上一两次好运气。

在某种程度上，创业投资喜欢大的不确定性，只有大的不确定性才能为创业投资带来大的收益。创业投资始终是在针对一家创业企业未来成长中所发生的各种事件的概率在打赌。

首先，尊重大概率事件。对这家创业企业、这家企业所处的行业、所面对的竞争对手，以及政治、经济、文化、科技与社会环境势，进行大势的判断，且只能判断方向、趋势、态势，根据出现好结果可能性的大小做出决策。

其次，始终关注小概率事件，用“黑天鹅”的思维关注，而不是预测极端事件。根据极端事件导致的可能结果的大小做出决策。如果极端事件导致的最坏结果是创业投资所投资的某一家创业企业倒闭，这个损失的结果是创业投资可以承受的，那么创业投资就寄望于出现好的结果偏差，一个能带来好运的“黑天鹅”起飞。如果极端事件导致的最坏结果是创业投资的整个投资组合失败，由于极端事件发生后的代价过于沉重，其发生概率的大小已经无关紧要，在这种情况下，创业投资要设法事前放弃或者事中止损、事后通过某种财务法转嫁以实现补偿。

创业投资者与一般人的风险观不同，但也代表了更正确的反脆弱的风险观念。风险是不可预测的，也无法全部控制，既然注定要始终与风险同行，就要接受风险。因为风险是一个中性词，指的只是结果的不确定性与变动性，可能是好的，也可能是坏的。对于未知的风险，创业投资要有这样的态度：good luck（好运气）。

〉〉创业投资概念的梳理

先来看看各国机构对创业投资的定义。

全美风险投资协会（National Venture Capital Association，NVCA）：创业投资是由专业投资者投入到新兴的、迅速发展的、有巨大竞争潜力的创业企业中，并参与其管理的一种股权性资本。该概念将非专业投资者排除，将创业投资的对象限定为创业企业。

英国创业投资协会（British Venture Capital Association，BCCA）：

积极活跃地管理资金，用于对未上市公司进行股权投资的，但并不以经营产品为目的的投资机构。

英国创业投资协会根据创业投资行业在20世纪80年代表现出来的新特点，投资范围不再局限于创业企业，而扩大到未上市企业，对投资的标的做出新的界定。此外，全美创业投资协会的定义没有体现创业投资的资本经营特征，无法与对企业进行长期战略投资的投资者相区别；而英国创业投资协会明确了创业投资不以实际产品经营为目的，而是一种资本经营行为。

欧洲投资银行（European lnvestment Bank，EIB）：创业投资是为形成和建立专门从事某种新思想或新技术生产的小型公司而进行的股份形式承诺的投资。

经济合作与发展组织（Organization for Economic Co-operation and Development，OECD）：创业投资是一种投资于未上市的新兴创业企业并参与管理的投资行为。其价值是由创业者和创业投资家通过资金和专业技能共同创造的。其明确将创业投资通过提供管理服务创造价值这一重要特性纳入定义中。

美国《企业管理百科全书》：对不能从股票市场、银行或与银行相似的传统融资渠道获得资本的工商企业的投资行为。

由国家发改委、科技部、财政部、商务部、中国人民银行、国家税务总局、国家工商行政管理总局、中国银监会、中国证监会和国家外汇管理局十部委联合制定的《创业投资企业管理暂行办法》第二条：创业投资，系指向创业企业进行股权投资，以期所投资创业企业发育成熟或相对成熟后主要通过股权转让获得资本增值收益的投资方式。《创业投资企业管理暂行办法》将投资标的指向**创业企业**。

国内外学者对创业投资的定义，时代不同，其定义也有所不同，主要包括投资对象、方式、目的三个维度，如表4-1所示。

表4-1　创业投资定义汇总

研究者	年份	投资对象	投资方式	投资目的
坎帕内利亚·凯莉麦基尔曼	1971	以证券分析师理性认定的高风险、高成长的企业	由股权参与的方式提供创业资金	增值变现的资本利得
鲁贝尔	1972	尚未具有公开上市资格的小型企业	提供创办、成长等各阶段资金的融通； 不以取得经营权为目的	上市后的资本利得
多明格斯	1974	新创的风险性公司； 新创的科技导向的企业	直接投资	股利； 资本利得
帕特里克	1974	投资在任何风险财务上的活动	直接投资	资本利得
库塔雷利	1977	迅速成长的中小型企业	股权或近似股权； 不以控制股权为目的	股利； 资本利得
里格斯	1979	具发展潜力的企业	股权参与； 资金投入	资本利得
林德	1981	新创事业或旧事业的新创行为（如重整或扩张现有事业）	高风险、高利润； 投资前缜密分析调查； 长期投入； 直接参与投资事业的经营	资本利得
格林沃尔德	1982	新事业； 一般投资者或银行等金融机构所不愿支持的高风险性企业	股东盈余转投资； 增资募集	股利； 资本利得

续表

研究者	年份	投资对象	投资方式	投资目的
普瑞特	1982	迅速成长的中小型企业	提供上市前各个阶段资金融通； 上市后，提供稳健与支持性的投资	资本利得
白俊男	1983	高科技事业	结合资金、技术和人才的投资； 提供经营管理	长期性资本利得； 支持高科技事业的发展
阿默河	1984	高度风险事业； 新的、快速成长的事业	长期的股权参与	巨额利润
冈内克乌	1984	新技术或新构想的企业	资金提供； 以特殊的技术评估、创立、经营该公司	高利润
王美兰	1984	具有专门技术而缺乏资金的创业者	提供不同阶段的资金； 主动参与经营管理	股息、红利； 资本利得
洛伦兹	1985	小型私人或未上市公司	长期性投资； 风险性权益融资； 连续性参与	以资本利得为主而以股利收益为辅
陈振祥	1985	具高度发展潜力与新技术、新构想的新事业	长期性投资； 参与经营管理	高利润回收
康润生	1985	尖端科技产业	专业性的长期投资； 主动提供专业知识	协助企业经营资本利得
陈振远	1986	高风险、高报酬的新创事业或风险性投资计划	各发展阶段所需资金的融通； 长期投资	资本利得
伊藤邦雄	1986	具有未来发展潜力的新创企业	提供无担保、无保证的股权资金融通	资本利得

续表

研究者	年份	投资对象	投资方式	投资目的
徐敏雄	1988	高科技或产品生命周期较短的新创事业	长期投资；提供各种专业技巧；股权或近似股权方式参与经营	透过出售股权或并购赚取高额资本利得
唐富藏	1989	专门针对高科技事业的小公司	专业性的长期投资提供种子基金；主动参与经营管理	透过辅导股票公开上市赚取高利润
雷·韦斯	1990	国内外高科技事业	资金投入；技术咨询；专人驻厂服务	技术转移；取得国外营销渠道；资本利得
蔡正扬	1991	拥有新生产技术、发展潜力大、风险也大的事业	资金投入；提供服务；监督经营	资本利得
孙辑五	1991	有创意者创造的新事业；具有高风险的科技事业	资金投入；以专业能力提供经营协助	高额报酬
王淑姿	1994	从一般金融机构不易取得资金的创新事业	提供资金；运用企业管理专长协助经营	技术创新；开拓市场；优厚报酬
巴里	1994	高风险事业	资金投入；承担经营风险；专业知识与经验的提供、辅助、严密监督	资本利得
谢剑平	1996	高成长、高风险、高科技产业	资金、技术、人才与专业管理知识；股权投资	中长期资本利得

续表

研究者	年份	投资对象	投资方式	投资目的
李仁祥	1997	尚未上市、成长迅速但风险高的中小型企业	长期资金投入； 提供经营管理协助； 不以取得经营权为目的	资本利得为主； 股利所得为辅
刘常勇	1997	有专门技术而无自有资金的创业家	投资并协助其经营与管理	股利； 资本利得
范明玲	1997	无法自金融机构或证券市场获得资金的计划	长期直接投资； 投资后积极参与管理	股利、红利； 资本利得
丘家邦、吴文彰、许端芳	1999	认为具有潜力、值得冒险且有专门技术又无从募资的高科技事业	直接投资； 不参与产品的产销； 参与经营决策管理	股利、红利； 资本利得
刘承愚、颜雅伦	2002	新创与新兴事业	提供被投资事业所需的营运与非营运资金为主	资本利得

创业投资概念的界定

为了本书后续讨论的方便，本书中提到的“**创业投资**”指的是一种**投资行为与方式**。**用于创业投资的资本**，称为“**创业投资资本**”，**从事创业投资的机构**，称为“**创业投资机构**”，**从事创业投资的人**，称为“**创业投资者**”。

下面我们进一步界定创业投资的定义。

综合上述国内外学者的定义，从投资对象、方式、目的三方面总结创业投资的特性如：①**专业性**，专业人士投资管理。②**股权投资**，提供资金占有被投资企业股权。创业投资买的是股权，不是债权，虽然常常通过可转换条款，变成债权或者优先股。③**参与性**，积极参与被投资公司经营管理，不只是向被投资企业提供资金，还提供其他高附加价值的活动。④**风险性**，是一种高风险，追求高报酬的活动。⑤**分享资本收益**，创业投资的目的不是控制被投资公司的所有权，而是随着被投资公司股权价值增值而获得资本收益，包括股权转让或者分红。⑥**选择有发展潜力的未上市企业**。

因此，本书对创业投资的定义为：**由专业人士对有潜力的未上市企业进行股权投资，并参与其经营，分享其资本收益的具有风险性的投资行为。**

本书的定义的特点：①从投资对象上界定为未上市创业企业，弥补1973年美国创业投资协会定义的不足；②强调专业人士投资，有些天使投资人属于专业人士，但也有些天使投资人，如创业者的亲友或者一些财务自由者只是出于对创业者的情感、道义支持，给予创业者投资，并不在本书的讨论范围内；③强调创业投资的主要盈利方式是分享资本收益，是一种资本运作行为。创业投资并不是企业家的投资或者企业长期战略投资者的投资，创业投资是要通过资本运作退出的；④强调参与性，创业投资者通过提供管理服务参与创业过程。

›› 海外创业投资的发展历程

美国创业投资公司最早的雏形是在20世纪40年代，是由约翰·海·惠特尼所成立的J.H. Whitney 创业投资公司及劳伦斯·洛克菲勒成立的范若克联合公司。约翰·海·惠特尼认为“二战”后的经济体系缺乏大型的资本组织来推动新创意，新创意蕴藏无限的商业潜力，也隐藏了极大的风险。劳伦斯·洛克菲勒认为，因战争而发展的科技创新产品可应用在商业上，与新创公司团队合作，并协助其发展，能从中获得利益。

J.H. Whitney 创业投资公司与范若克联合公司的共同点是资金来源大部分是富有家族的出资，后续成立的创业投资公司也主要由富有家族出资。

1946年成立的美国研究发展公司（American Research & Development，ARD），成为第一家社会募集资金并采取封闭式运作的创业投资公司。ARD公司由乔治·多里奥、拉尔夫·佛兰德和卡尔·康普顿共同创立。乔治·多里奥被业内尊为“创业投资资本之父”。ARD 公司成立于美国东岸的马萨诸塞州，“二战”后麻省理工学院研究出大量新技术，许多从事科学研究的教授寻求ARD 公司的支持，将研究中有商业价值的产品商业化，ARD 公司从中获得巨额利润。

1958年美国颁布《小企业法》，由小企业局负责对小型企业投资公司颁发执照、协调管理和融资。小型企业投资公司本身就是创业投资基金，是美国政府参与其计划的财务融资保证。由于政府积极的推动，小企业投资公司如雨后春笋般纷纷成立，成为20世纪五六十年代美国创业投资运作的主要形式。但是，因取得政府融资过于容易，小企业投资公司的发展良莠不齐。

在1960年代中期之前，美国创业投资主要集中在美国东岸。美国东岸的创业投资家主要来自金融界，极少有科技背景，并且投资市场仍然由纽约的富有家族所主导。

20世纪60年代中期，创业投资在美国西岸诞生，主要是由于斯坦福大学教授弗雷德·特曼将美国东岸科技产业集聚的经验带到美国西岸，斯坦福大学也在西部创业投资发展中扮演关键性的角色，鼓励学生创业，并成立了斯坦福工业园区。东岸的创业投资产业者有更多金融背景，相比之下，西岸的创业投资者有更多科技背景，更有创新精神和承担高风险高报酬的勇气，西岸的创业投资产业随之逐渐发展，优于东岸的创业投资产业。

1978年，允许养老基金进入创业投资，创业投资迎来20世纪80年代的大发展。20世纪70年代和80年代早期，广为人知的创业投资资本的巨大成功（如投资数字设备公司、苹果公司和基因技术公司）使20世纪80年代成为VC行业迅速发展的关键时期。

20世纪90年代末期是创业投资业发展的高峰期，硅谷创业投资从新生的互联网和其他计算机技术中受益匪浅。

美国的创业投资主要包括四类：①政府特许的小型商业投资公司；②金融类风险投资基金，附属商业银行等金融机构，基金不仅给企业投资，还可以提供自身的金融专业知识与资源，同时银行也可将基金投资的企业发展成客户；③企业类风险投资基金，由产业企业出资建立，基金在投资相关产业的新兴企业时，产业企业也可获得新技术等其他协同资源；④有限合伙制风险投资基金。这类基金由风险投资家（可以是个人，也可以是风险投资公司）作为普通合伙人，向有限合伙人募集资金，组织基金，投资新兴企业，管理并获得回报，有限合伙制从20世纪80年代以后成为创业投资的主要形式。

英国工商金融公司是欧洲第一家现代风险投资公司。

风险投资和私募股权投资的辨析

与VC很容易混淆的词是PE（private equity）。

PE本义指的是**私募股权投资**，是没有在证券监管部门注册并不在交易所公开交易的股权，也可简单地理解为非上市公司股权。与创业投资VC放到一个语境中，一般指的是**private equity fund**，即**私募股权基金**（也称“私人股权基金”）。

PE的通常定义是：**对未上市企业进行股权投资和提供经营管理服务的利益共享、风险共担的集合投资制度。**

其实，PE并没有标准的法律意义上的界定，是业内人士的一种习惯性的称呼。理解PE，可以从资金的投向与募集两个方面来分析。

从基金投向看，PE投资于非上市公司股权。但是，在美国也有像科尔伯格·克拉维斯·罗伯茨KKR集团（Kohlberg Kravis Roberts & Co. L.P.）之类的PE投资上市公司，KKR集团投资上市公司一般通过收购安排上市公司，并安排将上市公司退市，从上市公司股权变为非上市公司股权。但是，一般意义上，PE投向非上市公司股权。

从基金募集来看，资金是“私下”募集，私募（private placement）方式指：私下，向合格投资者募集，而非公开募集，即不向公众募集，为了避免向公众披露信息，避免基金发行报证券监管部门审批。

PE与VC的相同点：①由专业人士投资管理；②股权投资；③参与被投资公司经营；④高风险、高报酬投资；⑤追求资本收益。其与创业投资的主要区别在于投资标的与所需资金的获得方式上的不同。

广义的PE涵盖包括企业上市前的各个阶段：种子期、初创期、成长期、扩张期、成熟期和上市前等，甚至包括重整期（像KKR集团这样的基金投资收购有困难的上市公司，就是投资于企业的重整期）。按照投资阶段的不同，广义的PE可划分为投资于种子期企业的天使资本；投资于初创期、成长期企业的创业投资（风险投资）；投资于扩张期的成长性资本；投资于上市前的资本，以及用于整合收购的并购基金（buy out/buy in fund），债股结合投资的夹层资本（mezzanine capital），类似KKR集团之类的投资于发展存在问题的已上市企业的重振资本（turnaround）等。

创业投资（风险投资）投资成熟期之前的企业，尤其侧重于初创期、成长期的企业（本书中将由专业人士管理的天使投资也作为创业投资的研究范畴）。从这个企业生命周期的时间轴上来划分，创业投资只是PE投资针对特定企业阶段的一种类型。

并购投资，专门进行企业并购，以控股权转变为目的。创业投资一般不要求掌握控股权，而是支持创业者发展。而并购投资谋求控股，并往往进行重组，以进一步提升企业的市场地位，提高企业的股权价值。投资的主要对象往往是已经具有稳定现金流的较成熟的企业。并购投资包含多种不同类型，如杠杆收购、管理层收购等形式。杠杆收购是应用最广泛的形式。创业投资有时与并购投资联动，将创业企业的股权转卖给并购投资。

此外，从投资所需的资金来源看，创业投资与PE的外延不同。PE私募股权基金是一种非公布募集的，利益共享、风险共担的集合投资制度，来自不同投资主体的资金为了投资目的而集合在一起。创业投资的资本大多数也是来自不同投资主体，但是从创业投资的发展历史来看，创业投资的资本来源未必是多元的。在美国，还有资金来自单一的金融与产业企业的风险投资，或者附属某一商业银行等金融机构，或者由某一家产业企业出资建立，这类由某家金融机构或产业企业出资设立的创业投资机构在我国也越来越多，这也与PE通过募集而获得资金是不一致的。

由此可见，PE基金是一种集合投资制度，资金来源是募集而来的，募集方式是非公开的，募集对象一般是多元的而非单一主体；创业投资既可以是像PE一样非公开募集的集合投资，也可以由某一个单一的主体，如政府、产业企业、金融机构单独出资发起设立。

创业投资，为什么投资早期企业而非成熟企业

投资有三个要素：①当下的资金投放；②未来可预见的时期；③收益回报。简单地说，投资是使用今天的钱去换取未来可预见时期更多的钱。

对于投资主体而言，收益回报应该至少能补偿：①投资资金被占用的时间；②预期的通货膨胀率；③未来收益的不确定性。

投资早期企业，投资资金占用的时间越长，预期的通货膨胀因素会越大，未来收益的不确定性也越大。为什么创业投资不选择投资更成熟的企业，获得回报更快、更稳健的收益呢？这是一种投资风格的选择。

创业投资是为了获得更高的收益而承担更高的风险，甚至主动拥抱风险，对风险寄予期望。

企业的成长也有大数法则，企业的基数越小，增长的速度越快；企业的基数越大，增长的速度越慢。

创业投资想获得爆款就必须投资早期企业，至少是中期企业，成熟期的企业的增速曲线也已经平滑，很难实现爆发式增长。

创业投资者通过向最终出资者募集资金，把最终出资者的闲散资金集合

成一个比较大的资金池。然后，创业投资者发挥其专业优势，搜寻信息、分析信息、评价信息，选择有成长潜力、有更大概率在未来脱颖而出的创业企业，并通过设计一系列交易结构，尽可能降低投资风险。

重要的是，创业投资者发挥规模优势，把募集的资金分散投资到若干家创业企业中，为若干条赛道上的“马”下注，形成投资组合。一定会有一些投资打了水漂，但其中投资成功的获得超额回报可以覆盖所有的成本，甚至带来整体收益。

由于创业存在巨大的不确定性，没有人能板上钉钉地说某一家刚刚成立的企业一定可以成功。创业投资者，在众多创业企业中选择投资对象的过程中，判断也常常失败，但是随着创业投资对一系列创业企业的投资，其中一些真正具备潜在价值的创业企业被挖掘出来，得以高速成长，甚至走向成功。

所以，我们把**创业投资者选择创业企业并投资的意义，称为“发现价值”**。

创业投资的组织形式

创业投资可以分为公司制、契约制、有限合伙制。

公司制是依据公司法成立，法律本质是一家投资公司。资产为公司股东所有，由股东选聘管理人（或管理公司）负责管理投资业务。

契约制是依据信托契约成立，法律本质不是法人实体。由基金管理人、基金托管人和基金投资人三方共同订立信托投资契约。基金管理人是基金的发起人，通过发行受益凭证筹集资金组成信托财产，并根据信托契约进行投资，承担相应的受托人责任；基金托管人（银行）依据信托契约负责保管信托财产；基金投资人根据信托契约分享投资成果，三方之间为“信托—受托”关系。

有限合伙制，基金由两类合伙人组成：普通合伙人（General Partner GP）和有限合伙人（Limited Partner LP）。由创业投资者（可以是个人，也可以是创业投资管理公司）作为普通合伙人担任基金的管理人，负责管理基金的募集、投资、管理与退出，对基金的债务承担无限责任；有限合伙人是基金的投资者，不参与合伙企业的日常管理，以投入的资金为限对基金的亏损和债务承担有限责任。有限合伙人，可以是政府、共同基金、产业企业、金融机构、富有个人。有限合伙制的创业投资基金目前是创业投资机构的主流组织形式。

有限合伙制源自意大利商港的康曼达契约（commenda），出资者将商品、金钱、船转交给航海企业家经营，出资者得3/4利润，出力者得1/4利润。航行终止，合伙结束。这种契约1673年得到《法国商法》承认并保护，后逐步演化为现代英美法系中的有限合伙制，是美国法中鲜有的非源于英国的法律。

有限合伙制的特点是普通合伙人出力，包括智力与精力，承担无限责任；有限合伙人出资，以出资额为限承担有限责任；双方按照合伙协议的约定分配权利；其是资金与能力的结合。

本书所讨论的创业投资主要指采取有限合伙制的创业投资。

〉〉有限合伙制的优势

有限合伙制建立了普通合伙人、有限合伙人二者权责利匹配的机制体系，包括针对普通合伙人的激励机制与约束机制；针对有限合伙人的保护机制。

对普通合伙人的激励机制，主要包括投资的收益分成、资金的管理费、对创业企业的跟投机制。

收益分成，在行业内一般称为carry，指的是在有限合伙基金产生正的收益回报时，拿出一部分奖励GP，这是为了保持LP与GP的利益一致性，只有LP产生正收益回报，GP才可能得到carry，这也是促使GP追求基金收益回报的动力。GP一般收取carry的行业标准为基金收益的20%。我提倡对carry采用分层结构，根据基金回报分层增加GP的carry分配比例。在基金的投入资本分红率达到1倍时，支付给GP20%的carry，在基金的投入资本分红率更高，如超过2倍时，支付给GP 25%的carry；如投入资本分红率超过3倍时，支付给GP 30%的carry；采用分层结构有助于更好地激励GP为基金创造更高额的回报。

管理费，指在有限合伙基金模式中，GP每年按照基金总规模的1.5%~2.5%不等收取的费用，影响管理费率高低的因素有GP的声望、市场资金富裕程度等。一支5亿元人民币规模的基金，普通合伙人每年收取2%，也就是1000万元的管理费，用于基金运营，包括人员基本薪酬与福利、办公场所费用、差旅费用和支付律师、会计师、审计师费用，以及其他的办公开支等。

跟投机制既可理解为一种激励机制，也可理解为一种约束机制，即GP用自己的资金跟投创业投资基金所投的创业企业。如果创业企业股权价值大幅增长，GP获得超额收益，如果创业企业股权贬值或者倒闭，GP自己的资金蒙受损失。对GP利益的绑定既是对GP在对创业企业投资时择优，在投资后认真监管、积极服务的激励，也是对GP向创业企业进行投资利益输送与投机行为的约束。

其他对GP的约束机制还包括：作为劣后级资金的共同出资及在有限合伙协议中对某些投资行为及投资方式的投资限定。有限合伙基金一般要求GP按照总规模的1%~10%不等实际出资，而且GP资金属于劣后级，相对LP的资金属于优先级资金。对于有限合伙基金而言，劣后级资金先进后出，优先级资金后进先出。即在出资阶段，GP 的出资先实际到位，LP的资金再到位；在分配阶段，LP按照出资比例，先分配收益，在LP回收全部成本以后（有的还需要包括资金的使用时间成本即利息），GP才能分配收益。这既是对GP的约束，也是对LP的保护。

投资限定一般包括：有限合伙协议会规定一个投资期限（investment period），在此期限内要求所有的资金都要投出去，投资期限一般不超过5~7

年；LP不在具体的投资决策上约束GP，但约束GP承诺只在特定的领域内对特定类型的创业企业进行投资。约定单一项目可以投入的资金额度，避免较多的鸡蛋放到一个篮子里，如每笔投资的金额不得超过基金总承诺资本金的10%。这种限制的目的是使投资组合中的投资标的多样化，以分散风险。此外，一般限定基金不能举债，指基金不得向外借债，但杠杆收购（leverage buy-out）是PE或并购基金的主要投资方式。对于管理多个有限合伙基金的GP来说，一般禁止向GP管理的其他基金所投资的企业进行投资。此外，除非是投资于基金的“母基金”，一般不允许基金再投资其他基金。

其他对LP的保护机制还包括出资承诺制、分期出资、资金托管、合理限度参与等。所谓出资承诺制，是LP对有限合伙基金的出资可以不需资金立即实际到位，而是做出承诺，如承诺出资5000万元，在GP发出实际交款指令10天内到账。这样有两个好处：一是避免资金的闲置浪费，因为GP从遴选创业企业到评估是否值得投资，再到与创业企业洽谈投资合作条款，需要一个过程，做出投资决策前，LP的资金到位即可，否则资金到位过早，才是闲置；二是对LP的保护，在GP真的找到好的投资标的后，资金再到位。分期出资，也是类似的保护机制，LP承诺的5000万元出资，分为两期或三期到位。资金托管，意味着LP与GP的出资，并不是支付到GP的资金账户上，而是放在托管银行，与LP、GP的其他资产相隔离，根据GP的指令打入所投资的创业企业，避免可能的投机行为。此外，LP对有限合伙基金的投向、方式、投后管理适度参与，既保持知情权、信息对称，又能发挥LP的一些资源能力，给予所投资的创业企业某些支持。

当然，对于LP的保护机制，某种程度上是对GP的约束机制，如承诺出资，如果LP没有兑现承诺出资，对于GP是前期投入的时间与机会成本的损失。分期出资也可能造成有的有限合伙基金二期资金无法到位，不利于GP的总体布局与基金的健康发展。

有限合伙制的另一个优势是税收。作为税收透明实体，有限合伙企业自身不需要缴纳所得税，而是各个普通合伙人、有限合伙人分别单独申报所得税。这样对于每一个合伙人而言，只承担一级税负，避免在合伙企业层面交一次所得税，分配给合伙人以后再交一次所得税。有限责任公司是双重纳税，在公司层面要缴纳所得税，扣税后的利润在分配给公司的股东时，股东还要再次缴所得税。

有限合伙企业本身不交所得税，还可以用有价证券的形式分配投资收益，不会产生即时的应税收入，合伙人可以根据自己的情况递延确认利得或损失，合理合法地节税。

普通合伙人是一种金融中介

创业投资为创业企业提供金融资本，但是普通合伙人往往不是金融资本的所有人。除了少数金融机构、产业企业及从成功企业家转型的创业投资者，用自有资金投资外，多数创业投资者是作为普通合伙人向政府、企业、个人募集资金，获得金融资本进行投资。

因此，作为普通合伙人的创业投资者在创业投资中承担的功能主要不是货币出资，而是提供专业的能力与专注的精力。其扮演的角色首先是一种金融中介。

金融的本质是价值的时空配置和风险管理。金融有“金”和“融”两层，信用货币时代，前者指货币创造；后者指货币的时空配置。价值配置会产生风险，因此金融天然需要管理风险。信用创造、价值配置与风险管理催生了金融中介。金融中介主要有四项基本功能，并相应分为四种基本类型：一是银行，具有信用创造功能，集存款、贷款、结算业务于一身；二是证券公司，负责搭建直接融资桥梁；三是资产管理公司，负责代客财富管理；四是保险公司，虽然无法提供资金融通，但具有经济补偿功能。

金融工具有四种：一是债权关系，主要包括存款、贷款、固定收益产品（如债券等）、金融衍生品、保险等。此外，金融衍生品和保险本质上不是债权关系，但当出现违约并最终清算时也会形成债权债务关系。二是权益关系，包括股票及各种权益凭证，权益关系是收益权与管理权的结合。三是信托关系，包括集合资产管理计划、信托受益凭证等多种金融产品。委托人把货币资金或财产交给受托人，受托人以自己的名义主动进行处理投资，在合同范围内有很大的自由裁量权。四是保险关系，本质是大数法则下的互助关系。

创业投资从资金投向创业企业，属于权益关系。创业投资成为创业企业的股权所有人，在特殊情况下，转化为债务关系，如要求创业企业或者创业者强制性赎回，股权就转化为债权。有限合伙制的创业投资从资金来源，属于信托关系，有限合伙人把资金委托作为普通合伙人的创业投资者管理，创业投资者主动处理投资资金，在不违背合伙协议约定的前提下有很大的裁量权。

创业投资者是金融资本的受托管理人。政府、企业、个人作为金融资本所有者实际出资。金融资本所有者、创业投资者、创业企业之间的关系，如图4-1所示。

图4-1 金融资本所有者创业投资者、创业企业之间的关系

金融资本所有者、创业投资者、创业企业之间的关系包括两层委托-代理关系，金融资本所有者与创业投资者之间的委托-代理关系；创业投资者与创业企业之间的委托-代理关系。

创业投资者是金融资本的最终供给者与最终需求者之间的中介。

根据金融中介理论，金融中介包括银行、保险公司、证券公司、投资银行、财务公司、投资基金等。银行是典型的金融中介，在借款人与贷款人之间发挥作用。

金融中介不仅是金融资本的需求与供给者之间的中介，也是对金融资本的契约形式进行转化的媒介。金融中介将企业的金融契约——股票、债券或其他股权、债权形式，转化为存款单、保险单、共同基金等形式给居民、家庭等投资。

金融资本的最终所有人为什么通过创业投资者作为中介投资，而不是直接投给创业企业呢？对于这些实际出资者而言，创业投资者用他们的钱投给创业者，亏了是他们的损失，挣了还要给创业投资者分一部分。为什么要分配？创业投资的价值何在？

〉〉创业投资的金融中介价值

得益于信息经济学和交易成本经济学发展的新的金融中介理论已经证明：降低信息成本、交易成本、参与成本，进行风险管理是金融中介的功能。这些也是创业投资的价值。

第一，创业投资基金由专业人士投资管理，在信息的搜集、处理、分析、评价并依托信息进行决策上，比一般的社会出资人有专业性方面的优势，这一专业分工降低了社会出资人的信息成本。

第二，创业投资基金的规模性。资金来自多个主体，是一种集合投资，形成规模效应，单一主体获得投资所需的信息，进行投资交易、交易监督所需的成本可以通过创业投资基金的规模优势得以降低。

第三，创业投资基金聚集社会资金，降低普通投资者参与投资的门槛。

第四，创业投资基金的组合投资，可以分散单一风险。创业投资者把集合的资金投给不同的创业企业。不是“伯乐”，不会把所有的赌注押在一匹现在还很瘦弱的“小马驹”上。

第五，创业投资者降低了最终出资者的参与成本。参与成本一方面，指用于风险管理和决策上的机会成本。随着社会进步与专业化分工，最终出资者把时间花在自己所擅长的领域，可以获得的单位时间收入在提高，这意味他们花在风险管理和决策上的时间的机会成本大大增加了；另一方面，指由于创业投资非常复杂，使非专业人员了解交易和风险管理的难度大大增加，出资者为了学习需要花费成本。

第六，创业投资者通过主动的风险管理降低最终出资者的风险。创业投资遴选“篮子”，优选劣汰，减少碰到“坏篮子”的概率；通过其专业性与优势地位对放“鸡蛋”的“篮子”进行实时监控，在“篮子”可能变坏的时候提前把“鸡蛋”拿出来。监督也是有成本的，如果由大量的小的出资者直接监督借款人，成本会很高，而且会产生“搭便车”问题。创业投资者既是高度专业化，又有专注的时间一直盯着“篮子”。

第七，更重要的是创业投资者生产专门的信息，减少在最终出资者与创业企业双方之间的信息不对称。信息不对称指交易的一方对交易的另一方不充分了解的现象。最终出资者难以了解创业企业的潜在收益和风险，很难判断企业的投资价值。

创业投资者通过对创业企业的尽职调查、专业评估分析企业信息；通过投资谈判并设计投资交易结构挖掘核实创业企业的信息；通过严格的投资后管理，在投资后持续跟踪验证企业信息，监督企业行为，减少投资风险的发生。

创业投资通过其专门化的金融信息挖掘与生产能力减少了信息不对称性。

这里还有一个可信度的问题，凭什么相信创业投资者生产的信息是可信的、有价值的？创业投资者与最终出资者是利益共享，风险共担，创业投资者对自己选择的创业企业投资，而且投入的是劣后级资金，只有最终出资者的优先级资金有收益，创业投资者才有收益。这在一定程度上绑定创业投资者的利益，以增加其生产信息的可信性。

信息生产具有公共性，一个信息生产出来可以为大家广泛使用，所以当一个专业的创业投资者生产出对某个创业企业有投资价值与可信度的信息时，这种信息就可作为公共财富为创业投资的所有出资者共享。每个出资者单独生产信息，信息重复生产也是一种浪费。

概括地说，在信息不对称情况下，多数企业、多数个人都无法判断一家创业企业值不值得投资，无法设计更有效的交易结构来保证投资，无法进行持续有效、专注的投资后管理。但是，他们可以委托创业投资者，以更低成本、更高效率、更小风险的方式投资创业企业。

创业投资者是一种信息服务商，是依靠生产这种是否值得投资、怎样投资、投资后怎样管理的信息而分配价值的。

创业投资，服务创造价值

创业投资者对于最终出资者的主要作用表现为金融中介功能，包括：生产专门信息、减少交易成本、减少投资风险、降低参与门槛等。创业投资者对创业企业的主要作用是以金融为基础的综合服务。

创业投资不同于银行，以股权的方式将资金投入创业企业，获利依赖创业企业的成长，企业成长是创业投资与创业企业共同的目标。二者在投资后形成共同承担责任、共同分享收益和共同完成目标的**共同体关系**。

同样，有限合伙制的创业投资基金，由创业投资者作为普通合伙人，负责管理基金的投资与日常管理，对基金的债务承担无限责任；由最终出资者作为有限合伙人，只提供资金，不参与创业投资合伙企业的日常管理，并以投入的资金为限对基金的亏损和债务承担有限责任。普通合伙人对有限合伙企业少量出资，一般只出资1%~5%，共担风险；对有限合伙企业的收益分配20%~30%，共享收益。通过这种机制设计，创业投资者与最终出资者形成共同体关系，详见图4-2。

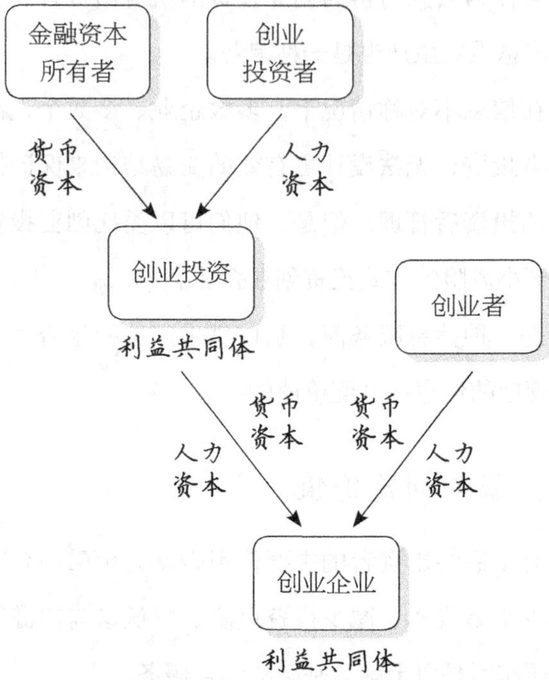

图4-2 创业投资者与最终出资者形成共同体关系

在创业投资者与最终出资者形成共同体关系下，创业投资实现两层的分享价值：①创业投资者与最终出资者分享价值，最终出资者有钱的出钱，创业投资者有力的出力，实现创业投资基金中货币资本与人力资本的结合；②创业投资与创业企业分享价值，创业投资有钱的出钱，创业企业有力出力，实现创业中货币资本与人力资本的结合。

创业企业成长是一个不断整合要素的过程。货币资本是非常重要的，但创业企业面对的许多问题不是单纯的资本投入就能解决的，需要创业投资者给予多方面的支持。创业投资者依据所具有的信息资源、人力资源、社会资源及其他能力，在不干涉创业企业日常经营管理的前提下，对创业企业的重大战略决策、管理与财务规范、技术研发、市场推广、社会关系、人力资源等提供支持。

创业投资者的积极参与有助于创业企业的成长，有助于实现双方的共同目标。

创业投资者运用知识、经验、资源与能力，对创业企业提供经营管理、资源整合等增值服务协助其成长是培育创业企业的价值增长。

一般的金融中介的价值仅是通过生产专门的信息降低投融资双方的交易成本、降低投资的门槛、分散风险、管理风险，本身并没有为融资企业创造新的价值。根据MM定理，在完美市场上，没有税收的情况下，企业的资本结构对企业价值没有影响，创业企业无论以债权筹资还是以股权筹资都不影响企业的价值。

但是，创业企业向创业投资融资后，二者形成新的利益共同体，创业投资者不仅为创业企业提供了货币资本，也提供了自己的人力资本、社会资源，甚至间接提供来自最终出资者的人力资本、社会资源，为创业企业带来新的人力、技术、信息、资本、注意力等要素，形成新的要素重组，产生新的价值。

通过服务培育创业企业的价值增长，从而创造价值，而不是简单地分享价值，是创业投资真正的最重要的作用。本书将这个过程称为培育价值。

〉〉 为了退出的投资

创业投资与创业企业的利益共同体的关系不是天长地久，而是曾经拥有。**创业投资的目的不是占有，而是退出。**创业投资是一个从**今天的现金到未来的现金**的过程，创业企业的股权只是这个过程中转化的媒介，是手段，而非目的。

创业投资者为创业企业提供货币资本，提供知识、经验、能力等人力资本，提供社会协同资源，培育创业企业成长，股权价值增值，是为了出售其所持有的股权，实现资本利得。

从决定投资之初，创业投资不是为了与创业企业共同永续成长，而是在适当的时候获利退出。

尤其创业资本多以有限合伙制的组织形式存在，一般有效期为7~10年，在有效期到来前，必须退出所有的项目投资，并将获利返还投资人。

退出的方式，首选公开上市（initial public offering IPO）。一般而言，IPO是实现创业投资利益最大化的退出方式。此外，退出渠道还包括：借壳上市、并购、股权转让、清算等，其中，并购包括兼并、收购、企业回购、管理层收购等。

国内外实践显示，多层次资本市场的活跃程度直接影响创业投资的运作规模和投资效率。当前，我国多层次资本市场体系已基本形成，在促进创业投资行业发展中发挥显著正向效应。但是，与创业投资需求相适应的退出通道仍然不够顺畅。

创业投资以并购重组方式退出是实现收益率仅次于IPO的退出渠道。且并购退出由市场机制决定，相较于IPO的难以自主，并购通道更具独特优势。❶首先，并购退出的门槛比IPO低，限制条件少，具有灵活性，创业投资可以尽快完成资本循环；其次，尽管并购退出产生的单位时间的资本增值幅度与IPO接近。在对美国422家企业的统计中，通过IPO平均实现资本增值1.95倍，通过并购等产权交易可以实现资本增值0.6倍；VC通过IPO退出的时间一般为8~10年，这段时间利用并购交易可以完成1.5次循环，那么（1+0.6）×1.5=2.4，甚至优于IPO。

创业投资可以通过多种方式推动并购，与上市公司合作建立创业投资并购基金，创业投资成为未成熟的创业企业的加工厂，通过注入资本，对产业、人才、技术、管理资源甚至体制机制进行资源重组，提升创业企业的成熟度，为上市公司做买手，把加工改造成熟的符合上市公司需求的创业企

---

❶过文俊，赵瑞金.利用创业投资支持湖北中小企业发展刍议[J].武汉金融，2017(1):42-45.

业卖给上市公司，减少上市公司因购买不稳定资产而对股价造成影响。上市公司与创业投资机构合作设立的并购基金成为我国资本市场并购活动的新突破，以及本土并购基金的新模式。

创业投资与创业企业一般签订股权回购条款，当企业发展难以通过上市或并购实现创业投资退出时，要求创业企业或创业企业原股东进行股权回购，从而使创业投资退出。

海外发展S基金（secondary fund）以帮助创业投资实现退出。S基金，指二手基金，是针对私募股权的二级市场（private equity secondary market）进行交易的基金，对创业投资所形成的尚不能上市的创业企业股权或者私募股权投资基金份额的二次转受让，包括两种类型:一种的交易标的是私募股权投资基金的LP所持有的基金份额；另一种交易标的是创业投资形成的企业权益（包括普通股、优先股、可转债等）。S基金的出现帮助私募股权二级市场资金的流动性。

随着创业投资者获得价值增值的现金，所投资的企业也获得更大的价值实现。本书把创业投资积极退出，实现自己与所投资企业股权价值的过程，称为**“实现价值”**。

创业投资是以退出为目的的投资，为退出而投资。在投资时评价创业企业的投资价值，就是判断与设计其成功退出的概率与方式。有没有可能IPO，有没有可能成为大企业的并购对象，有没有可能与其他企业重组，创业企业未来的现金流与股东或管理层的能力能否保证回购，从而实现创业投资资本的退出。通过精益的投资后管理，向创业企业输出服务，推动创业企业的价值增长，在退出时，出售的不仅是创业企业的股权，还有创业投资带来的价值增值。

第五章 创业投资，如何创造价值

创业投资的价值四部曲

创业投资活动是一个价值创造的过程，首先，选择并发现有潜质的创业企业；其次，投资创业企业，与之结为利益共同体甚至是命运共同体；再次，输出服务，协助创业企业经营，推动其成长；最后，在创业企业成长后转让所持有的股权，获利退出，在这个过程中，创业投资对创业企业提供的不仅是资本，更重要的是服务。

在这个过程中，创业投资者与创业企业积极互动，创业投资者提供的是无形的非物质的帮助，在创业企业实现价值增长的同时，一方面，实现创业投资者与最终出资者的收益，分享创业企业的价值增长；另一方面，也为产业和国民经济的发展创造价值。

这是创业投资的创造价值四部曲：①以分享价值为核心，与最终出资者分享价值，与创业企业分享价值，与创业企业的其他利益相关者分享价值；②以发现价值为起点，发现能够满足社会需要的创业企业、创业项目，通过向这类创业企业投资，给予资金与服务的支持，从而完成价值挖掘；③以培育价值为关键，创业投资者不是一个被动的价值分享者，在本质上应成为一

个主动的服务价值提供者，为创业企业提供各类增值服务，培育创业企业的价值；④以实现价值为目标，退出是实现各方的价值归宿。

创业募资、投资、服务管理、退出的作业过程（见图5-1）就体现了价值四部曲。

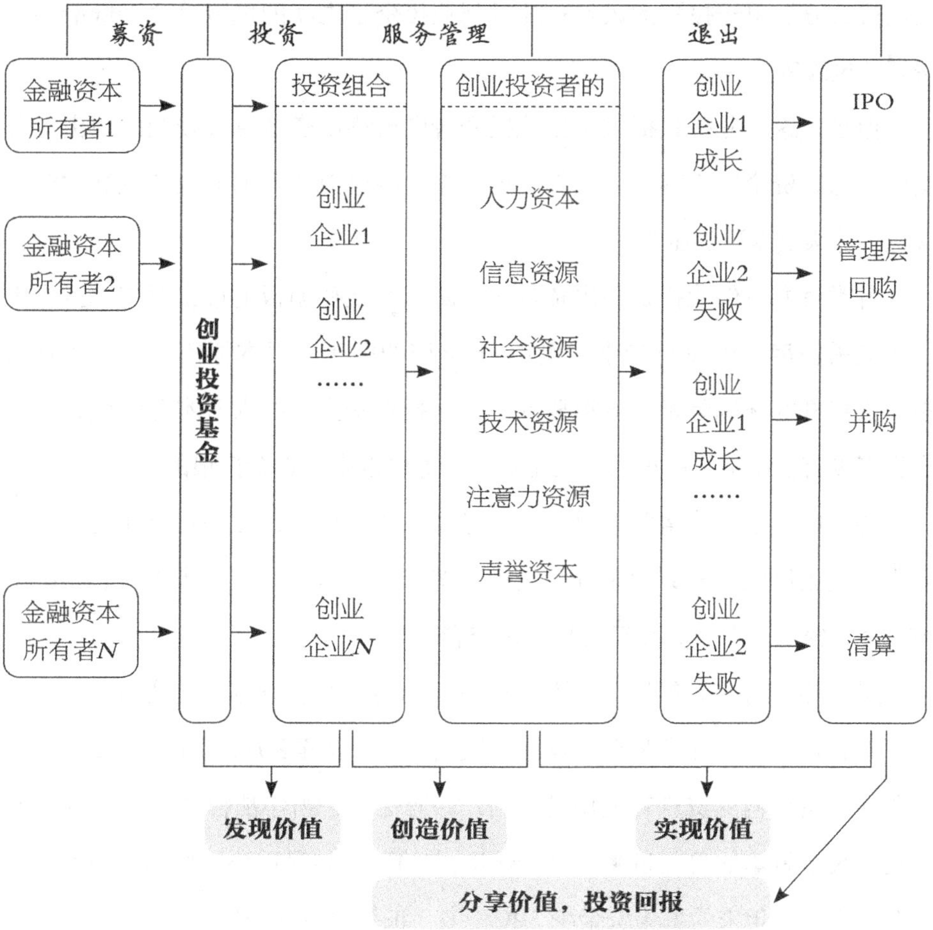

图5-1 创业募资、投资、服务管理、退出的作业过程

〉〉募资，艰难的开始

一般的创业投资机构都需要募集资金，普通合伙人（本书中指创业投资

者）提供专业能力、专注的精力与少量资金，有限合伙人（本书中用最终出资者来指代）提供主要资金，出钱不出力。

最终出资者委托创业投资者管理自己的资本投资创业企业，发挥创业投资者作为金融中介的作用。以专业分工降低最终出资者的信息成本、监管成本；体现创业投资基金集合财产的规模优势，降低最终出资者投资创业企业的门槛，分散单一投资的风险；通过创业投资者主动的风险管理降低最终出资者的风险等。

但是，这一分析只提供了创业投资者向最终出资者募集资金的理由。现实中，募集资金很不容易，尤其是近年来，经过前些年创业投资发展的突飞猛进，募集资金更加困难。

各类资方对创业投资的出资意愿下降，即使科创板的推出对创业投资带来更高关注度，也没有带来人民币VC募资的回暖。根本原因不仅是资管新规、去杠杆等环境因素，更重要的是创业投资基金的投入资本分红低，最终出资者没有获得基于所投的创业企业项目退出带来的真金白银的回报。

与人民币基金的情况不同，美元基金的募资能力更强，美元LP的分布地域也由过去以欧美国家为主开始变得更多元，日本、韩国、东南亚、中国上市公司及家族企业成为美元的最终出资者。

募资难也与前些年的过快增长有关。2017年是我国创业投资行业大发展的一年，根据中国证券基金从业协会数据显示，截至2017年年底，私募股权和创业投资机构的资产管理规模达到7.09万亿元，当年涨幅高达51.21%。我国创业投资资本的总量过剩。2018年以来的募资难很重要的原因是金融市场回归理性，近年来的募集资金少、投资多，正是去库存的好时机。

投资回报率低造成缺乏新的投资意愿，也是因为之前资金供给规模的过快增长造成过多投资，大量盈利能力较低的创业项目拉低了创业投资的资金回报水平。

》如何让有限合伙人信任普通合伙人的意愿

普通合伙人向有限合伙人募资，是向有限合伙人承诺，与其分享普通合伙人发现、培育、实现的价值。只有有限合伙人相信普通合伙人的承诺，有分享价值的意愿才会出资，在5~10年后回收资金，可能有回报，也可能没有回报。但是，凡一个契约中规定的双方的权利和义务不是当时交割的，存在时滞性，存在“信用”。

有限合伙人与普通合伙人之间通过机制保障普通合伙人的信用，促进有限合伙人的信任。也包括正式控制机制与非正式控制机制。

正式控制机制通过可预见的、有规律的、被整理成规则、程序、规章或合同的控制机制。

法律环境及双方签署的有限合伙协议、存在纠纷协商不成时的诉讼、有限合伙人适度参与投资决策会议、定期获得创业投资基金的投资报告、托管银行资金支付的手续等都属于正式控制机制。所以，这些都可以成为有限合伙协议中的契约条款。正式控制机制的特点包括三个方面：①制度化；②组织化；③条文化。

非正式控制机制是利用价值观、文化、风俗、情感、习惯、社会网络关系、社会道德规范进行的控制。特点也包括三方面：①不确定的；②软约束的；③非组织的。

有限合伙人信任普通合伙人，很大程度上是基于非正式控制，不管是在欧美、以色列，还是在东亚，正式控制都是信任的底线机制，信任主要来自人与人之间的关系、圈层、社会声誉与社交网络的惩罚等软约束来保障。一个普通合伙人做出不诚信的事情，如恶意没有兑现承诺（不仅是能力上没有做到），没有尽责任、尽义务，就会被一传十，十传百，其行为被广泛的社会关系网络所知道，失去声誉与其他人的信任。

首先，普通合伙人与有限合伙人之间要签署尽可能完善的有限合伙协议对双方的民事权利义务关系进行尽可能详细的约定。增强双方的安全感，降低未来合作中的不确定性。同时，洽谈合约条款，也是双方进一步深入沟通的工具，通过讨论每一个具体的细节，充分交换双方信息，充分确认各自的责权利，找出未来符合双方期待的有效做法。当然，这份有限合伙协议，在某一个时刻，虽然大家都不希望这个时刻会发生，但真的发生不可协商的冲突时作为证明，避免事后扯皮的时间、人力等综合成本的浪费，并作为法律诉讼的依据。

当然，即使双方再仔细地讨论协议的条款，由于未来双方要一起经历5~10年的合作，期间面临一系列不确定性、很难把双方未来可能遇到的所有情况都事前预测，协议不可能事前完备。因此，双方还需要依赖非正式控制。

其次，有限合伙人与普通合伙人的合作，不仅是非人格化的企业法人之间的合作，也是代表有限合伙人、普通合伙人的具体的活生生的人的合作，双方通过充分沟通，一方面，充分了解彼此的文化、价值观；另一方面，互相嵌入对方的社交关系网络中，感受对方的社会声誉，从而形成非正式控制机制，培养双方来自关系的信任，以便可以柔性地处理未来可能出现的某些分歧，并不止于立时损害彼此的信任。

对于有较高公众知名度的普通合伙人，更多是靠社会声誉获得有限合伙人的信任，对于还没有建立较高公众知名度的普通合伙人更多是靠熟人圈获得有限合伙人的信任进行募资。

募资对象：中美创业投资的出资者构成的差异

募资首先要解决的问题是钱在哪里？

国家级引导基金、地方政府引导基金是创业投资基金重要的募资对象，据统计，国内股权投资类政府投资基金（包括创业投资基金、产业投资基金）共1297支，总目标规模6.3万亿元，已到位资金2.3万亿元。

各级财政往往是上述创业投资引导基金最重要的有限合伙人，是创业投资基金的重要的间接出资者。财政资金甚至直接成为创业投资的出资者。

2011年9月9日，财政部、国家发展和改革委员会联合发布的《新兴产业创业投资计划参股创业投资基金管理暂行办法》指出，中央财政资金将通过直接投资创业企业、参股创业投资基金等方式，培育和促进新兴产业发展。我参与的大连中以英飞医疗健康创业投资基金就是由中央财政资金参股的创业投资基金。

国家级政府引导基金包括：财政部和科技部发起的，由国家科技风险开发事业中心管理的国家科技成果转化引导基金，披露规模247亿元；财政部、工信部、科技部、国家发改委、国家工商总局五部委发起的国家中小企业发展基金，披露规模600亿元；国家发改委与财政部发起的，由中金启元、国投创合、盈富泰克三家母基金管理机构分别管理的国家战略新兴产业创业投资引导基金，披露金额600亿元；由财政部、商务部发起设立的，由招商局资本管理的总规模达300亿的服务贸易创新发展引导基金等约20支。

省（自治区、直辖市）、市（自治州、地区）、县（县级市）三级地方政府为促进当地经济发展、促进科技进步与产业升级、促进招商引资，也设立不同的地方政府引导基金。从地方政府的引导基金获得出资，地方政府一般都有一定的反投资比例的要求，既要求创业投资基金将一部分资金投到该地方的创业企业中，有的甚至要求反投资金额是地方引导基金出资额的2倍以上。这形成一个因果循环，越是欠发达地区，创业生态越弱，优质的创业企业越少，越缺少投资标的，创业投资越不敢向地方政府承诺反投资比例，越不敢接受地方政府的引导基金做有限合伙人，越不利于该地方的创业投资行业发展和当地的创业生态与产业升级。相反，近年来，很多发达地区的政府引导基金取消了对当地创业企业反投资比例的要求。

省、市、县三级地方政府引导基金在创业投资基金中的出资比例在逐年提高，从40%到最高的80%。地方政府不但出资，对创业投资机构还有很多扶持政策，甚至协助创业投资机构寻找地方的好项目。

中国工商银行、中国农业银行、中国银行、中国建设银行、中国邮政储蓄银行、交通银行等大型国有商业银行，招商银行、浦发银行、中信银行、中国光大银行、华夏银行、中国民生银行、广发银行、兴业银行、平安银行等全国性股份制商业银行及城市商业银行、农村商业银行、农村合作银行、民营银行、外资银行等共4000家左右的银行金融机构，曾是创业投资的重要资金来源之一。在金融去杠杆、资金管理去通道的大环境下尤其是《关于规范金融机构资金管理业务的指导意见》（以下简称《资管新规》）颁布实施后，银行的资产管理产品的资金投入创业投资基金受限。未来银行资管子公司可能协助销售优质的私募类产品，包括寻找创业投资基金的有限合伙人。

国家开发银行作为特殊的开发性金融机构，积极参与创业投资，由旗下的国开金融有限责任公司和苏州创业投资集团联手发起设立专注投资于创业投资基金的国创元禾母基金。

保险的各期现金流支付所需时间的加权平均值最长。中国保监会在2012年初，发布《中国第二代偿付能力监管制度体系建设规划》（以下简称“偿二代”），计划用5年时间形成一套既与国际接轨又与我国保险业发展阶段相适应的“偿二代”监管制度体系。一般认定，大类资产的风险因子的权重依次为：权益>权益类金融产品>债券>固定收益类金融产品>不动产，创业企业的权益类资产的风险最大。在“偿二代”的约束下，对保险公司的权益投资占比有严格要求。因此，保险资金进入创业投资领域的比例很少。

保险资金主要是保险直投、保险的资管计划投资和委托外部投资（简称“委外投资”）。保险作为创业投资基金的有限合伙人，属于委外投资，但在保险管理的总资产中委外的占比只有4%左右。加上创业企业股权的风险因子远远高于投资上市公司股票的股票基金、基础设施股权投资计划、债券基金、货币市场基金等资产，所以即使是委外的4%中，投资创业企业股权也只占极少的比例，只有极少数的头部创业投资机构能够募集到保险资金。而且，保险机构也纷纷成立自己的投资平台，如人保资本投资管理有限公司、太平金融服务有限公司等。未来保险业资金设立的母基金可能是创业投资的募资对象。

目前，信托公司在尝试创业投资业务，主要是自己投资项目或者与创业投资机构合作共同管理，仅做创业投资有限合伙人的不多。信托业也在布局母基金业务。

全国社保基金也适度参与企业股权投资，但出资谨慎，单笔出资额很大，只有极少数的创业投资机构能够向全国社保基金募资。中国很多蓝筹上市公司的股东中都有全国社保基金。

中国投资有限责任公司（以下简称“中投公司”）为实现国家外汇资金多元化投资，以服务于国家宏观经济发展和深化金融体制改革的需要设立，下设三个子公司，分别是中投国际有限责任公司（以下简称“中投国际”）、中投海外直接投资有限责任公司（以下简称“中投海外”）和中央汇金投资有限责任公司（以下简称“中央汇金”）。

中央汇金公司是中国主要的金融机构，包括国家开发银行、中国工商银行、农业银行、中国银行、中国建设银行、光大银行、银河证券、申银万国证券、国泰君安证券等重要股东。

中央汇金公司作为第一大股东的中国国际金融股份有限公司（以下简称“中金公司”）是中国内地第一家中外合资的投资银行，其下属的中金资本管理千亿规模的母基金，并设立中金创业投资有限公司。

除了上述的银行、保险、信托、社保等大型金融机构以外，大中型企业，尤其是上市公司，也是创业投资的主要募资对象。

随着我国各级政府、各类金融机构发起设立的创业投资母基金的发展，今后母基金将越来越成为创业投资募资的重要对象。

〉〉 募资，是获得有限合伙人的信任

有限合伙人与普通合伙人之间是信托关系，很多研究认为二者是委托—代理关系。两者在委托人收益和风险承担方面是一致的，但在受托人行使权

利的名义和行使权利的自由度方面存在区别。信托关系，委托人把货币资金或财产交给受托人，受托人以自己名义主动进行资产管理，在双方事前约定的合同的范围内有很大的自由裁量权。委托—代理关系，委托人（授权人）把货币资金或财产交给受托人；受托人按照委托人指令、以委托人名义行动，受托人具有被动性。信托关系，是信任而托付。《现代汉语词典》对信任的定义是："相信而敢于托付。"

有限合伙人与普通合伙人之间也是一种在信任的基础上互换资源与能力，实现共同目标的合作关系。有限合伙人提供资金及一部分非资金的社会资源，普通合伙人提供能力、少量作为劣后级的资金及社会资源，以实现投资创业企业，推动其股权价值增长，并套现推出的共同目标。信任是合作的前提。

普通合伙人向有限合伙人募资，核心是获得有限合伙人对普通合伙人的信任。

本书讨论的信任是一种经济关系。发生在经济主体之间，是彼此的依赖或者一方依赖另一方，表现为一种良好的心理期待。

双方之间没有任何经济社会联系，任何一方不依赖另一方，也就谈不上信任。管理理论家赞德为信任的定义增加了一个关键的前提：脆弱性。**脆弱性指双方无法完全控制对方，关系在未来存在不确定性。**

一个百分之百控股的民营企业老板可以完全控制自己的企业，他和自己的企业之间不存在脆弱性，所以他不会说信任或者不信任自己的企业，他说信任某家企业，指的是另一家自己没法完全控制的企业。中国传统文化下，我们和父母的先天的血缘关系也基本上接近于完全控制关系，彼此间不存在脆弱性，所以我们也很少说我信任或不信任父母。但是，我们和伴侣之间的关系是法律关系，存在脆弱性，有出现背叛的可能性，所以我们会说我们信任或不信任伴侣。

脆弱性一词与风险有相同的地方，都指向不确定性。脆弱性与信任是一种辩证，没有脆弱无需信任，有了信任可以克服脆弱。如图5-2所示，父母的信任度高、脆弱度低；朋友较父母而言，一般信任度稍低，脆弱度稍高；至于陌生人则是脆弱度与信任度都比较低。与之相反的是合作伙伴，脆弱度与信任度都很高，在脆弱中信任，如创业投资者与创业者的关系。一般的业务关系，脆弱度高，信任度低于合作伙伴。

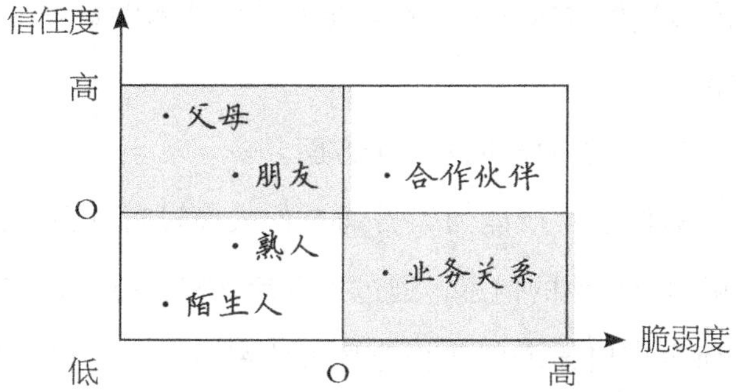

图5-2 社会关系的信任与脆弱分布

迈尔认为："在脆弱性下，对另一方仍然存在有信心的期望，认为对方不会利用这种脆弱性伤害自己"[1]就是信任。简单地说，信任是相信对方不会利用脆弱性。

一个创业投资基金短则5年，长则10年，在如此漫长的时间中，有限合伙人把资金托付给普通合伙人，普通合伙人按照自己的决策进行投资，直到基金清算时双方分配，分配时可能盈利，也可能亏损，即使亏损，只要普通合伙人在投资过程中没有违规或违背之前确定的有限合伙协议的行为，就不必赔付。在这个过程中，有限合伙人与普通合伙人之间存在脆弱性，有限合伙人必须对普通合伙人高度信任，才会与普通合伙人建立这样一种信托与合作关系。

[1] MAYER R C, DAVIS J H, SCHOORMAN F D. An integrative model of organizational trust[J]. Academy of management review,1995,20(3).

这种信任包括：对能力的信任，信任普通合伙人具有为有限合伙人创造价值的能力；对意愿的信任，信任普通合伙人具有与有限合伙人分享价值的意愿。没有对创造价值能力的信任，不会把资金托付给普通合伙人，没有对分享价值意愿的信任，不敢把资金托付给普通合伙人。

》如何让有限合伙人信任普通合伙人的能力

有限合伙人与普通合伙人的合作，是有限合伙人的资金与普通合伙人的专业能力的合作。

普通合伙人的专业能力表现为三个方面。

一是专业化的信息生产能力，普通合伙人通过对创业企业的调查、分析、谈判，挖掘创业企业的信息，通过投资后管理，持续跟踪，验证创业企业的信息，从而生产出某个创业企业是否值得投资，怎样更好地投资交易的信息，普通合伙人是创业企业投资价值与投资交易结构的专业化信息提供商。通过信息生产能力发现创业企业价值。

二是专业化的投资后管理能力，投资后管理包括监督与服务两个方面。监督主要是防止创业企业出现机会主义行为，损害投资者利益甚至有意侵害投资者利益，引导创业企业建立激励与保健机制的有机组合，形成好的企业治理。普通合伙人也是创业企业的管理咨询服务提供商。通过投后管理能力培育创业企业价值。

三是专业化的资本退出能力，创业投资是以退出为目的的投资，有限合伙人要的是真金白银的回报，而不是创业企业股权价值的浮盈。普通合伙人能否把经过前期工作所形成的创业企业的股权卖掉，才是最根本的能力。通过资本退出实现各方的价值。

普通合伙人的募资、投资、服务管理、退出，能否成功募资，取决于投资、服务管理、退出的能力。只有经过投资的发现价值、服务管理的培育价值、退出的实现价值，才能与有限合伙人分享价值。而募资的逻辑，是以分享价值为核心，向有限合伙人证明普通合伙人的发现价值、培育价值、实现价值的能力。

但是，问题在于能力是内隐的，不是颜值，不能简单地由外部观察得来。一般来说，普通合伙人只能通过三种方式展示自己内隐的能力。

一是过往业绩。过往业绩在一定程度上反映普通合伙人的能力，但对此我有几点存疑。首先，我们知道创业投资是存在很大的运气的成分；其次，如果一个普通合伙人在长期内业绩都显著好于其他普通合伙人，或许可以显示其确实依靠能力而非随机性获得业绩，但遗憾的是无论是我国的创业投资机构还是世界其他国家的创业投资机构，历史都较短暂，普通合伙人的存续时间更短，还很难通过如此短的样本路径得出遍历性的结论，即只有长期历史才能经历大部分的可能性，把某些随机性抹平；最后，对于很多第一次开始融资的普通合伙人，怎么拿过往业绩证明自己的能力，毕竟每一个普通合伙人都有第一次。

二是社会资源。普通合伙人向有限合伙人展示自己的社会资源，如拥有众多创业企业的项目池，拥有企业战略、企业治理的专业人士，拥有对所投资的具体细分产业领域的专业研究人员，拥有对接上市公司、投资银行的社会关系等有助于资本退出的渠道等。

当下，我国募资难的重要原因之一是拥有资金的金融机构、企业，更愿意自己组建普通合伙人，管理自己的资金，而不愿意委托其外部的普通合伙人。所以，普通合伙人在募资的时要告诉这些金主，所拥有的资源具有异质性（不相同）及不可移动性（很难挖走），正因为这两个特性，才需要合作，有限合伙人投入资金以交换所需要、所缺少的资源。普通合伙人的资源越具有稀少性、价值性、不可模仿性和不可替代性，越能够体现其竞争优势，并体现其创造价值的能力。有限合伙人选择普通合伙人合作，表面上是投入资金，成为合伙人，获得有限合伙基金的份额，实际上是为了获得普通合伙人的不可移动、不可替代、能够创造价值的资源。普通合伙人也需要有限合伙人的资金及一些非资金的资源，包括有限合伙人企业的资源、有限合伙人的社会关系资源等。

三是投资逻辑，本质上是一套方法论。普通合伙人有一个或几个成功的投资个案可能是只是来自随机性，或者通俗说来自运气，但是普通合伙人形成一套科学、系统的投资方法论，可以大大提高其投资、服务管理、退出的能力，从而提高其投资成功的概率，这才是普通合伙人最有价值的地方。

这套方法论应该包括：如何初选，以淘汰不合适的创业企业；如何尽调，以遴选有潜质的创业企业；如何沟通，以验证尽调的信息；如何谈判，以获得更理想的投资条件；如何设计投资交易机构，以降低风险，有效激励创业者；如何进行投资后控制，在有效监督的同时，避免削弱双方的信任；如何进行投资后服务，为创业企业输入哪些增值性资源；如何寻找退出渠道；在难以获利的情况下，如何及时止损；如何对所投资创业企业进行重组等。

普通合伙人本质上不是一家金融企业，而是一家专业化的信息生产或咨询服务企业，应该建立自己的服务知识宝典。

〉〉 投资，从拒绝投资开始

创业投资的价值首先在于拒绝了多少创业企业。

创业投资是优中选优，不是“矬子里拔将军”，拒绝的永远是多数。虽然创业投资者不是“伯乐”，不能在“马厩”里惊鸿一瞥，就可以指着一匹“小马驹”说：“此驹明日必为千里马”；但是，创业投资者可以看出哪匹“马”有点跛脚，哪匹“马”太瘦弱，哪匹“马”缺少非如此不可的冲劲，所以与其说创业投资者在选优，不如说创业投资者在劣汰。

创业投资者未必能确认所投的这个企业一定够好，但要确认不好的企业一定不投。

创业投资对创业企业的拒绝包括两至三轮淘汰。

第一轮，对通过各种渠道获得的创业企业信息进行初步筛选。每个创业投资都会依据自身募集资金的规模、对企业生命周期投资侧重的阶段（是偏向于种子期、初创期，还是成长期）、投资策略、对产业的偏好（侧重于哪些产业领域）、对企业的偏好（侧重于具有哪些特点的企业）等，建立一套对创业企业的初步筛选准则。如表5-1所示，根据这些准则，淘汰不符合的创业企业。

表5-1　学者对创业投资筛选创业企业标准的梳理

学者名称	内容摘要
泰吉和布鲁诺（1984年）	投资金额的大小与创业投资的投资政策； 对被投资产业领域的熟悉程度与技术能力； 市场竞争态势； 创业企业的地理位置是否方便就近管理； 被投资的事业发展阶段
刘常勇（1997年）	创业企业的产业、市场、技术是否为创业投资所熟悉或符合设定的投资政策； 创业企业的地理区域（为便于参与经营、支持管理与就近监督，创业投资会希望创业企业具备地点的便利性）； 创业企业的事业发展阶段； 创业投资公司对处于不同事业阶段的创业企业有不同的偏好，有些创业投资公司完全排拒种子阶段的创业企业，但也有创业投资公司偏好种子期的创业企业； 投资的金额规模。为分散投资风险，一般创业投资会设定每一笔投资的金额上限，超出此范围的投资会被排除； 投资风险与预期报酬。不同的创业投资对风险、回收期、预期报酬有不同的要求，在筛选阶段的风险与预期报酬的判断，依据评估人员的主观经验
周明智（2006年）	初步筛选方式：业别、规模、金额、股权、技术、时机

按照这些筛选准则，进行第一轮淘汰，从众多创业企业中筛选出与自己的要求相对比较吻合的。这里需要说明的是，筛选并不意味着实际投资，只是初选，把筛选的企业列入一个类似储备库的潜在投资项目群中。

对于初选的创业企业，创业投资者通过召开投资立项会议，进行初步评估，包括对前期了解到的企业的情况、投资风险、退出方式以及投资的回报进行分析，决定是否进一步开展尽职调查。

这是第二轮淘汰，只有创业企业的情况符合创业投资的遴选标准，通过投资立项会议的创业投资才会启动正式的尽职调查，因为尽职调查需要发生成本。不仅要动用创业投资者深入创业企业、深入创业企业的利益相关者进行调查，还要发动专业的会计师、审计师、资产评估师、律师，甚至专门的知识产权律师共同尽职调查。通过尽职调查开始第三轮淘汰（见图5-3）。

创业企业初选	投资立项	尽职调查
·创业投资的投资政策； ·创业投资的投资偏好； ·创业企业的产业领域； ·创业企业的生命周期； ·创业企业的规模、融资额； ·创业投资的地理区域； ·创业个案的预期收益与风险	·初步尽职调查；创业企业的财务、法务、市场、产品、技术、能力、行业地位、进入壁垒； ·风险评估、风险控制委员会风控意见； ·退出与回报分析等； ·创业投资团队立项会	·系统全面科学深入的尽调； ·创业投资者尽调； ·会计师、资产评估师、律师、知识产权律师尽调； ·与创业企业团队洽谈投资意向； ·针对尽调中发现分析、评估； ·完成创业企业投资价值报告

图5-3 创业投资在投资前工作流程

尽职调查的方式与对象

尽职调查又称谨慎性调查，指投资人对拟投资的企业进行现场调查、资料分析的一系列活动，一般包括：法律、财务、税务、商务、管理层背景、技术等方面。

针对不同的创业企业采取的尽职调查方式略有不同，主要包括三类。

（1）案头材料收集。通过多种形式收集企业的各种资料，以及企业所处行业、面对的市场、竞争对手与客户的材料，包括：企业的章程、历史沿革材料、历史合同、企业历年财务报表、企业各项制度与管理规范、企业的历次会议（股东会、董事会、办公会、例会等）记录、企业文化、战略规划、产品与技术说明；企业行业政策、行业分析、市场研究、竞争对手构成与基本情况、客户构成与基本情况等。

（2）访谈。访谈包括正式访谈与非正式访谈，非正式访谈对于获取信息并验证所获取的信息更加重要。进行尽职调查可以创造闲谈的氛围，以非结构化的问题多角度、多侧面地了解信息，并对已经通过案头材料或者正式访谈获得的信息进行交叉验证。很多创业企业在创业伊始就不断接触创业投资者，已经摸索甚至训练出一套应对创业投资者的技巧，更容易向创业投资者传达正面的积极的乐观的信息。为了更全面准确地了解创业企业，尽职调查中应更多地使用非正式访谈，如至少要与创业企业的中层或普通员工吃过一次饭，哪怕在公司食堂。

访谈的对象除了创业企业的创始人、联合创始人、高管之外，要增加对中层与基层的访谈。创始人再高瞻远瞩，再能力超群，也要通过中层与基层来落实，通过对中层与基层的调研，可以了解企业的目标、战略，向下的贯彻能力，企业的愿景、理念向下的动员能力，了解企业团队的平均素质与综合水平。对中层和基层的访谈，最好也采取随机的非正式访谈。

访谈对象还应该包括创业企业的供应商、客户、渠道商、重要合作伙伴，要去市场走访。向供应商了解企业的采购量、信誉，判断企业声誉、真实产量，从侧面了解行业的竞争格局；向客户了解创业企业的产品服务的质量、客户的购买频次与忠诚度，产品与服务在市场上的受欢迎程度与竞争力，判断企业真实的销售与市场成长性，客户的档次也有助于判断企业的市场地位、市场需求潜力与成长性。

如果有条件的话，还可以对创业企业所处的行业协会、行业研究机构进行走访，了解企业在行业中的地位和声誉，也了解该行业的发展态势。

通过侧面或者第三方的渠道尝试接触创业企业的竞争对手，了解创业企业的市场竞争情况，判断企业的优势劣势所在。侧面向政府部门了解产业政策、区域政策，判断企业的发展空间与政策支持力度。

（3）观察与验证。在企业实地观察，企业的经营、研发、生产、管理、资源储备，对员工进行随机不经意的访谈，甚至有可能的话旁听企业的例会，还可以观察企业生产与服务的饱满程度，工作的有序或者无序，人员的工作状态、工作情绪。相比会议室而言，企业的卫生间的洁净程度更反映企业的管理细节；相比企业创始人的阐述而言，企业的经营状态、企业员工对企业未来的理解更能反映企业的成长。

由于聘请律师、会计师等共同尽职调查会发生成本，建议可以先由创业投资者进行总体的调查与评估，如果认为一家创业企业确有投资价值再进行深入的尽调。

尽职调查的核心不仅是为了获得创业企业的各项信息，还是剥茧抽丝，剖析创业企业的内在投资价值，更重要的是通过挖掘的内在投资价值评价与预判其未来是否具有较强的成长性。

由表及里的挖掘，因果相推的验证

创业投资尽职调查、评估创业企业，是由表及里，把创业企业一层一层剥开，从表象寻找并发现内因与内在价值；同时，由果推因并由因推果，验证创业企业的成长逻辑，根据发展内因与内在价值评估其未来价值。

每一层内环是其相邻的外环的因。

（1）市场与客户表现是财务表现的因。最外面一层是创业企业的财务层，创业投资者对创业企业尽职调查，首先通过企业的财务数据分析企业的财务表现。

第一层财务，企业的财务状况是通过财务报告体现，财务报告确实重要，但是会计是企业经营历史的记录，衡量的是过去发生的结果，并不评估导致这一结果的前因。有因才有果。创业投资遴选创业企业，不是绩效评估，不是为了了解企业过去一个月、一个季度、一年的经营结果，而是判断企业未来的成长价值。因此，重要的不是这些滞后的结果；而是找到导致目前结果的原因。

第二层看市场与客户。走访市场，深度访谈企业客户，向其竞争对手侧面了解，市场与客户状况决定企业最终的财务状况，通过深入研究创业企业的市场与客户，首先，可以验证财务指标，防止财务信息的披露不真实；其次，从客户与市场的角度找到影响财务绩效的前因，找到改进财务绩效的方向。

（2）产品与服务水平是市场与客户表现的因。市场与客户层面的指标，如市场占有率、客户满意度、与客户的议价能力是由创业企业提供的产品与服务水平决定的，没有好的产品与服务，即使短时间内市场与客户表现好，也不会持续。

创业投资挖掘创业企业价值，要深入分析其产品与服务的价值。产品与服务层的水平决定了市场与客户层的表现。

（3）商业模式是保证产品与服务持续水平的因。一个企业虽然有了好的产品与服务，但不进行商业模式的深入思考与构建，产品与服务的好，难以收获持续好的市场与客户。茅台酒是好产品，百年前就得到巴拿马食品博览会金奖，但当年的好产品很多，有很多被大浪淘沙，已经消失；茅台酒却通过商业模式的构建，保证了基业长青。在企业界面，对于原料的选择，对于工艺的提升，对于内部的运营，对于外部合作经销商体系的管理；在客户层面，对于饮酒心理，对于客户深层的身份感、尊崇感的需求的挖掘，对于高端客户细分的设计；在价值主张层面，所提出的“国酒”理念，所传达的高品质价值，将茅台酒打造为消费者储值、保值甚至增值的一种类金融理财工具；在盈利模式层面，对于产品的定价，对于生产与流通成本分配与利益分配等，都是它的商业模式。

商业模式是企业经营的逻辑，是一套组合的体系，反映了企业的管理能力，是产品与服务的支撑。所以，创业投资要考察分析创业企业的商业模式。

当然，对于创业企业而言，商业模式不是事前框定的，不是一蹴而就的，需要创业者与团队在实践中不断思考、应用、测试、调整、打磨，而逐渐成体系。所以，创业投资在考察创业企业时，并非要求创业企业的商业模式成型，更不要求成熟。而是看创业企业对商业模式的思考执行的意识与能力，有了这种意识与能力，就可以在未来的发展中完善商业模式。即使有些创业企业的商业模式已经成型，也需要随着企业的高速成长及环境的高速变化，不断调整。因此，重要的是创业者和他的团队思考并努力找到自己的商业模式的意愿与能力。创业者及其团队要持续思考并努力找到形成自己企业经营的逻辑，否则这个企业走不长，也长不大。

（4）创业企业团队的人力资本是商业模式的因。人力资本团队决定商业模式，商业模式是果。不是一个人的人力资本价值，而是一组核心团队的人力资本，当然有时一个超强的创始人，一个人就是一支队伍。但是，从创业投资的角度，更希望看到一组人。

我认为团队的人力资本价值是因，商业模式是果。没有好的团队，很难设计、打磨出好的商业模式；有了好的团队，即使目前的商业模式不成型，也能逐步打造出商业模式；没有好的团队，即使企业的商业模式听起来很科学系统，但落不了地或者落地后会走样，很难完成商业模式的构建。

（5）企业家是因，团队的人力资本价值是果。第六层是企业家层，是最内核一层，如果问是什么决定一个团队的人力资本价值，归根结底，是企业家，企业家的胸怀、能力、企业家精神不够，很难集聚并形成一流的团队，即使因缘际会形成一支不错的团队，也难以持续。

衡量一个创业企业的最终因素，最重要因素是创业者，他是创业企业内在价值的因果链中最重要、最具有决定性的一环。

尽职调查是由表及里，从每一层外环逐层向内，深入调研上一层数据的内因，并由果推因的验证上一层的调研数据。

价值评估是根据其内因推测未来发展，通过由因推果的评估企业未来的成长，一方面，给出创业企业的市场估值；另一方面，预判创业企业的成长幅度与概率。

〉〉 平衡计分卡思想的拓展

我所建议的创业投资尽职调查由表及里逐层挖掘、因果互推逐层验证，是平衡计分卡思想的进一步拓展。

哈佛大学教授罗伯特·卡普兰与诺朗诺顿研究所的大卫·诺顿20世纪90年代提出平衡计分卡这一著名的管理工具。

平衡计分卡的思想认为：客户与市场的表现是决定财务表现的因，财务表现是果。例如，收入这一财务指标的增加，前因是客户数量的增加与老客户的重复采购，这反映的是新客户获得率、老客户保持率、客户满意度等客户层面测量的指标。

而客户层面的指标又是企业内部经营流程的结果。企业创新、改善经营和售后服务的内部经营流程，吸引新客户和留住老客户，是决定客户层面指标的前因。

再深一层，员工的学习与成长是改善内部流程的前因。

这是一个完整的因果关系链，贯穿平衡计分卡的四个层面：财务层、顾客层、内部经营流程层、员工学习和成长层；分别针对企业三个主要的利益相关者：股东、顾客、员工（见图5-4）。

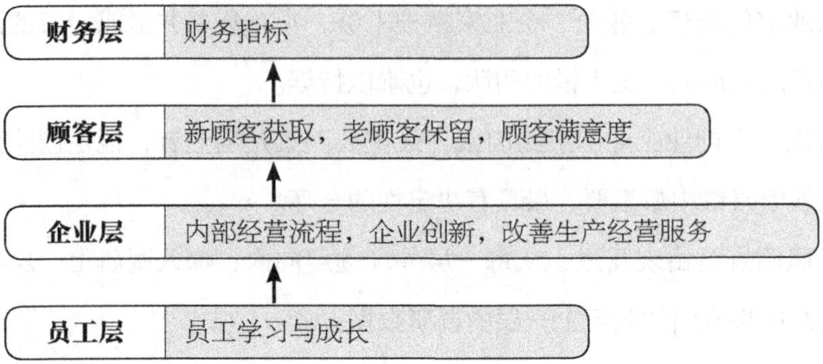

图5-4 平衡计分卡的管理思想

借用平衡计分卡的管理思想，创业投资选择、评估一个企业的因果挖掘与验证的逻辑，也是逐层剖析，深入本质。

透过财务指标，分析造成目前财务表现的前因是什么。

市场与客户是前因，财务是结果。如果市场容量小、红海竞争残酷、威胁大于机会、市场占有率下滑、市场增长性不高，过分依赖单一客户、客户结构不合理、客户满意度低，财务表现不可能好；反过来，如果市场容量大、开辟了蓝海、机会大于威胁，占有率不断增加、市场增长性大，客户结构合理、客户满意度高，即使眼前的财务表现不好，也一定会向好。

产品与服务的水平决定市场与客户的表现。产品与服务的创新性强、性价比高、技术含量多、技术门槛高、市场需求大，可以自我迭代并不容易被潜在进入者替代、综合竞争力强、产品线结构与服务品类丰富，有较多的品牌注意力、对现有市场具有颠覆性与革命性的，就有更高的客户满意度、客户忠诚度和更好的市场表现。

商业模式又是产品与服务质量持续保证的因。没有对客户需求的识别、挖掘、引导，没有企业内部结构与流程的设计、外部商业合作伙伴的资源整合，不可能研发、设计、生产出符合客户需求或者创造出新的客户需求的产品与服务；没有客户渠道的设计与管理，没有产品与服务价值传递渠道的设计与管理，即使有好的产品与服务也无法有效被客户所知，到达客户手中。

团队的人力资本价值决定商业模式的成败，有了好的团队，即使目前的商业模式不成型，也能逐步摸索出好的商业模式，没有好的团队，再好的商业模式设想也无法落地。

创业者的企业家能力与企业家精神决定团队的人力资本价值，好的创业者即使目前的团队不完整，也能够构建起优秀的团队。

创业企业每一层的价值都构成一个决定投资的理由，但不能忙于下结论，要通过对下一层的分析验证上一层的理由，并逐层深入，判断整体的核心的价值。

同样，创业企业每一层的问题都构成一个拒绝投资的理由，但不要着急拒绝，继续深入挖掘。有时，一个创业企业，没有好的财务表现，没有市场与客户表现，也没有推出好的产品与服务，没有形成好的商业模式，甚至团队也不完整、很稚嫩，但是创业家的企业家能力与企业家精神卓越，也值得投资。滴滴出行在进行A轮融资时，屡屡受挫，当时滴滴出行有市场潜在需求，但不被认可，产品与技术都有硬伤，但，创业家的企业家程维有思路，是值得投资的。

》合规性是基础

创业投资遴选创业企业的重要目标是希望创业企业能够上市或者被包括上市公司在内的大企业并购，因此任何有可能影响企业上市的合规性的瑕疵，都要提前关注，予以规范。如果发现有合规性的瑕疵要和创业企业的创始人沟通，对于绝大多数创业企业而言，由于成立时间短，比较容易剔除瑕疵，也可以在未来发展中逐步规范，并弥补之前的相关法务手续。

但是，如果发现创始人没有规范的意愿或者创业企业的合规性问题太多，可以考虑放弃，毕竟创业投资的价值首先是淘汰多少个不值得投资的创业企业。

合规性调查应该是尽职调查的第一步，获得企业主体的营业执照、章程、历次股东变更协议，了解企业的成立时间、注册资本、股东变化、投入资本的形式、性质、历史沿革。同时，了解企业有关的母公司、子公司、同一控制人的关联公司等各关联方；了解企业的组织与管理制度，对法人治理以及法律控制做出评价。

历史合规性，创业企业的历史沿革是否合法合规，在注册、股权变更等方面是否存在重大历史瑕疵，企业的产权是否清晰；是否存在纠纷；是否存在类别股权安排、优先股东、期权等情况；是否还有其他历史遗留问题。

财务合规性，会计标准是否合规，做假账的问题是否过于严重、很难整改，有没有明显的逃税漏税且无法补税等。

资产的问题，企业的资产，包括专利、商标等无形资产是否清晰；是否存在纠纷；是否存在大股东占用资金等问题。

企业的劳动、环保等方面是否合规，补齐相关手续是否容易；企业有无重大诉讼；是否违反行业监管规定。

企业是否存在对其所在行业监管制度与政策的违规问题，存在重大同业竞争问题等。

如果合规性没有问题，或者虽然有瑕疵，但在未来的发展中，创始人会主动规范且规范的难度不大，创业投资者可以深入后面的尽职调查。

〉〉 财务尽职调查

财务尽职调查是针对拟投资企业的财务状况的审阅、分析、核查。财务尽职调查要注重财务数据的真实性、可靠性；对财务数据预测的依据是什么，是偏于保守还是偏于乐观；是否存在表外的资产、负债，尤其是风险因素；是否存在税务问题。

第一，调查内容。

（1）财务基本情况：企业的资产组织结构，包括股东、子公司、分公司、财务管理模式、财务报告体制；薪酬、税费及会计政策，包括薪资的计算方法，缴纳三险一金或五险一金的政策及情况，福利政策等；现行税费种类、税费率、计算基数、收缴部门、税收优惠政策、税收减免或负担等。

（2）会计报表：损益表、资产负债表、现金流量表及表外项目。

损益表。了解企业的销售收入及成本，包括：销售量、单位售价、单位成本、毛利率及变化趋势，分析成本结构、发现关键成本因素，分析其对成本的影响，对以上各因素的变化趋势寻找解释；了解企业的主要费用，包括费用总额、费用水平，费用构成费用变化及其原因；投资收益、其他营业外收支，业务利润、税收等。

通过购销合同、发票、资金回单、交付验收、纳税申报表、入库出库的单据、库存盘点、相应的税款核实收入、成本。通过新建在建工程、项目、生产线产能、耗能、仓储和运输能力等对核实生产能力。

资产负债表。了解企业的可用资金、应收账款、应收账款账期、逾期账款及坏账分析，变化趋势及原因，大客户或大额应收账款分析，其他应收款的构成、账期、费用性借款分析；存货盘点记录、存货分类及趋势变化、存货的滞销、残损；企业的长期负债、短期负债、债权人、借款性质、借款条件、是否正常偿还利息、是否可以豁免或债务重组；固定资产及其分类、无形资产的种类、取得途径、寿命、计价依据；应付账款的趋势、账期；对外投资、资本公积及其形成原因、历年利润及分配、未分配利润；资产负债结构与资产质量分析等。

现金流量表。分析历年现金流量情况及主要因素，特别关注经营净现金流，经营性现金流是否能满足融资活动的利息支出净额，寻找除销售收入以外是否还存在经营资金来源，对经营净现金流的贡献如何；核查现金流。

表外项目，如对外担保、抵押资产、未执行完毕的合同、银行授信额度等。

第二，调查重点。

财务尽职调查的目标是掌握企业的盈利能力、抗风险能力和成长性，因此最重要的指标如下。①毛利率。反映企业的盈利能力、产品与服务的市场竞争力。没有足够大的毛利率，企业便很难盈利。②增长率。营业收入与业务利润的增长率，反映企业的成长性。③资产周转率。反映企业资金周转速度，用多少资产创造多少销售收入，周转越快，反映销售能力越强，加速资金周转，带来利润绝对数增加。④资产负债率。反映总资产中有多大比例通过借债获得，体现企业资本结构是否合理。⑤流动比率。反映企业短期偿债能力，短期偿债能力越强，越能经受变故。⑥应收账款周转率。反映企业收回款项转换为现金的速度。⑦所有者权利报酬率。净利润与所有者权益的百分比，反映股东的收益水平。⑧经营活动净现金流。企业在一个会计周期中经营活动产生的现金流入与现金流出的差额。企业现金净流量越多，所需资金越少。企业经营净现金流量为负，说明企业需筹集更多的资金来满足生产经营所需，否则正常经营难以为继。

由于创业企业的运行时间短，一般资产少，收入少，甚至还没有收入，因此，财务数据能够提供的信息不多，在财务尽职调查的基础上，要深入开展市场、客户、产品或服务的尽职调查，一方面，验证财务数据的真实性、合理性与发展趋势；另一方面，深入剖析创业企业的内在价值。

〉〉市场与客户层的尽职调查

市场与客户层的尽职调查包括两个维度，一个是行业与市场研究，一个是客户与需求研究。

第一，行业与市场研究。

（1）行业研究。创业投资者是在优势的行业中发掘寻找优势的企业。行业是赛道，企业是赛马。所谓优势行业指：①具有广阔发展前景；②国家政策支持。在分析行业现有规模、行业未来前景、行业政策、行业特点的基础上；要结合竞争对手进行分析，创业企业与竞争对手相比有怎样的优势与劣势，创业企业的核心团队对行业的理解是否足够深刻，创业企业的发展是否符合行业发展的方向并能够独辟蹊径，减少残酷直面的红海竞争；要结合波特的“五力分析模型”，分析创业企业相对客户与供应商的竞争力，预判行业的潜在竞争者与跨界的替代者，分析行业的机会与威胁在哪里。

（2）市场研究。市场研究，宏观视角看市场空间、成长性、竞争程度与健康程度。微观视角看创业企业在市场占有率、市场占有的增长率、市场评价。

市场空间决定创业企业的发展规模，大的池塘才能养出大鱼，如果希望所投的创业企业能够上市，那么这个企业所面对的必须是50亿元以上的市场，至少在几年内可以发展到这样的规模。否则样，企业很难做到10亿元的营业收入，亿元左右的利润，很难符合上市的条件；如果希望所投的企业以被并购的方式退出，那么在企业价值链的上下游也要有大规模的市场，才可能有足够大的鱼来吃创业企业的这条鱼。

市场成长性决定企业的未来可持续性，通过科技、社会、文化、经济、政治发展趋势分析，选择成长性市场。

市场竞争程度好理解，当然在蓝海市场中更有利，但，在红海市场中，如果能形成差异化优势同样非常可贵。

市场健康程度特别值得注意，一个产业的市场经济氛围（政府干预度）、法律规范性、行业规则包括潜规则的灰色程度、行业从业者的平均素质都反映了该行业的市场健康性。有的产业，市场健康性过低，如过于依赖政商关系，法律不清晰、潜规则过于复杂、从业者涉黑比例高，会存在各种巨大的潜在风险，应事前放弃。

创业企业的产品或服务在市场上所占份额如何，市场占有率反映企业对市场的控制能力，由企业的产品能力、营销能力和品牌能力共同决定。

创业企业创业伊始，很难形成多高的市场占有率，所以要看市场评价与市场占有增长率。比如互联网企业强调的日活跃（月活跃）用户数量、注册用户数量等及其增长情况。

第二，客户与需求研究。

（1）客户研究。客户不是被猎取的对象，而应该是得到特殊的对待和培养的群体。客户不仅是最终的付费购买产品或服务的客户，也包括把创业企业的产品或服务附加在自己的产品或服务上一同出售给最终客户的中间客户；包括渠道、分销商或特许经营者；包括能够为企业带来价值的免费客户，如媒体的受众，虽然不向媒体付费，但受众的注意力资源是媒体的核心价值，同样，互联网企业的很多免费客户为网络贡献价值；包括其他合作伙伴，他们需要的不是创业企业的最终产品或服务，但也需要创业企业实现他们的共同商业目标，这也是创业企业的一类客户，能带来价值。

创业企业目前的客户结构如何，有哪些重点大客户，是否形成大小客户相结合的客户梯队，客户的付清货款状况如何；供应商结构如何，供应商的分散与集中程度如何，质量、交期、价格上的条件如何。

客户满意度、客户维持率是客户评价的关键性指标，客户满意度是其他指标的前提，通常把它作为客户维度最重要的指标。客户满意程度与企业产品或服务、顾客关系、企业的声誉息息相关。

（2）需求研究。有的创业企业还没有开发多少客户，要分析其提供的产品或服务是否符合客户需求、心理和使用习惯。

创业企业的产品或服务的价值是客户依据自身需要或某种标准对产品或服务的评判。因此，具有一定的主观性，甚至不是客户真的需要，而是客户以为自己需要。创业企业能否把握客户的需要，甚至创造出客户的需要，反映的是创业企业把握商机、创造市场的能力。客户的需求和欲望与认识相关。创业企业能否引导客户的认知，让客户察觉到需求与产品或服务的价值。

一个好的创业企业不会固守原有的利益相关者关系，不会简单地认为顾客就是顾客、供应商就是供应商、竞争者就是竞争者，而是分析他们各自需求，发现自己与他们之间角色的转化可能，把供应商变为顾客，把竞争者变成供应商，把顾客变成合作伙伴。在现有的价值链内部的相互关系中找到满足需求的价值或者在价值网络整合中找到满足需求的价值。

›› 产品与服务层的尽职调查

对创业企业产品与服务层的尽职调查，是了解、分析企业目前提供的是什么产品或服务，满足客户需求的状况，未来的产品或服务有怎样的升级、迭代、延展的可能，能否不断研发出新产品。有的创业企业，产品或服务还不够成熟，要分析研究其技术是否可行，技术来源如何。

我认为一个创业投资的团队中应该有熟悉具体产业领域的技术专家，对创业企业提供的产品或服务的理解与分析会更加深刻，或者一个创业投资团队专注于一两个产业与技术领域，也会随着时间的积累而对这个领域的产品或服务的分析走向深刻。

创业企业产品或服务的技术含量如何，技术本身是否对于其他竞争对手而言具有较高的门槛，是否具有创新性，是否具有比较高的性能与价格比，是否能够充分满足客户需求并获得客户满意度，是否对现有的市场上通行的产品或服务有优势可以进行替代，产品或服务是否可以自我不断迭代，可以扩展产品或服务线与品类，产品或服务是否够酷，能够形成良好的品牌认知与口碑病毒传播，产品或服务是否对行业具有颠覆性或革命性。

同时，具备上述特征的产品或服务，是非常稀缺的，具备其中几个特征的都可以算作好的产品与服务。

企业不仅要有好的产品或服务，更重要的是有好的价值主张，将产品或服务的特性有效地传达给客户。李维斯提出基于产品的USP理论（Unique Selling Point），[1] 即独特的卖点。一个USP应具备利益承诺、独特、强而有力三个要点，在利益承诺上强调特殊功效和提供给客户的实际利益，在独特性上强调与竞争对手的差异性，在表现上强而有力。奥格尔维认为顾客购买的不只是产品，还有厂家承诺的心理利益。[2] 客户需要的往往不是牛排，而是牛排在煎烤时发出的嗞嗞啦啦的声音。阿克认为，产品或服务的价值主张还

---

[1] REEVES R. Reality in advertising [M]. New York: Knopf, 1961.

[2] OGILVY D. Ogilvy on advertising [M]. Toronto: John Wiley and Sons, 1983.

包括传递给顾客的情感性。[1] 杰克·特劳特和艾·里斯则将着眼点放在客户心智模式上，提出定位理论，强调从客户的所思所想出发，为企业的产品或服务在客户的心智上找到独特的位置，从而战胜竞争对手。[2] 安德森等人提出B2B企业的3种价值主张，罗列全部优点，阐明产品给客户带来的所有益处，回答客户为什么购买产品的问题；宣传有利差异点，阐明产品相对于替代品具备的有利差异点，回答顾客为什么购买本企业而非竞争对手产品问题；突出共鸣点。[3] 阐明这些差异点的改进为顾客创造最大的价值，回答企业产品中的哪些因素对顾客最有价值。

商业模式层的尽职调查，保护股东价值的壁垒

对创业企业商业模式的尽职调查要了解创业企业的内部组织结构、作业流程、关键业务环节，外部资源整合办法、与供应商等合作伙伴的合作机制，企业的销售与产品服务交付渠道、办法、销售激励机制、如何推广自己的产品或服务，企业现有的资金、资源是否足以支持、企业如何盈利等。好的商业模式，必须能够盈利，能够推行落实。

一个创业企业一开始商业模式是不清晰不完备的。此时，企业或者还在寻找业务，或者有了业务，但并不稳定；一般没有利润，即使有了利润，也不是持续的。只是依靠某种客户关系，或者依靠还未形成竞争力的产品或服务，或者依靠某种偶然的业务契机，形成短期利润。这种短期利润对于作为股东的创业投资者是没有价值的。

只有创业企业形成商业模式，把不稳定的业务变成可复制的业务，把某

---

[1] AAKER D A. Brand leadership [M]. New York: Simon & Schuster, 2009.

[2] RIES A L, TROUT J. Positioning: the battle for your mind [M].New York: McGraw-Hill, 1981.

[3] ANDERSON J et al. Customer value propositions in business markets[J]. Harvard business review, 2006, 84(3): 90-99.

一次业务成功的偶然性转化成某种必然，企业才具备可持续的增长性，才具备长期股权价值。创业投资者才可能把所持有的创业企业的股权卖掉。

因此，创业投资对创业企业商业模式的尽职调查，不仅是为了了解其现有的商业模式（大部分创业企业的商业模式并不成型），更是为了判断未来如果投资这家创业企业，能否与创业团队一起找到并搭建出好的能够保护长期股权价值的商业模式。

一旦企业的业务形成，有了利润，按照波特的竞争理论，竞争者就会进入，或者就会有潜在竞争者或替代产品进入的风险，企业需要建立某种堡垒（壁垒），保护自己的业务与市场，让企业产生可持续的利润，从而保护股东的长期价值，这是商业模式的重要作用。

企业商业模式的意义在于企业的盈利能够持续多久，如何阻止其他竞争者，商业模式的底层逻辑是企业的核心竞争力，核心竞争力决定企业的商业壁垒。核心竞争力是实现商业模式的能力，商业壁垒是通过核心竞争力构筑的其他企业采取类似商业模式进入同一市场的代价。

商业模式的形态可以模仿，但商业模式的内涵是企业在这一商业模式下所形成的核心竞争力。

在完全竞争市场，企业与其产品或服务是类似的，价格由市场决定，企业在竞争中利润趋向于零。在垄断市场，价格由企业决定，堡垒（壁垒）的目的就是为了形成某种垄断，企业的发展就是为了形成某种垄断，至少某一阶段的垄断。

垄断并非一定是贬义，要看垄断是怎样形成的。如果靠行政方式，是反市场的；但如果是依靠创新与商业模式形成的垄断，是符合市场竞争规律的。

或者我们用听起来更中性的词——“护城河”。企业用核心竞争力与商业模式构筑保护自己市场与利润的“护城河”。

根据彼得·蒂尔的观点，可以从以下四个角度来设计商业模式，推动企业具备创造性垄断优势，建立“护城河”：①技术专利；②网络效应；③规模经济；④品牌。

创业企业设计并努力形成这种能够带来垄断优势的商业模式，从而创造性垄断，保护的股东价值，这是创业投资者的利益所在。创业企业只有形成竞争优势，建立阻挡竞争对手、潜在进入者的竞争壁垒，才能实现可持续的利润，否则红海竞争会迅速蚕食利润。有人简明地说，商业模式是赚钱的逻辑，更准确的说法是，商业模式是保证可持续利润的逻辑。

经济可持续增长的唯一道路是提高资源使用效率，最重要的手段是创新。一切新技术、新工艺、新材料、新设备、新方法、新业态都是创新。支撑一个创业企业形成创造性垄断的最重要的也是创新。

首先是科学技术，企业科技水平领先或者有独占性的技术或者有大幅提高资源使用效率的方法。最好不是单点的专利，而是专利束——一系列知识产权壁垒。华为公司、苹果公司、微软公司都不是一个单点的专利，而是知识产权的集群共同形成保护壁垒。一个创业企业在设计商业模式时首先应该思考的是，我的科技能力如何？能不能形成科技壁垒？如何形成科技壁垒？整合哪些资源能够让我形成科技壁垒？一个创业投资在协助创业企业资源整合时，也首先应该思考：我能如何帮助创业企业形成科技壁垒？需要整合哪些科技资源？如何整合这些科技资源？

科学技术是硬实力，技术本身的力量足够强大，让商业模式的其他环节不太重要。

如果一个企业没有办法形成科技壁垒，就需要考虑用其他的网络效应、规模效应与品牌效应创造竞争壁垒。

网络效应是以互联网链接用户与资源中所实现的边际成本递减与用户价值递增。

（1）边际成本递减并趋于零，形成网络平台初始的固定成本较高，但，产品与服务复制的成本低。当互联网链接的客户与资源一旦突破一个临界点，复制得越多，单位成本越低，边际成本趋向于零。对于微信、淘宝而言，多增加一个用户，几乎不增加任何成本。

（2）网络的价值是网络用户数量的平方。地球上发明的第一部电话，基本上没有通信价值，生产出两部电话才有彼此通话的一组价值A—B，生产第3部电话，使价值翻了3倍，可以实现A—B，B—C，C—A，三组不同的通信，4部电话呢？6组不同的通信。扩大网络的用户规模带来的增长是几何倍数的，一旦达到一定的规模会产生一种虹吸的力量，让更多的人加入网络平台，越多的人在网络平台中，网络平台对每一个人越有价值，世界上只有2个人玩微信，微信对于这2个人中的每一个人都只有一个价值，世界上有1亿人在玩微信，微信对于1亿人中的每一个人的价值要大得多，其他人更愿意加入进来。

一个网络一旦形成边际成本递减与用户价值递增的正向因果循环，后来者就很难赶得上他。

一个创业企业在设计商业模式时应该思考：我能不能形成网络效应？如何形成？需要整合哪些资源？一个创业投资在协助创业企业时，应该思考如何整合资源帮助创业企业形成网络效应。

规模效应包括内部规模效应与外部规模效应。内部规模效应是随着企业规模扩大在企业内部引起的收益增加，当然规模扩大是有边界的。外部规模效应，包括由行业地理位置的集中所带来的外部规模效应，在同一产业大量的企业集中，一个国家或一个地区出现较大的产业规模，能提高每一个企业的效率，降低其成本，增加其收入；包括行业内每个企业从整个行业的规模扩大中获得更多的知识积累，企业相互学习、启发、知识共享。企业实现规模效应可以形成竞争壁垒。

品牌是企业的外部利益相关者脑海中对企业与其产品（服务）的主观感知，是产品（服务）与市场（客户）交易中解决信息不对称的良方，是企业的承诺，能够提高企业或产品（服务）的注意力与影响力，从而提高市场的议价能力，提高企业的竞争力。如果企业是一座“冰山”，品牌就是“冰山”露出海平面的部分。一般“冰山”越大，品牌越高。也有“冰山”不大，但露出海平面的部分很高。这种瘦高的“冰山”，不够坚实。也有“冰山”很大，露出来的很少。企业内功决定外在表现，品牌是果，不是因。但是，品牌对企业有反作用。一个创业企业形成品牌，哪怕一开始并不扎实，也可以通过品牌优势，更高效地集聚资源，夯实内功基础。本书在第一章说过注意力资源的价值，在这个信息冗余的时代，品牌让你在众多的类似的竞争者脱颖而出，获得更多的资源，占据更大的优势，形成更强的品牌，品牌效应也存在正向因果循环。这是一个出位的时代，明星胜者通吃。创业企业在打造企业品牌，创业者在打造个人品牌，创业投资者也在包装个人品牌。

人力资本层的尽职调查，企业的组织智商

人力资本层的尽职调查，简单地说，就是看团队，所谓投资就是投团队，是选择创业企业的团队。

通过以下几个方面判断团队：①股权结构，创始人、联合创始人、高管的股权或期权，是否主次分明、主次合理，既有明确的核心创始人，又能体现团队的共同利益；②中层结构，创业企业的商业模式、战略最终要靠中层执行推动，中层是否结构合理，优势互补，团结协作，专业背景、有合作经历或者过去的工作经历具有互补性。

当然，由于创业企业存在时间短，不可能有完善的股权结构、中层结构，但通过和企业创始人（团队）的沟通，可以大致分析判断这个企业未来能否形成良好的团队结构。

重点是分析现有团队，判断团队是否形成明确的共同目标，具备怎样的结构，每个人的能力如何，彼此之间在知识、经验、能力、性格上的互补性，对待创业企业、对待事业、对待自己人生的态度，承担压力、责任、挫折的意志，团队成员之间的协作性、配合的默契性，是否形成共享价值观，价值观的内容是什么。

团队的价值既在于每一个人，能力、态度、意志，情商、智商、逆商

（对待逆境的商数）；又在于人与人的联合与协作，在于组织智商（见图5-5）。

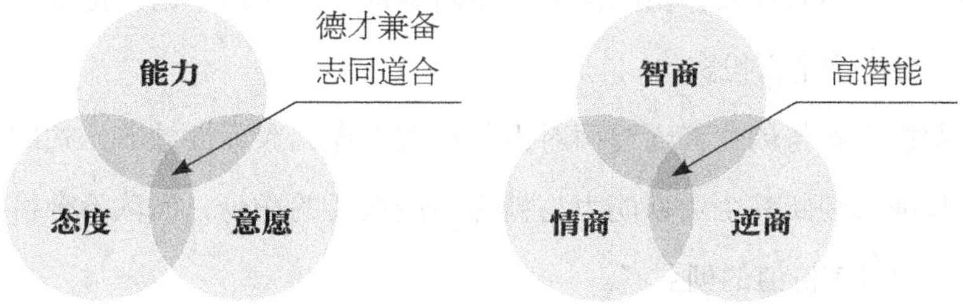

图5-5　团队的价值

组织智商是组织调动其所有智慧的能力。团队不是田径代表队，一个团队的成绩不是跳高、跳远、跑步各项田径运动的奖牌总数与成绩相加；团队是“足球队”，成绩是“十一个人”的智慧、技术、体能、奋斗及战术配合所共同赢得的胜利。“十一个人”中有大牌球员但如果成员之间有矛盾，未必能战胜一支没有大牌明星，但配合默契的球队。当然，最好的团队像巴塞罗那足球俱乐部，每一个球员都是高手，配合与整体技战术也出类拔萃。这就是组织智商。

如果一个团队只有一个或几个高手，企业可以雇佣他们，竞争对手可以挖角，因为价值就在他们身上。但是，如果一个团队形成组织智商，雇佣一个人或是雇佣几个人仍然无法带走核心竞争力，因为价值不仅在他们身上，也在于他们与组织其他成员之间的连接与协作上，甚至挖走的这几个人，由于失去了原来在组织智商中的来自其他团队成员的有效支撑，其个人价值也会缩水。所以，组织智商是一个企业的核心竞争力，别人偷不走、挖不走、难以复制模仿的能力。

企业家层的尽职调查

创业者的企业家能力与企业家精神决定人力资本团队价值与组织智商，

进而决定商业模式的设计与落地、产品或服务的水平、市场与客户的绩效、财务数据，这是创业企业内在价值的因果链，创业投资分析创业企业的过程是由表及里，不断深入，由果推因，不断验证上一层的结论，挖掘下一层的价值，最终决定是否投资。

创业投资者与创业者通过面对面的正式沟通、人际接触非正式的沟通、观察、验证、判断其企业家能力与精神是最重要的一步，淘汰不合格的创业企业，投中最有价值的创业者。

很多创业者都有接触创业投资者的经验，掌握了应对创业投资者的技巧，知道创业投资者关注什么，想要什么，会把自己包装成创业投资者欣赏的风格、看重的素质。所以，创业投资者对创业者的考察，不是听他做报告，**而是像新闻记者调查一样，深入地探究问题，要有提问技巧，要通过问题的因果链，验证答案。有正式提问，有闲聊；有问题的逐层深入，也有闲聊的旁敲侧击**。

第一，考察创业者的企业家能力。

我们在第一章中讨论过，企业家能力包括洞察力、创新力、统率力、决策力。听创业者说如何分析市场、分析趋势、分析需求、分析行业痛点、分析竞争对手，以及判断他的洞察力；听创业者说如何设计产品与服务，对市场痛点的解决方案，如何研发、如何生产、如何营销、如何设计并培育商业模式，了解他在思维习惯中的创新力；听创业者说如何找人、如何聚人、如何调动人、如何搭建团队、判断他的统率力；听创业者说如何制定战略，在战略创新中如何汇总别人的意见又如何坚持意见；了解他的决策过程、决策模式与决策心理；了解他在决策中的最终标准所反映的信念与价值观，判断他的决策力。

企业家可以创新力稍弱，可以洞察力稍差，只要他有统率力，能找到富有创新力与洞察力的团队骨干成员，弥补整个团队的创新力与洞察力。但是，他不能找到一个人替他决策，必须由他本人做出最后的决策，承担所有的风险、所有的责任、所有的压力。

所以，决策力既可以理解为一种企业家能力，也可以理解为是一种企业家精神，是一种精神力量，源自企业家的自身追求和价值观。

创业者确定企业的成长方向，确定企业做事的原则底线，确定企业的轻重缓急的最终标准源自他的价值观。

有些创业者你听他的理想宏大，但做事的技巧大于原则，并无信念。创业者口头描述的自己未必反映内心真正的基石价值，有时甚至自己都相信自己口头的描述，但在决策时和口头上的描述并不一致。

创业投资者要了解创业者的人生成长、性格、追求、价值观念、兴趣、待人处世的原则。

这里要说明：决策力是先天与后天综合作用形成的。即使创业者一开始决策力不突出，在创业后，也不得不面临一系列的决策，决策是选择，在多重目标下判断轻重缓急，在两难中取舍。

古人决策前求助于神、巫、蓍草与龟甲，这说明决策之难，也说明决策之易，既然可以根据神谕来拍板，企业家也可以根据直觉来决策，然后承担决策的后果，必须承担，哪怕错误。在不断决策，不断检验决策结果，不断承担压力与痛苦的过程中，企业家的决策经验提升，**决策力是可以通过后天提升的。**

一个创业者勇于决策，虽然在初始决策时，他对决策的结果是不确定的，但在选择中成功了，找到了决策的自信，培养了直觉，形成一种正反馈，更敢于面对两难，更敢于承担风险，在决策时的精神意念状态会越来越好。

相反，另一个不太幸运的创业者连续几次决策失误，容易失去自信，至少无法达到最好的决策意念状态，这形成一种负反馈。**成功可以使人更优秀，成功是优秀的充分条件；优秀未必成功，优秀只是成功的必要条件，甚至不是最重要的条件。**

创业投资者对创业者选择的决策同样如此。

第二，判断创业者的企业家精神。

除了分析影响他的决策力的价值观、信念、准则，还要考察他的分享心。**创业者如何聚合团队、培养团队，取决于他的分享心，是否乐于分享，是否善于分享。**

（1）观念分享。让自己的价值观、信念、准则、追求，通过分享为团队所理解、所认同，形成企业的核心价值观。詹姆斯·柯林斯认为：“核心价值观是公司基本和长期的宗旨，是一套一般性的指导原则，不能把它跟具体的生产与经营做法混为一谈，不能为了短期的好处和经济利益而放弃之。”基于核心价值观，创业者要为自己的团队建立一种鼓励分享、合作、信任的企业文化。

（2）知识分享。让自己的知识、经验、能力，包括显性知识和隐性知识，通过分享让团队学习、积累。创业者不仅是实现自我价值，更重要的是追求企业成长，不能保密个人的知识，而应极力推动知识共享，为团队的能力进行投资。不仅自己的知识、经验、能力积极分享，同时通过机制设计，激励团队其他成员把自己的知识、经验、能力拿出来与大家分享，将这些智力资本、社会资本外化成模板、方法论、数据库、工具体系，促进企业的组织智商与核心竞争力的形成。

（3）责权利分享。**责权利分享是最重要的分享，管理的核心是分配，物质与精神利益的分配，权利与义务的分配，工作与职责的分配。**

判断企业家精神，要看企业家的创新精神，创新不仅是企业家的一种能力，也是企业家的一种精神。创业者可以在技术研发、商业模式设计上的创新能力不突出，但不能没有创新精神。

创业企业处于生死攸关中，需要创业者始终鼓舞员工共同创新，勇于改革，避免企业形成惯性后的惰性。创业者是企业创新的组织者，其创新精神是企业成长的原动力。团队的人力资本的价值在创新精神和外界刺激的共同驱动下，不断推动企业成长，又促使自身价值提升，构成不断上升的螺旋。

与其说创业投资是投资创业企业，不如说，创业投资最终是投资企业家精神与企业家能力。创业投资者对创业企业的剖析、遴选，透过财务、市场与客户、产品与服务、商业模式、团队人力资本的表象，探寻并评判创业者的价值。**创业投资所购买的标的是创业企业的股权，更是创业者的企业家能力与精神**。股权是载体与纽带，把创业投资与创业者连接在一起。

〉〉 为了合作的博弈

创业投资者通过尽职调查的正式沟通与非正式沟通，尽可能全面完整真实准确地掌握创业企业的信息，选择符合创业投资遴选标准的，进入下一个阶段——投资阶段。

投资阶段主要包括三个步骤：交易谈判、投资决策、投资交易。

第一个步骤是交易谈判，其是一个博弈的过程。博弈是从下棋引申出来的概念：双方根据所掌握的信息、对自身能力的认知、对另一方选择的判断，做出对自己有利的选择并加以实施，取得对应各自选择的结果或收益。

此时，创业投资与创业企业还未合作，形成利益共同体，卡夫莱和珊妮论证了创业投资者和创业者之间存在类似囚徒困境模型的博弈关系，创业者有机会主义的潜在可能。阿吉翁和布莱尼奥认为，创业者不仅需要创业企业未来的货币收益，也需要自己的荣誉、职位、权力、职业兴趣、成就感等非货币报酬；而创业投资者更关心创业企业能带来的货币收益，双方的目标有潜在冲突。

现实中，创业投资者会保留、隐藏信息，甚至扭曲、夸大信息。保留信息是为了在博弈中处于信息优势，夸大信息是为了在谈判中获得更高的估值。

在博弈时，双方还在相互选择，创业企业或许同时在与几家创业投资沟通与谈判，创业投资或许也在几家相似的创业企业中进行比较，寻找更大利益的可能方案，双方都希望争取对自己更优的条件。只有找到一个双方都认为的最佳对象或者是特定时间空间条件限制下的最佳对象时，才会停止搜寻其他的潜在合作者，做出合作的承诺。

创业投资者与创业者之间的博弈不是一次性的交易，而是选择长期合作伙伴，是为了合作的博弈。

表5-2整理了部分国内外学者对创业投资与创业企业博弈的要点。

表5-2 创业投资与创业企业博弈的要点

学者	内容摘要
霍尔珀林、杜普里、赫曼森和拉尼尔（1988年）	投资金额; 股权的形式与数量; 防止股票被稀释的规定; 主要人员雇用的条件; 创业投资参与管理 主要人员的保险; 买卖股票的协定; 注册权
白俊男（1991年）	创业投资取得股权的方式、股权的保障方式等; 创业投资参与经营程度和范围; 创业企业股权转让与出售的规定; 创业投资撤股的时机与方式，即股票上市的要求权、股权移转等情况的规范; 经营者违约经营而致损失的赔偿方式; 诉讼发生时的仲裁方式
刘常勇（1997年）	股权形式、价格、数量。股权形式有普通股、普通股附回购、优先股、可转让特别股、附转换权或认股权证的公司债; 股权保障方式。创业投资为降低风险、保障股权，通常会在协议书上明确股权保障方式，主要内容包括:董监事席位分配、董事会的权利义务与财务责任（如背书、保证）、重大资本预算的核准与确认方式; 创业投资对于技术股价值认定以及技术股所具有权利的限制与应承担责任也会有所要求。还有为防止股权稀释或资本结构变动，创业投资有时还会要求对于新增投资方式具有认可或否决的权力; 资金撤回时机与方式。即对于创业投资回收年限、出售持股的时机与规范、融资企业股票上市的时机与方式、或是融资企业无法达成预期财务目标时所应承担的责任等事宜; 参与经营管理的方式。对于创业投资参与决策以及协助经营管理的范围与程度加以确认，主要经理人指派权也是协议的重要事项

续表

学者	内容摘要
柯美满（2003年）	资本总额、股权比例、后续现金、利润、盈余及公积金转增资的规范； 技术作价的规范；具备何种条件可以技术作价投资、技术作价比率及相对现金投资额、技术作价股权的保管及实现条件；组织与经营管理的约定；创业公司股份的转移方式及其限制； 撤资权：规范在何种情形下创业投资中途撤资，及撤资时要求创业公司或创业者买回股权的计算方式

概括而言，创业投资者与创业者博弈的重点包括四个方面。

（1）创业企业的估值与投资价格。投资是一种交易，交易最重要的是价格。创业投资购买创业企业的股权，价格低，未来的收益可能性更大，亏损风险更小，价格取决于价值，创业投资对创业企业的价值进行估值。

（2）创业投资的保障。投资的保障，主要是为了降低创业投资的资金风险，降低创业企业家的道德风险。包括：投资股权的方式，如可转换优先股、可转换债券、分阶段投资等；撤资权、董监事席位、赔偿方式、防止股权稀释或资本结构变动等保障投资者利益的条款。有的创业投资更侧重对董事会的控制，有的创业投资偏好可转换优先股、可转换债券。

可转换优先股是在优先股的基础上赋予投资者按事先确定的转换比例将优先股转换为普通股的选择权。转换之前的优先股在清偿顺序和收益分配顺序上先于普通股，投资人利益得到优先保护。可转换债券兼具债权和股权的双重性质，当创业企业达到约定条件时，创业投资将债权转化为股权投资。

可转换优先股、可转换债券是允许创业投资者将持有的创业企业股份，在优先股、普通股、债权之间做选择。可以选择作为优先股，获得事前约定的利率回报，当创业企业解散、破产、清算时，先于其他普通股股东分取剩余资产。可以选择作为债权，要求创业企业或创业者在某种情况下赎回股权，还本付息，从而保证投资本金安全。在创业企业经营向好时，可以选择作为普通股，分享企业的增长潜力。此外，创业投资可选择放弃表决权，保证创业者在获得资金的同时仍拥有对企业的控制权。可转换安排作为创业投资者和创业者之间的利益调节机制，起到控制风险、保护投资和激励创业企业家等多方面作用。

由于创业投资者对创业企业的信息占有量一定少于创业者，双方对于创业企业的实际经营与未来发展存在不对称信息；创业投资者在博弈中提出可转换优先股或可转换债券的安排，如果创业者选择接受这一条款，说明创业者对自己企业的未来有信心；如果创业者拒绝，说明创业者对自己企业的未来信心不足。如果未来企业的业绩较差，可转换机制把部分风险的成本转移给了创业者，对创业者形成激励性补偿和甄别的双重机制。

创业投资在发达国家经过几十年的沉淀，形成一整套相对完备的对自身投资利益进行保护的契约条款，如可转换机制、对赌性条款等。

此外，还有对创业企业增发新股的认购权及价格的约定条款，创业投资者对增发的新股具有约定的认购优先权，有的甚至提前锁定认购价格。

反稀释主要对创业投资机构入资时的股权价值进行保证，在股权结构上，防止创业投资的股权价值随着企业增发被摊薄，有的反稀释规定创业投资的持股比例不变。在发生股票转让时，其具有按比例优先购买的权利；在增发新股时，创业投资相应追加投资，保持股比；还有对创业企业后续融资价格的约定，即创业企业后期融资时，投资价格不得低于之前创业投资的入股价格，或者允许创业投资以最低价格或按股份的加权平均价格获得转股，以防止创业投资在后续融资过程中股权价值被摊薄。

这些保护创业投资的条款对于创业者而言是一种约束，也是创业投资在谈判中对于创业企业的一种试探，以进一步验证尽职调查得到的判断。

（3）双方对创业企业的控制权。创业投资对创业企业的控制权指创业投资者对创业企业参与经营管理、参与决策的程度与范围。创业投资最重要的价值之一是为创业企业提供服务，一般通过董事会参与企业治理。但是，任何事物都有两面性。

正的方面，创业投资者参与经营管理对于创业企业是有价值的，创业企业获得创业投资带来的各种资源与能力，促进创业企业的成长。创业投资者近距离参与经营管理，也是在监督创业者，保护自身投资。

反的方面，创业投资者参与创业企业经营管理涉及创业者的权利范围。德姆塞茨认为，企业控制权是一组排他性使用和处置企业稀缺资源（包括财务资源和人力资源）的权利束，有些权利分配给了创业投资者，创业者的权利就减少了，这势必产生矛盾。

创业投资者有时要求相对于其股权比例而言更大的控制权，可能只持有创业企业5%~10%的股权，是小股东，但对创业企业的对外投资、财务、重大战略方向提出要求，甚至会要求其在董事会有一票否决权。创业者与创业投资者不得不就权利与利益的分配进行权衡，为了获得较大的权利，放弃一些利益，或者为了获得利益，放弃较大的权利。

但是，也有创业者为了保有较大的股权，甚至赋予创业投资者在经营管理层面解聘自己的权利，从外部寻找更好的职业经理人代替自己担任首席执行官。控制权在创业投资者与创业者之间的配置权重根据企业的发展绩效在不同阶段调整。

（4）对双方退出的约定。创业投资如何退出，股份转让的对象与方式，防止创业投资退出带来的估值或者股价的大幅波动，防止将创业企业股权转让给创业者不接受的股东，如竞争对手、上下游关联方等。

估值，是科学、更是感觉

创业投资者对创业企业的价值估值是双方协商投资价格的依据，最终的投资价格取决于双方合作的意愿与谈判。估值基于尽职调查。

企业价值包括：账面价值、内在价值、市场价值、清算价格。

账面价值是企业现有的净资产，反映历史的、静态的企业资产，并不反映企业未来的获利能力，且没有考虑通货膨胀、资产的功能性贬值和经济性贬值等因素的影响，难以反映企业的真实价值。

内在价值是其未来的现金流量的折现值。根据资本资产定价模型，企业的内在价值等于其未来可预期现金收入的折现值，这一理论已成为现代金融学的基础理论。但是，在实践中，很难采用这种方法评估创业企业。创业企业的收入不稳定甚至没有收入，没有利润或者微乎其微，未来的现金流依靠不准确的预测。内在价值实际确定具有很大的主观性，甚至不具备操作性。

市场价值是指企业在资本市场的价格。上市公司的市场价格很清晰，在发达的资本市场，由于信息披露充分，市场机制完善，市场价值和内在价值具有较强的一致性，但也常常发生偏离。创业投资机构投资参股创业企业，投资的价格也是创业企业的市场价值。

清算价格是指企业停止经营，变卖企业所有资产减去所有负债后的现金余额。清算价值不是对企业一般意义上价值的揭示，比如说上市公司，资不抵债仍然有资本愿意接手，甚至承担负债的包袱。这说明这个企业的内在价值还有可以挖掘的地方。

估值是评估创业企业的内在价值，估值的方法有成本法、市场比较法和收益法。

成本法是指估测资产的重置或再生产成本，再扣除价值损耗。对创业企业的资产重置的准确估值很难，创业企业有形资产有限，甚至几乎为零，无形资产价值评估难以准确量化。外购的无形资产可以通过交易金额量化，但自创的无形资产，难以用成本法衡量，而且有的无形资产，如专利、商标、品牌、专营权等，是可辨认的，有的无形资产，如管理能力、产品（服务）质量、企业文化等是不可辨认的，更难以评估重置成本。而且，按照成本法，创业企业由于存在时间短，资产重置成本小，创业企业采用成本法估值低，创业企业不接受，实践中成本法很少采用。

市场比较法是在市场上找出一个或几个与被评估企业相同或近似的参照企业，在分析、比较两者之间重要指标的基础上，修正、调整、确定被评估企业的价值。运用市场法的评估重点是选择可比企业和确定可比指标。选择可比企业，通常依靠行业标准，确定可比指标，主要是息税前利润、无负债净现金流量、销售收入。

收益法是估算被评估资产在未来期间的预期收益，选择使用一定的折现率，将未来收益一一折成评估基准日的现值，用各期未来收益现值累加之和作为评估对象价值。收益法的核心问题是确定预期收益额、未来收益期、折现率。对预期收益需要结合企业发展战略规划，但一般企业的规划比较乐观，要分析引起未来增长的各项因素，很难准确量化。折现率对最终估值的敏感度很高，现实中怎样确定也没有客观标准。

美国人博克斯提出的博克斯法，对创业企业的成果用金额度量进行价值评估。创业企业有一个好的创意价值100万美元，有一个好的商业模式价值100万美元，有一个优秀的管理团队价值100万~200万美元，一个优秀的董事会价值100万美元。有巨大的产品前景价值100万美元，最终给出一个总体估值。这种价值估值方法虽然不准确，但可以为创业企业估值提供一种思路。

天使投资对传统企业的估值一般为200万~500万美元，如果创业企业估值低于200万，表明企业没有多大发展前景；如果估值高于500万，天使投资成本高。互联网企业发展迅速，对创业企业的估值范围增加到200万~1000万美元，甚至有的天使投资把上限提到2000万美元。

风险因素汇总估算法是美国常用的估值方法。创业投资者对12种风险因素，包括管理、企业发展阶段、政治、生产、销售、融资、竞争、技术、诉讼风险、国际声誉及退出渠道综合评价。根据风险程度打分，分值为：+2，+1，0，-1，-2（数值越大表明风险越低），得出的总数乘以25万美元，再比较企业所在地区、行业的平均交易前估值得出企业估值。

企业不同的商业模式也有不同的估值模式。重资产型企业，如传统制造业，一般以净资产估值方式为主，盈利估值方式为辅；轻资产型企业（如服务业），以盈利估值方式为主，净资产估值方式为辅；高科技企业，以市场份额为远景考量，以市销率为主；其中，互联网企业，以用户数（黏性用户）、点击数（使用频次与时长）为重要考量因素。

此外，企业估值与股权投资市场的供需关系有关，有很多同类的创业企业可供选择，估值就低，有很多创业投资机构在追同一家创业企业，估值就高。创业企业已经有用户、现金流、增长速度快估值就高。创始人和核心团队之前的创业经验、从业背景、社会资源、特殊才能、信誉也是影响估值的重要因素。

对赌，用处大吗

对赌协议是创业投资者与创业者对未来不确定情况的一种双向约定。如果约定的条件出现，创业投资可以行使一种权利，包括估值调整或者要求创业者补偿；如果约定的条件不出现，创业者或创业企业行使一种权利，包括估值调整或者要求创业投资补偿。对赌协议实际是一种期权形式。

通常以创业企业未来的业绩与上市时间作为对赌的主要内容，对应的对赌方式主要有估值调整、业绩补偿与股权回购。

估值调整与业绩补偿是根据约定时间创业企业的业绩调整事前给出的估值。如果创业企业达不到约定的业绩时，按照一定的比例计算，对估值进行调整，退还创业投资相应数量的资金或增加创业投资相应比例的股权。

业绩标准一般包括利润、收入等财务指标，客户数量、市场占有率等市场与客户层指标，取得技术专利、实现产品迭代等产品与服务层指标，以及增长速度、符合上市条件等指标。设定业绩目标要合理，并有一定的范围区间，配套必要的兜底或免责条款。

对估值的调整，包括：①股权补偿，根据创业企业实际业绩与约定标准未达成、达成或超额达成，相应调整创业投资、创始股东各方的股权比例，以体现补偿，约定标准未达成，减少创始股东的股比，约定标准超额达成，增加创始股东的股比；②货币补偿，根据约定的条件和计算方法，对照实际业绩，没完成业绩创始股东给创业投资补偿现金，完成业绩，创业投资给创始股东补偿现金；③权力调整，如投票权，未实现对赌约定业绩，对创业者的全部或部分投票权给予限制，在超额完成约定业绩，对创业者的投票权给予优待，甚至在触发某些条款时，改变创业企业治理席位，对董事、监事、高管等人员加以调整。控制权是对赌设计中的核心问题之一。创业企业应设定控制权保障条款，保证最低限度的控股地位，一般不因为对赌而失去企业。

股权回购是创业企业没有完成事前约定的发展目标，创业投资机构有权要求创业企业或创始股东回购创业投资所持的股权。回购是底线条款，意味创业投资者从创业企业中退出。

对赌源自创业企业未来的不确定性、创业投资者与创业者对创业企业的信息不对称性，为控制创业投资的风险，是激励创业者的一种较好的制度安排。但是，实践中并非一赌就灵。

第一，怎么判定创业者没有完成约定业绩的原因，是创业者的努力不够、创业企业存在硬伤、外部环境使然，还是几种因素的叠加？怎么判断创业企业未来的发展，业绩能否大幅改善，还是只能如此，甚至更糟。如果创业企业存在硬伤，未来业绩不会改善，对赌也解决不了创业企业的问题。

第二，如果创业企业存在硬伤、未来业绩不会改善，创业投资者可以根据对赌安排调整估值。如何调整？是获得创业企业更多的股权补偿，这可能是累赘；获得创业者的现金补偿，这也很难。创业者往往缺少现金，创业企业如果业绩不好，就会更缺钱。那么，创业投资者获得创业企业更大投票权又有何用，创业投资者不可能自己去经营这家企业。

第三，回购股权，如果创业企业仍有价值，创业投资者不愿意股权被回购；如果创业企业没有价值，创业者也不愿意回购。确实有协议约定，创业投资者强制创业者回购，甚至起诉，但如果创业者没钱的话，不管是真没钱，还是名下没钱，这种官司很难有一个满意的结果。

现实中的调整方案一般有：采取围绕终极目标、设定分期节点目标、分解过程、分期对赌、在某一期没有实现业绩通过下一期进行补偿。而且，赋予双方更多选择权，设计多层次、多选甚至是多种对赌工具交叉的替代方案，为双方留下更大的余地和空间。

投资决策委员会，如何面对分歧

经过谈判，创业投资者与创业者就创业企业估值、投资与融资金额、所占股比例、董事会席位、投票表决权、防稀释权、未来业绩、可转债与可转换优先股、对赌、回赎、退出等方面达成初步的一致意见。

创业投资者召开投资决策委员（以下简称“投委会”）对最终是否投资进行拍板。负责某个创业企业的项目团队在投委会上对企业的尽调结论、谈判所初步达成的条款清单进行汇报，并回答投委会的提问。

投委会根据议事规则进行投票通过后，设计交易架构、落实合同细节、准备法律文书、签署交易文件、进行资金划拨与股权变更。

投资决策时，没有人能百分之百确定一家创业企业一定可以上市。投资前的初选、尽职调查、价值评估，并非伯乐相马，很难慧眼识珠，决策常常失败，有错选，也有错过。

但是，随着创业投资者的选择，一些创业企业得到创业投资者的资本与服务的支持，获得成长，走向成功。这是创业投资者调查、分析、评估、选择并投资创业企业的意义——“发现价值”。

可以说，在投委会做出投资决策的那一刻，一个创业企业的价值通过投资赋予被发现了，即使未来这个企业失败了，也曾被价值发现过。

当然，投委会一般由多人组成，如果投委会出现意见分歧呢？当然，投委会议事规则规定，少数服从多数。

投委会中有人反对，有人同意，说明对这个企业的判断不一致，只是采取简单的少数服从多数未必科学，也许真理在少数人手里。这个时候，一定需要深入讨论，陈述各自的理由，争取达成对创业企业更深层次的理解与判断，而不仅是举手表决。但是，讨论并不容易，当一个声音先出现时，是否影响另一个人的独立判断？当彼此存在人情与面子时，是否能够坚持己见，据理力争？或者因观点之争变成情绪之争，从而影响客观性？当某一个人有特别强的说服力，是否代表他的判断力一定更好？

一方面，要求投委会成员尽可能地理智、公正、客观、认真，发挥专业性，承担对应权利的责任；另一方面，借鉴罗伯特议事规则，设计讨论的方式、规则，使讨论始终聚焦核心——创业企业是否值得以目前的合作条款投资。

经过充分讨论，还不能使意见接近一致，如果时间允许，建议召集人尽快组织二次上会，在二次上会前，给投委会成员进一步思考的时间，以及收集佐证自己观点的材料，争取二次上会形成更统一、更科学的意见。如果二次上会仍难以达成一致，那只能通过投票表决。如果时间不允许二次上会，也可采取直接表决的方式。

》投资后，监管与服务

投资后管理包括两个方面。

一是投资后监管。有的创业企业接受创业投资者委任董事或监事，参与创业企业治理，参与企业重大决策、重大财务支出表决；有的创业企业不希望创业投资者干扰管理与决策，但创业投资者会派出投资后管理团队监督企业运营，定期了解创业企业的运营状况，获取其财务报表、“三会”决议等文件，了解创业企业的财务与运营状况、客户与员工关系，当出现重大不利或重大变化时，向创业投资机构汇报，并与创业企业协商解决。

投资后监管需要了解创业企业的月度、季度、半年度、年度的财务报表，对创业企业实施动态监控，及时了解重大经营合同、重大投资融资活动、重要管理人员的变动及其他可能对创业企业生产经营、业绩、资产等产生重大影响的事宜。

创业投资机构派出人员参与创业企业经营管理的，派出人员应按季度提交被投企业的分析报告；当出现影响投资安全的重大事项时，及时汇报。未派出人员参与管理的，由项目团队定期、不定期现场走访企业，了解经营、财务情况，索要财务报表、市场报告等。

二是增值服务。帮助创业企业确定发展战略、商业模式，引进技术、客户、项目，推荐人才、搭建团队、制订人才激励方案，拓展市场关系、政府关系、同业关系、搭建联盟，帮助创业企业发现新的机会，联络银行以及其他股权投资人，进行后续融资。

我认为创业投资者最重要的作用是通过增值服务促进创业企业的价值，从而创造价值，投资后管理的核心是培育价值。

创业投资者开展投资后管理一般有三种模式。

（1）投资前和投资后一体化。投资项目经理既负责投资前的尽职调查、投资中的交易，也负责投资后的监督和增值服务，这是中小型创业投资机构普遍采用的模式。该模式的优势是投资经理对项目充分了解，能够有针对性地持续跟踪和改进，并容易与投资经理的绩效直接挂钩，对项目团队的投资后工作有一定激励性；缺点是随着投资项目数量的增长，投资经理经历与能力受限，难以提供更深入的增值服务。

（2）专业化投资后管理。创业投资机构成立独立的投资后管理团队，专门负责投资后事务。更系统地帮助创业企业进行资源对接、更深入地洞察企业经营管理问题，更积极地参与企业运营。该模式的优势是投资后团队持续地专注帮助企业解决各类经营管理问题，提升企业价值；缺点是绩效评估的界定较难，企业价值的提升是投资前投得好，还是投资后增值服务的结果，绩效界定的问题影响对投资前团队、投资后团队的激励机制的设计。

（3）外部专业化。随着创业投资基金的发展，所投资的创业企业越来越多，而且某些创业投资基金的投资从垂直领域走向多元化组合，出现不同行业的受资企业，面临不同的战略、业务和管理问题，需要更加专业化的投资后管理团队。部分创业投资机构探索出外部专业化模式，将管理提升任务交给外部的咨询公司，或者将投资后团队分离，独立成立管理咨询公司，使其在绩效考核、费用核算与投资组合脱钩，转而向受资企业收费，形成新的合作模式。

以上三种模式适应的机构类型和发展阶段各不相同，选择哪种模式由创业投资机构根据实际决策。

提高创业投资的投资后管理，包括监管与增值服务的水平，要注意两点。

一是投资前与投资后相互促进。投资前要形成初步的投资后管理计划，尤其是通过增值服务培育创业企业价值的计划，在投资达成后开展行动，推动创业企业发展。投资后管理为投资前总结尽职调查的偏差及其原因，以及价值评估的偏差及其原因、投资决策的得失等，通过对所投资的案例进行分析，尤其是对投资失败的案例的反思、梳理，进一步完善尽职调查的方法、筛选评估的标准、谈判的技巧、决策的模式，提高今后投资的成功率。

二是建立规范化、流程化的投资后管理机制。投资纪律决定投资结果，投资后管理也需要加强规范。建立流程化的投资后管理机制，规避风险，提高内部协同效率，使创业机构形成集约化、精细化的投资后管理能力。

退出是阶段性的投资价值确认

创业投资是以退出为目的。退出实现创业投资的价值；同时，退出也明确了创业企业的投资价值。

在发现价值环节，创业投资者并非慧眼识珠的伯乐，只能相对客观、深刻、全面地分析、评估创业企业，并做出选择，投资或者不投资，不可能百发百中，只能追求高于平均水平的命中率。

在价值培育环节，创业投资者也并非“点石成金的圣手”，只能努力为创业企业注入资本、整合资源、提供支持，并不能保证一定能够帮助其成长，增值其股权价值。

因此，在价值实现环节，大多数退出并不能为创业投资者带回投资的回报，而是尽可能地回收资金。但是，即使是失败的投资，也实现了其价值——确认了一家创业企业究竟有多大的投资价值。

在创业投资机构投资之前，一家创业企业有无投资价值是内隐的，创业投资者通过价值估值与真实交易赋予了这家创业企业市场价值；在创业投资机构退出前，一家创业企业的投资价值到底有多大是不确定的，创业投资通过资本市场转让或创业企业及其股东回购，确认了这家企业的真实价值。

确认两个字很重要，创业企业是风险企业，存在不确定性，创业投资是风险投资，承担不确定性。确认是通过创业投资者的选择、投资、管理，使创业企业的投资价值更加确定。

失败，也是一种确认。创业投资者对社会的价值是通过自身承担风险，而减少了其他投资者的风险。虽然不能“点石成金”，但可以通过投资“赌石头”，并通过“剖析石头”，找到并雕琢成“美玉”，或者剖开，证明那只是一块无法成“美玉”的“顽石”。

创业投资者通过构建合作网络，联系投行、券商、相关行业上市公司、其他战略投资人、其他财务投资人、国际国内行业巨头等，为所投资的创业企业的股权寻找合适的退出方式，如通过公开上市、新三板挂牌、并购重组转让等。

在投资前，创业投资者需要思考退出方式，并在投资后引导创业企业按照设计的退出方式发展，直至实现退出。公开上市退出一般收益更高，但在我国公开上市的时间与规则很难自主，退出渠道不畅。并购更多由市场机制决定，相对更灵活，越来越受欢迎。

创业投资者通过多种方式推动并购，如联合上市公司建立创业投资并购基金，为上市公司做买手，通过创业投资基金投资不成熟的创业企业，注入资本，对创业企业资源重组、规范治理、提升创业企业的业绩，使其更符合上市公司的并购要求，再转卖给上市公司。

当创业投资者确认创业企业难以达到预期的价值时，就要确认损失。根据创业投资者与创业企业签订的对赌与回购的条款，争取创业企业或其创始股东、管理层回购创业投资者所占的股权。好的情况是溢价收购，保证创业投资者的本金及资金的时间成本（利息）。但是，实际上，创业企业没能达到发展预期，股权价值贬值，创始股东或管理层不愿或者没有足够的能力回购已经贬值的股权。协议双方选择通过谈判的方式，创业投资者的目标是能保证本金，有时甚至需要打折回购回笼部分资金。如果创业企业的经营情况更糟，走向破产，很多独角兽企业甚至会迅速衰退，走向灭亡。创业投资者只能确认亏损，创业本来就是九死一生，创业投资者也只是“赌石”，错了也就错了。

第六章
创业投资的商业模式是什么

创业投资者应该是商业模式建模的高手，因为可以调查、分析、评估数以百计的创业企业的商业模式，并协助设计与完善所投资的创业企业的商业模式。

但是，创业投资者自己的商业模式是什么？谁是创业投资者的客户？什么是创业投资者的价值主张？创业投资者如何盈利？却往往并无定论。

理解创业投资者的商业模式要回答四个问题：①顾客层面：客户是谁？需求是什么？ ②价值主张层面：创业投资者的产品（服务）是什么？能给客户带来怎样的价值？③企业层面：创业投资者怎样整合内外部资源，核心能力是什么，怎样形成核心能力，怎样提供产品（服务）？④盈利模式层面：创业投资者如何盈利？

〉〉 创业投资者的免费客户与付费客户

我曾经在一个创业投资的讲座上问过创业投资者：谁是你们的客户？有人说是有限合伙人，是出资者；有人说是被投资企业。出资者是创业投资者的客户，还是合伙人？被投资企业是创业投资者的客户吗？

首先要定义什么是企业的客户。一般而言，客户是为满足自身需求购买企业产品或服务的人或者组织。根据这个定义，虽然创业投资者为被投的创业企业提供服务，但是由于创业企业并不付费购买创业投资者的服务，相反创业投资者还向创业企业提供发展所需的资本。被投资创业企业是创业投资者的客户吗？显然不是。

在新时代的商业模式中，“客户是为满足自身需求购买企业产品或服务的人或者组织”这个定义并不全面。我们收听广播电台提供的节目服务并不付费，替我们买单的是广告主，广播电台获得了我们对其广告的注意力资源，把它卖给了广告主。双边的交易模式往往是由一方为另一方支付平台的费用。

由此可见，客户分为两种，第一种是有偿购买企业产品或服务的人或组织，是付费客户；第二种是无偿接受企业产品或服务的人或组织，由前一类人或组织为之付费是免费客户。

创业投资者所投资的创业企业属于免费客户吗？这个问题的答案值得进一步深入思考。免费客户之所以能够获得企业免费的产品或无偿的服务，是因为有人为之买单。买单的人为了获得免费客户的某种资源或者建立某种关系，可能是注意力资源，可能是大数据信息，可能是为了促成其他的交易，也可能是为了培育未来的消费习惯。

有人为创业企业买单吗？如果有，是谁？他们为创业企业买单是想获得什么？

创业投资者为创业企业提供服务，需要发生以人力成本为主的综合经济成本。为人力成本买单的主要来自作为有限合伙人的最终出资人，一般有限合伙人向创业投资者的执行事务合伙人每年支付管理费，按照其总投资金额的1%~3%不等，一般能够覆盖创业投资者的主要成本，相当于为创业企业获得的投资后服务买单。

我们分析有限合伙人的客户需求，他们为什么付费？希望得到什么？

创业投资者通过生产出专门的信息——应该投资谁？如何投资？如何进

行投资后管理能够降低最终出资人的信息成本、参与成本、监督成本与出资门槛，并控制最终出资人的风险？最终出资人付费是为了获得创业投资者专业的金融中介与资本管理服务，需求是：①减少由自己投资并管理的综合成本；②降低投资风险；③提高投资收益。

从这个角度看，创业投资者是创业企业与最终出资人这样一组双边客户的中介服务平台。作为一边用户的最终出资人为另一边的用户——创业企业向创业投资者付费买单是为了让创业投资者帮助创业企业成长，从而带来属于自己的投资收益增长，如图6-1所示。

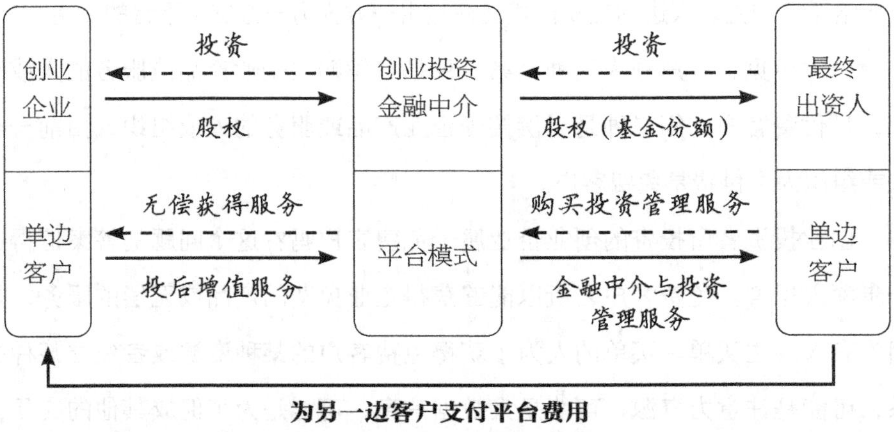

图6-1 创业企业获得资金的方式

创业投资者不仅是创业企业与最终出资者之间资本需求供给的金融中介，而且是为平台的双边客户分别提供增值服务：①为创业企业提供投资后的增值服务；②为最终出资人提供资本受托管理服务。

创业企业是创业投资者的免费客户，最终出资人是创业投资者的付费客户。但是，创业投资者的客户却并非这两类。

创业投资者的最终客户是谁

第一，有些创业投资机构并不向社会募资，而是用自有资金投资创业企业，在它的商业模式结构中，不存在作为有限合伙人的最终出资人。

第二，有些创业投资机构为了方便募资，向作为有限合伙人的最终出资者募集资金时，对于管理费采取折让的方式，收得少，甚至先不收管理费。这样，最终出资者并没有付费。

第三，即使最终出资人有限合伙人向创业投资者支付了每年1.5%~2%的管理费用，往往并不足以覆盖创业投资者投资前的尽调、遴选、评估，以及投资中的决策、投资后的增值服务等全部成本，包括：创业投资者的人力成本，支付给律师、会计师、审计师、资产评估师的中介费用，为了协助创业企业资源整合所发生的一系列经营管理成本。

第四，也是更重要的，创业投资者的收入不以平台的中介或服务费为主要收入来源。北京链家房地产经纪有限公司撮合房产买卖双方完成交易，获得中介费用，中介费用是其最主要的收入。但是，最终出资者向创业投资者每年支付的管理费用，并不是创业投资者的最主要收入。如果一家创业投资机构以每年的管理费为收入，尤其是利润的主要来源，说明其不是一家好的管理公司。按照创业投资者作为普通合伙人与最终出资者作为有限合伙人签署的有限合伙协议，一般情况下，创业投资者可以获得超出本金或固定本息后投资收益的20%~25%。正是为了获得这种超额的投资收益，创业投资者才乐于为创业企业提供投资增值服务，才乐于为最终出资者提供资本管理服务。可见，为创业企业所获得的投资增值服务买单的并不仅是最终出资者，甚至还有人为最终出资者所获得的资本管理服务买单。

那么，这个最终买单的客户是谁呢？创业投资者的最终客户是谁呢？

我们从一般企业的商业逻辑来推理：企业家创立企业，从股东那里获得资本，购买原材料，雇佣工人，生产出产品，再把产品卖给客户，从客户那里获得收入与利润，把利润分红给股东。

一名创业投资者创业，从最终出资者那里获得资本，雇佣投资经理，选择并投资创业企业，向创业企业提供增值服务，协助其成长，把成长后的创业企业溢价卖给投资者，可能是其他的投资机构，也可能公开上市后通过公开资本市场卖给广大的个人投资者，在股权买卖中获得主要收入与利润，把大部分的利润分配给最终出资者，自己获得部分分红，如图6-2所示。

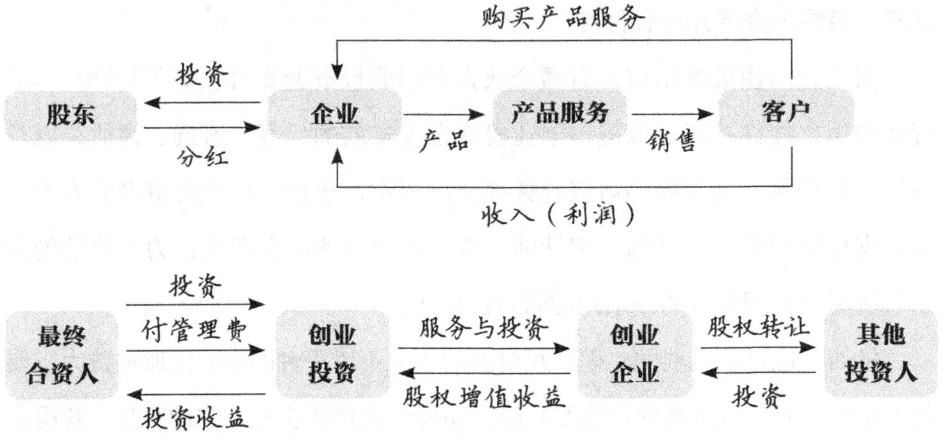

图6-2 一般企业的商业逻辑

在图6-14的逻辑中，最终出资者愿意投资、付出管理费，是为了获得投资收益、利润，最终出资者愿意支付的服务费，是希望通过创业企业的股权价值增值赚回来的。一般意义上的客户付费是为了获得产品与服务，并不要求或者期望把付出的钱赚回来。与其说最终出资者是创业投资者的付费客户，不如说他们是创业投资者的股东。

真正让创业投资者，以及创业投资的最终出资者都获得收益的，是为创业投资所提供的服务最终买单的其他投资者。

我们对客户的定义是：接受企业的产品或服务的个人或组织，如果是付费购买，是付费客户，如果是免费获得，是免费客户。企业经营要有收入与利润，付费客户最终贡献收入与利润，所以付费客户是最终客户。免费客户是间接客户，企业服务于免费客户是为了最终获得付费客户，从而获得收入与利润。电视台让观众免费观看电视节目，是为了通过我们这些免费客户的积累所形成的注意力资源获得最终的付费客户——广告主。银行向我们提供存款服务，不仅不收我们的服务费，还给我们利息，是为了吸收我们的存款，贷给最终付费的贷款客户，用贷款利息扣除我们的存款利息，获得息差收入。

所以，判断一个企业的最终客户的标准是他们通过接受企业的产品或服务最终为企业带来收入与利润。

创业投资者的商业模式，与利益相关者的交易结构

本书提出一个逻辑：创业投资者的最终出资人近似于创业投资者的股东，为创业投资者提供资本，并分享收益。创业投资者所投资并孵化成长的创业企业近似于创业投资的产品，创业投资者以相对低的价格购买创业企业股权，相当于购买原材料或半成品，经过投资后增值服务，将原材料或半成品改造升级，再以相对高价卖出创业企业股权，近似于把生产加工过的产品销售出去；其他投资者才是创业投资的最终客户，它们购买创业投资所销售的创业企业的股权，从而让创业投资退出，实现资金的闭环回流。

根据创业投资最终退出方式与渠道的区别，其他投资者可以分为四类：①通过公开上市退出，公开资本市场的投资者，包括机构投资者与个人投资者；②通过并购方式退出，产业投资者，是对创业投资机构所投资的创业企业有并购意愿与能力的相关产业投资者，一般是国内外大型企业或相关行业的上市公司；③通过创业企业创始人或其管理层回购方式退出，创业企业的创始人或者管理团队回购创业投资所持有的股权；④其他的私人股权投资机构，包括其他的创业投资机构、投资于企业生命周期后期阶段的发展资本、产业基金、并购基金等。

以上投资者通过投资，让创业投资在创业企业中所持有的股权套现退出，实现创业投资的收入，可能有超额利润，可能投资收益与投资成本持平，也可能投资亏损。

朱武祥提出商业模式是利益相关者之间的交易结构。企业的利益相关

者包括：股东、客户、员工、供应商、渠道商、政府、债权人等。好的商业模式通过交易结构的设计，能把利益相关者中的利益冲突者转变为利益共赢者，从零和博弈转为正和共赢。创业投资的利益相关者主要包括四类：①最终出资人，在有限合伙制的创业投资中是有限合伙人，在公司制的创业投资中是股东，在契约制的创业投资中是投资人与资金委托人。②创业企业，既是创业投资的投资对象，也是创业投资提供投资后增值服务的免费客户；既是创业投资购入的原材料或半成品，也是创业投资通过服务完成升级改造的产品。③其他投资者，是创业投资的最终客户，它们为创业投资真正带来现金回流，带来收入或利润。④合作伙伴，创业投资为了完成募资、投资、服务管理、退出这四步主要工作环节所需的各类合作伙伴，包括：律师事务所、会计师事务所、审计师事务所、券商或投资银行、商业银行、猎头公司、技术交易公司等。

本节把创业投资与一般生产服务类企业相比有显著特色的商业模式称为“创业投资的三级交易”。

创业投资者，独特的三级交易

创业投资的一级交易是创业投资者与最终出资者的交易；创业投资的二级交易是创业投资者与创业企业的交易；创业投资的三级交易是创业投资者与其他投资者的交易，如图6-3所示。

创业投资的一级交易，交易对象是最终出资者，交易的标的是最终出资者的资本。对于有限合伙制的创业投资机构，最终出资者获得的是有限合伙人的权利，体现为有限合伙基金的份额，对于公司制的创业投资机构，最终出资者获得的是公司的股权。一级交易对应于一般意义上的创业投资的募资阶段，但不完全一致。创业投资的一级交易还应包括退出阶段中的分配环节，创业投资者将最终出资者的本金与其应得的投资收益（也可能是亏损）返还给最终出资者。

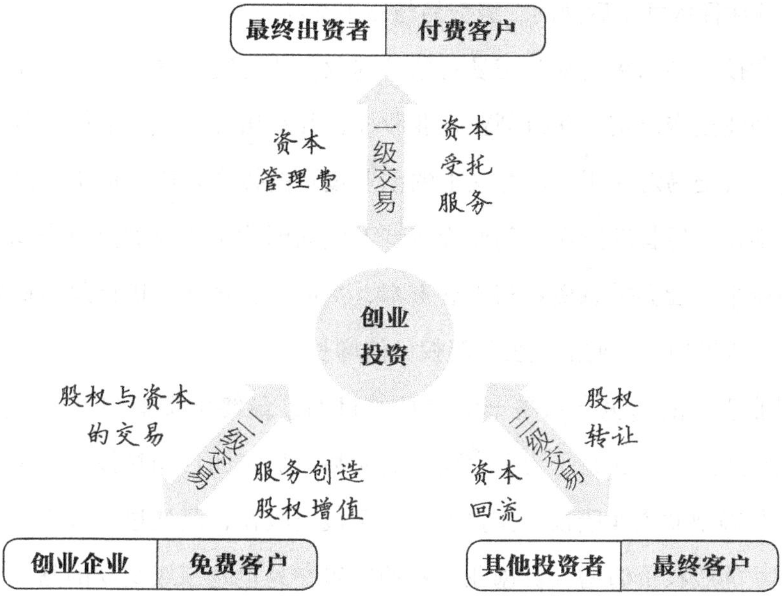

图6-3　创业投资的三级交易

我们可以将最终出资者视为创业投资者的一级客户，客户是接受产品或服务的人或组织，最终出资者从创业投资者这里获得的服务是资本受托管理。创业投资者通过其专业性、专注性，帮助最终出资者评估、选择、投资创业企业，并通过投资后增值服务提高所投资的创业企业的股权价值，从而实现最终出资者资本的保值和增值。创业投资者对最终出资者的作用是之前讨论过的金融中介的作用，降低最终出资者直接投资创业企业的门槛，分散并控制最终出资者投资创业企业的风险，通过规模化与专业化降低最终出资者的信息搜集成本、交易成本、学习成本、参与成本、监督成本，并通过生产出专门的关于如何投资的信息为最终出资者创造价值。最终出资者付费购买创业投资者的专业服务，付费的形式在有限合伙制的创业投资基金中表现支付给有限合伙人的管理费，在契约制的创业投资表现为支付给管理机构的受托管理费，在公司制的创业投资机构中表现为公司支付给创业投资者的报酬，创业投资者获得收入需履行的义务是为最终出资者管好钱，努力挣钱。

而挣钱的途径依赖于后面的二级交易与三级交易。

创业投资的二级交易，交易对象是创业企业，交易的标的是创业企业的股权。创业投资以资本获得创业企业股权，并承诺提供后续增值服务。创业投资的二级交易对应于一般意义上的创业投资的投资阶段，但不完全一致，还应包括投资后管理阶段，创业投资者不仅向创业企业提供货币资本，也注入人力资本、社会关系资本与声誉资本，帮助创业企业家进行思维提升与资源整合，实现创业企业的成长与股权价值增长。

创业投资的二级交易是一级交易的目的，最终出资者与创业投资者之所以能够达成一级交易是为了实现二级交易，募资的目的是投资，投资创业企业，获得创业企业股权；投资的目的是投资收益，是通过二级交易实现的创业企业的股权价值增长。创业投资的二级交易也是三级交易的基础，没有投资获得的创业企业的股权，也就无所谓退出，没有创业企业股权价值的增长，也就不能实现三级交易的获利。创业投资的二级交易是创业投资商业模式中最重要的环节。

我们也可以将创业者视为创业投资者的二级客户，创业者从创业投资者这里获得的服务是投资服务与投资后增值服务，包括注入的货币资本，也包括创业投资者协助创业者拓展思维、树立愿景、完善制度、招募高级管理人、设计并完善商业模式、引入技术和对接各种发展所需的资源要素。

不同于一级客户，创业者与创业企业是免费客户，创业投资者为创业者提供的服务是无偿的，创业投资者无偿服务所需的回报条件是创业者自身的目标——创业企业股权价值的增值。这种增值要折现是把市场价值变成现金，需要通过第三级交易。

创业投资的三级交易，交易对象是其他投资者，交易的标的是创业企业的股权。创业投资者将自己拥有的创业企业股权卖给其他投资者。创业投资的三级交易对应于一般意义上的创业投资的退出阶段。

既然投资是从现金到现金的过程，创业投资的目的是退出，所以创业投资的三级交易是整个创业商业模式的逻辑终点，从创业投资手中购买创业企业股权的其他投资者是创业投资的最终客户，为创业投资最终实现收入与利润。我们也可以把最终客户称为三级客户。这是创业投资不同于一般行业最特殊的地方，一般行业的客户与同行是两类泾渭分明的对象，而创业投资的最终客户往往是从事投资的同行，都是投资者，只是投资侧重的阶段不同。有时，创业投资的最终客户是自己的潜在竞争对手，曾经对同一个创业企业有投资兴趣，山转水转，有一天从竞争对手成为交易对手。有时，创业投资是通过创业企业的创始人或者管理层回购的方式实现退出的。在这种情况下，二级客户又变成了三级客户。

〉〉 产品即客户

一般企业的商业模式是向客户提供产品或服务，创业投资向自己的三级客户提供的产品与服务是什么呢？

我们先来分析这三级客户对创业投资的需求，看创业投资是怎样满足客户需求的？

一级客户——最终出资者，需要的是创业投资对其资本的管理，根本需求是获得更好的投资收益与更低的投资风险，即更好的风险溢价。表面看最终出资者投入资本获得的是创业投资机构的基金份额或者股权或者收益权，实际上最终出资者醉翁之意不在创业投资者，而在于创业投资者所投资的创业企业。是创业企业的成长带来股权价值增长，从而实现最终出资者满意的投资收益。换句话说，最终出资者购买创业投资者的基金份额、股权或者收益权，是为了购买创业企业的股权。

二级客户——创业企业首先需要的是货币资本；其次是创业投资的人力资本、社会关系资本、声誉资本。根本需求是引入资源，实现企业的成长。表面上，创业企业要的是创业投资的钱，实际上要的是发展的资源。

三级客户——其他投资者，主要包括：①创业企业公开上市后在公开资本市场的投资人；②创业企业股权增值后侧重企业更成熟生命周期阶段的投资机构；③与创业企业相关的产业投资者，主要是大型企业或上市公司；④创业企业的创始人或团队。其中，第四类三级客户情况特殊，我们放在本书后面章节专门分析。前三类三级客户的需求是更具价值的创业企业的股权，根本需求是更加确定的投资收益。

在创业投资者选择并投资一个创业企业之前，这个创业企业的投资价值不确定、风险大，投资侧重企业生命周期更成熟阶段的普通投资人、产业投资人、财务投资人，不愿意去尝试并承担这种投资风险。创业投资者进入后，经过创业投资者的资本注入与投资后增值服务，使创业企业发展的不确定性更低，投资价值更确定，风险更小。

从这三级客户的根本需求来看，彼此之间存在需求的匹配性。一级客户需要二级客户，最终出资者需要的是优质的创业企业的股权增值；二级客户既需要一级客户，也需要最终出资者的资本，二级客户需要对接三级客户，不管是通过公开上市，还是股权增资，通过其他出资者的进一步注资实现企业进一步增长；三级客户需要二级客户，需要更具投资价值的、发展更确定的创业企业，为自己的未来带来投资收益。三级客户彼此需求，如图6-4所示。

一级客户与创业投资将所拥有的二级客户的股权转让给三级客户，实现投资回收。

创业投资在三级客户之间搭建一个独特的三边的交易平台：①为一级客户提供二级客户，为最终出资者提供具有增长潜质的创业企业投资标的；②为二级客户提供一级客户，为创业企业发展提供所需的资本，有时也将LP的非货币资本资源输出创业企业；③为三级客户提供二级客户，为其他投资者提供增长更加确定的更具投资价值的创业企业投资标的；④为一级客户提供三级客户，为最终出资者的投资提供其他投资人的退出路径，只有三级客户投资了二级客户，一级客户的投资才能退出，只有其他投资者受让了创业企业的股权，最终出资者的资金才能回收；⑤为二级客户提供三级客户，其他投资人的后续投资为创业企业的后续发展进一步提供保障与助力。

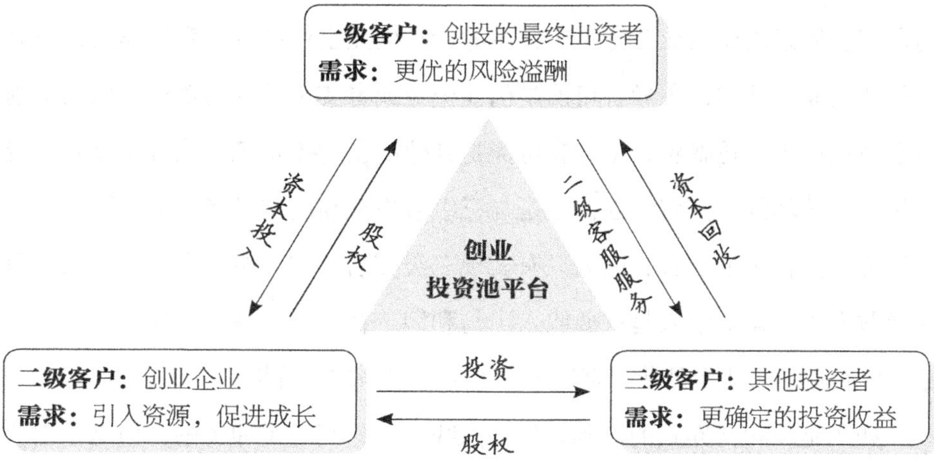

图6-4　三级客户之间的依存关系

在这个三边交易平台中，创业投资为满足每一类客户所提供的产品都是另一类客户。创业投资为客户提供的不是产品，而是其他客户。

这是创业投资商业模式客户层的独特之处。

从博弈到共赢

好的商业模式是把交易的利益相关方之间对现有“蛋糕”切分的存量零和博弈关系，变为各方相互合作共同做“大蛋糕”的增量正和博弈关系。

创业投资与三级客户的交易结构，与一般企业对客户的交易结构不同，把零和博弈转化为正和博弈。

与一级客户的交易是创业投资的募资。交易的细节涉及最终出资者的投资额度、投资年限、所支付的管理费的比例、在投资决策中参与的深度、投资收益后的分配比例、最终投资者对创业投资方向与领域的限定等。

与二级客户的交易是创业投资的投资与管理。交易细节涉及创业投资的投资额度、占创业企业的股权比例、投资交易的价格、创业企业的估值、创业投资在创业企业中的决策权，以及对创业企业的业绩对赌等。

与三级客户的交易是创业投资的退出。这类交易往往并非由创业投资主动发起。如果创业企业公开上市，主导者是创业企业或者券商保荐人；如果是创业企业被并购，主导者可能是创业企业或者实施并购的企业；如果是创业企业进行下一轮融资，主导者可能是其他的创业投资机构或者私募股权投资机构。虽然创业投资者往往不是与三级客户交易的主导者，但是可以作为三级交易的积极推动者，因为只有实现三级交易，创业投资者才能真正获得主要收入（管理费收入是次要收入）与利润。在三级交易中，最重要的是当时创业企业的市值及创业投资退出的锁定期限与转让价格。

如果是零和博弈式的谈判，你多点我少点，利益是冲突的。但是，创业投资把每一组交易关系都变为合作共赢关系。

首先，创业投资者把一级客户作为合伙人，联合出资设立创业投资机构结成利益共同体。并且创业投资者将自己的资金作为劣后级，将最终出资者的资金作为优先级；创业投资者承担无限责任，由自己来承担风险，最终出资者承担有限责任，以此降低最终出资者心中的风险感受；更重要的是，创业投资者以获得未来的投资收益作为与最终出资者的共同目标。双方风险共担，且创业投资者分担更多；利益共享且创业投资者在收益中所占的比例更少；建立共同目标——创业企业的成长与股权增值。

其次，创业投资者把二级客户作为合伙人，创业企业的股东，结成利益共同体，并且参与创业企业的管理，为创业企业提供人力资本并协助整合资源。双方资源整合，创业投资者无偿提供资源对接，协助创业企业整合；利益共享，创业投资一般在创业企业中占有的股权少于创始股东，所得利益更少；建立共同目标，也是创业企业的成长与股权增值。

创业投资者把作为一级客户的最终出资者与作为二级客户的创业企业的合作目标统一为一个共同目标——创业企业的成长与股权增值。

创业投资者没有将三级客户——其他投资者作为合伙人结成利益共同体，创业投资者甚至不是三级交易的主导者。但是，聪明的创业投资者在交易中会努力引导三级客户认同这个目标——创业企业的成长与股权增值。只有三级客户相信这一点才会购买股权。

聪明的创业投资者不应该与任何一类交易对象纠结于交易细节的博弈，而应该抓住所有交易的牛鼻子——创业企业的成长与股权增值。只有创业企业连续成长，股权不断增值，所有的客户才有利益，整个利益共同体才能共赢。

因此，创业投资者与三级客户的所有交易结构都围绕一个中心——如何让创业企业成长与股权增值。这是创业投资商业模式的核心，也是好的创业投资优于其他不好的创业投资的核心竞争力所在。

创业企业投资价值加工厂

创业企业的成长与股权增值是创业投资者与三级客户的共同目标。

我们已经分析了为什么最终出资者选择创业投资者为他们管理投资，遴选、评估、投资有潜质的创业企业，对创业企业提供投资后服务，引进资源、促进成长，把增值后的创业企业股权转给其他投资者实现获利。

我们这里要问的是：为什么其他投资者要购买受让已经由创业投资者投资参股过的创业企业的股权？为什么他们当初不直接投资市场估值更低的创业企业，而是投资市场估值已经提高的创业企业？

一般而言，交易有两个目标，增加收益或者降低成本。

其他投资者的三级交易，购买的是增值的创业企业股权，其成本更高，即使随着创业企业的进一步成长，也能获得收益。但是，直接购买种子期、初创期、成长早期的创业企业可以获得更高收益，其他投资者三级交易的目标是什么呢？

这就涉及一般不为我们所关注的交易的第三个目标——减少不确定性。

我们知道风险的定义是不确定性，创业投资是风险投资，是主动承担风险，以寻找更优的风险溢酬的投资方式。

因此，创业投资是为其他投资者承担更大风险，通过自身的投资以及投资后增值服务减少后进的其他投资者的不确定性，为创业企业创造更明确的投资价值。

从这个意义上，创业投资相当于创业企业的另一种孵化器，孵化器的英文是incubator，本义指人工孵化禽蛋的专门设备。企业孵化器一般指通过为新创办的科技型中小企业提供物理空间和基础设施，提供一系列的服务支持，进而降低创业者的创业风险和创业成本，提高创业成功率，促进科技成果转化，培养成功的企业和企业家的机构，在我国台湾地区被叫作“育成中心”。

我国的孵化器一般强调物理空间与政策扶持，美国的孵化器从20世纪末就已发展为“投资+孵化”的模式。创业投资为创业企业提供货币资本与非货币的资源，提供一系列创业服务，也是一种孵化器，如李开复创办的创新工场，也称天使投资机构。

我们可以简单地把孵化器比喻为将创业企业由鸡蛋孵化成小鸡，将加速器比喻为将创业企业从小鸡饲养大。可见，“育成中心”是很准确的，更好地解读了孵化器的作用、育成和培育创业企业成熟。这也是创业投资的价值所在。

创业投资实际上是培育创业企业走向成熟的机构，创业者是一颗种子，创业投资者协助施肥灌溉，播撒阳光雨露，创业企业茁壮成长。这是创业投资者的核心功能——增加创业企业的投资价值。

按照这个角度，创业投资者与几类主要利益相关者的交易结构，即创业投资的商业模式，可以理解为：①募资阶段，创业投资者吸引最终出资者作为股东或LP；②投资阶段，以出资者的资本低买创业企业股权；③管理阶段，经过“育成”，提高创业企业股权的投资价值，降低投资风险；④退出阶段，将育成的创业企业股权高卖给其他投资者。

创业投资通过低买高卖创业企业的股权获利，是创业投资商业模式中的盈利模式。盈利模式包括收入模式与成本控制模式，所谓开源节流，开源是通过收入模式，增加收入；节流是通过成本控制模式，降低成本。

创业投资的收入主要来自两部分：①日常的管理费收入；②投资收益分成收入。

成本也包括两部分：①管理成本；②对创业企业的投资成本。其中，管理成本主要包括：创业投资者的薪酬人力成本，以及支付给律师、会计师、审计师等第三方的费用和日常的经营管理开支等。LP支付的管理费收入只能覆盖管理成本，甚至不足以覆盖全部管理成本，因为管理成本很多是固定开支，成本控制很难有较大幅度的压缩。

创业投资者的收入主要来自投资收益分成。为了获得更好的利润，创业投资者需要低买高卖，降低买进创业企业时的入股价格，提高卖出创业企业时的退出价格。因此，创业投资者的盈利核心在于创业企业的股权市场价值的增加值。

〉〉既非伯乐相马，也非点石成金

商业模式包括顾客层、企业层、盈利模式与价值主张四个维度，我们下面讨论创业投资的价值主张。

价值主张体现企业的战略，是企业营销的核心。广义的价值主张包括四个部分：①发现价值，找到客户需求；②创造价值，生产产品或提供服务；③传递价值，让产品与服务到达客户并满足客户；④实现价值，从客户获得收入。

发现价值、传递价值与客户层相关，创造价值与企业层相关，实现价值与盈利模式相关。狭义的价值主张强调企业如何阐述自己提供的产品或服务，或者说企业的产品或服务满足了客户怎样的价值需求。

任何一个产业，任何一个企业长期存在的价值都在于通过其产品或服务满足了客户的价值需求，为社会创造价值。

那么，创业投资产业的价值在于**为创业企业创造更明确的投资价值，包括两次价值明确。第一次价值明确，是创业投资的投资决策阶段，通过投资交易明确当时创业企业的市值；第二次价值明确，是创业投资的投资退出阶段，通过对创业企业的股权溢价转让或者回购或者打折清算，明确此刻创业企业的市值。**

我将第一次通过投资进入创业企业为其明确市场价值，称为价值锚定；将第二次通过退出创业企业为其明确市场价值，称为价值确认。

注意，我认为创业投资产业的价值不是**为创业企业提高股权价值**。因为**创业投资不一定能够为创业企业提高股权价值**。

创业投资并非慧眼独具的“伯乐”，只是能够相对客观、深刻、全面评估和分析创业企业并做出投资或者不投资的选择。

在价值创造过程中，创业投资对创业企业也非点石成金的圣手。不是创业企业经过创业投资者的资本注入与资源整合就一定能够成长，股权价值一定增值。

创业投资对社会最重要的贡献是对创业企业价值的确认。

我们在前面提到创业投资的三级客户中有一类是创业企业的创始人或管理层。

创业投资在与创业企业签署投资协约时，往往规定在创业企业的业绩显著下滑或无法上市或股权价值不能按照预期增长时，由创业企业的创始股东或管理层回购创业投资所占的股权，从而实现创业投资的现金回笼。好的情况是创业企业的创始人或管理层按照约定溢价收购，保证创业投资的本金及获得一定的利息收益。但是，实际执行中，创始人或其管理层往往不愿意回购已经贬值的股权，即使受制于协议条款不得不回购，创始人或其管理层在企业不景气的情况下，又有多大的资金实力能够完成回购？所以，回购很难让创业投资者盈利或保本。

既然我们将创业投资机构视为不成熟的创业企业加工厂，那么在这种情况下，就只能将创业企业的股权作为残次品打折销售，希望通过其他产品的盈利来弥补亏损。

创业企业的发展还有一种结果是完全失败，走向破产，这时候，根本就不存在任何三级客户，创业投资者只能完全确认损失。

创业投资者只是一个创业企业的外部支持者与育成者，其资源、能力、投入的专注程度有限，很难将滑坡的创业企业挽狂澜于既倒，遇到创业企业的失败，也只能尽可能地在清算中减少损失。

即使是创业企业的成功，更多的是创业者的成功，创业企业长成参天大树，首先是树的生命力强大，施肥者的作用有时有，但不是根本。

所以，我们说创业投资者的核心功能是为创业企业创造更明确的投资价值。“明确”两个字很重要，创业企业是风险企业，存在不确定性，创业投资是风险投资，承担不确定性，**通过创业投资的选择、投资、管理，使创业企业的投资价值更加“明确”，即使失败，也是一种“明确”**。

因此，创业投资对社会的价值是通过承担风险，而减少其他投资者的风险。虽然不能点石成金，但可以通过投资赌石头，并通过剖析石头，找到并雕琢成“美玉”，或者剖开，证明那只是一块无法成“美玉”的“顽石”。

创业投资的价值主张应该是，**提高创业企业股权价值或提高创业企业股权价值的确定性**。

〉〉从资产到市值，从市盈率到“市梦率”

美国《财富》杂志发布2019年世界500强排行榜，前四位是沃尔玛公司、中国石油化工集团公司、荷兰皇家壳牌石油公司、中国石油天然气集团公司，排行榜按照企业的资产规模、销售收入排名。

现代社会改变了对企业经营的评价标准，不再强调资产规模与销售收入，而是市值——资本市场价值，即被投资者实际投资所确认的价值。

全球市值最大的前四位企业是微软公司、苹果公司、亚马逊公司。在全球市值排行榜中，世界500强中排名第一的是沃尔玛公司，但它的全球市值只排在排行榜的15位，而第二位是中国石油化工集团公司仅排在93位。

企业的市值以企业的内在价值为基础并围绕着内在价值而波动，可能低于内在价值，就是巴菲特所喜欢的价值被低估，也可能高于内在价值，当市值显著高于内在价值时，我们会说这个企业存在泡沫，如图6-5所示。

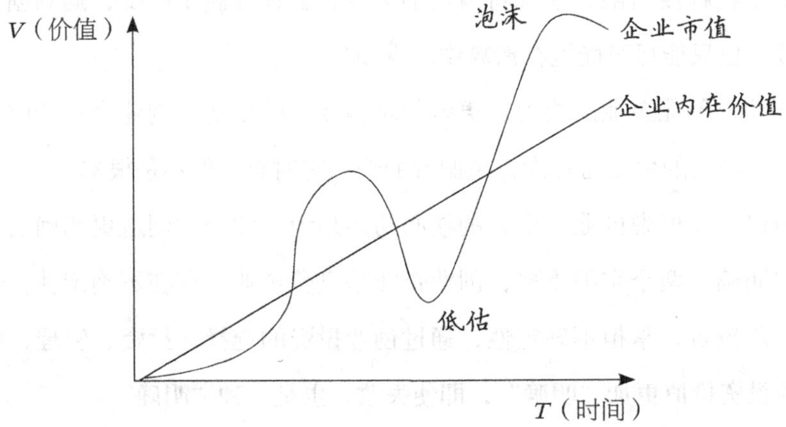

图6-5 企业市值（外在价值）围绕企业内在价值波动

企业的内在价值是未来创造利润总额的折现。企业的市值取决于企业的净利润与未来净利润的增长速度。

企业的市场价值除以净利润，即P/E，得到企业的市盈率，通过市盈率P/E倍数可以比较不同企业市值的高低。

根据阿里巴巴公司公布的财务报告推测，2019年全年，蚂蚁金融服务集团（简称“蚂蚁金服”）税后净利润约20亿美元，而蚂蚁金服的市场估值约1600亿美元。市盈率约八十倍；2019年，招商银行的税后净利润约135亿美元，但市值只有约1200亿美元，市盈率约8倍。互联网金融巨头蚂蚁金服的市盈率是传统金融巨头招商银行的10倍，因为企业的内在价值是未来创造利润总和的折现，投资者认为虽然今天蚂蚁金服的利润大大小于招商银行，但未来的蚂蚁金服可以比未来的招商银行创造更多的利润，蚂蚁金服的利润增速会大大高于招商银行。投资者看重的不是市盈率P/E，而是市盈增长率P/EG，G代表增长性。

2012年5月18日，某公司上市时的净利润约为10亿美元，上市当日以开盘价计算的市值达到1152亿美元，市盈率超过110倍，给出这么高的市盈率，是投资者相信该公司未来的成长性。

2004年，该公司没有利润、收入、订单、商业模式的时候，就已经向创业投资者募集资金，当时，这家创业企业的市值是无法计算市盈率的，P/E中的E为负数，也可以理解为市盈率为无穷大。

没有利润的创业企业的市值无法用市盈率评价，**对这种无利润的创业企业估值比率，我建议可以浪漫地称为“市梦率”，市值与梦想的比率。**创业投资为创业企业投资，锚定其初始的市场价值，实质上是在为创业者的梦想赋值，为梦想定价。

有人说，梦想有多远，我们就能走多远，这种心灵鸡汤的话居然也能套用到创业投资对创业企业的市值锚定上，梦想的边界决定估值的边界。Uber中文译作优步，在2014年6月完成了12亿美元的融资，市值达到170亿美元。纽约大学斯特恩商学院的金融学教授对全球汽车服务市场容量、增长性的测算，对Uber市场份额、市场潜力的测算，认为当时的Uber只值59亿美元。而风险投资家曾一度给出了250亿美元的估值。为什么差别这么多？风险投资家疯了？只买贵的不买对的？这是双方对Uber的梦想的理解不同，金融学教授是按照汽车租赁市场的规模来测算Uber的未来，汽车租赁市场的规模是有限的，最多3000亿美元，即使Uber成为市场老大，市场空间的天花板在那儿，利润不过如此。但是，风险投资家认为Uber不仅是一家服务于汽车租赁的企业，基于的共享经济的理念，Uber可以不断地向其他汽车服务领域延伸，甚至可以向其他适合开展共享模式的领域延伸。梦想的边界决定企业发展的边界。

1976年，斯蒂夫·乔布斯与合伙人斯蒂夫·沃兹尼亚克两个20岁出头的技术青年，在车库里“鼓捣”当时的科技产品，没有人确定他们的未来。第一个天使投资者马克库拉出现，给他们投了25万美元（1976年的25万美金也不是一个小数字），以这笔投资换取了公司30%股权，苹果公司的市值达到75万美元。马克库拉对两个斯蒂夫说：做你们坚信不疑的产品。

马克库拉相信史蒂夫·乔布斯的梦想，这个梦想成真了。当然，并不是所有的梦想都能成真，正如我们在第一章所说的创业牺牲者纪念碑，与很多创业者一起牺牲的还有创业投资者以及他们募集的资本。但是，正是由于创业者敢于梦想；正是由于创业投资者敢于用投资为梦想赋予市值，才有可能让一个个创业梦想成真。

为创业者的梦想锚定价值是创业投资的价值主张。

〉〉 以分享价值而创造价值

创业投资的创造价值环节有其特殊性，这涉及创业投资商业模式的企业层。企业层是企业如何与外部合作伙伴建立合作模式，整合外部资源，如何建立内部的组织、流程，开展关键业务活动，如何形成自身的核心能力。概言之，商业模式的企业层是企业如何创造价值的？

这是一个共享的时代，创业投资的价值创造充分体现了共享模式的特点，让所有的利益相关者都参与价值的分享，获得合理的有激励动力的收益，从而主动投入资源、发挥能力，“不用扬鞭自奋蹄”。

一方面，创业投资给创业企业估值，通过实际投资标定创业企业的市场价值，也标定了创业者的市场价值。不仅为创业者补充了前进的“弹药”（资金），也为创业者锚定了价值基础。创业者可以从这个基础价值开始自己的一步步成长。创业投资者一般不要求在创业企业中的大股东地位，让创业者作为大股东，作为主导者，获得更大的权利与收益，也承担更大的责任。这样提升创业企业的股权价值，最大的受益者是创业者，更好地调动与发挥创业者的作用。创业投资者给予辅导，协助整合资源，做教练也做陪练，陪伴创业企业成行，并协助创业者寻找后续的投资接力者，通过后续的私募股权投资、并购或公开上市等股权市场交易，确定创业企业的新的资本市场价值，随着新的市场价值的实现，创业投资者在与创业者共同创造价值的过程中各自分享价值。

另一方面，创业投资者把最终出资者作为LP，在买卖创业企业股权的过程中，让LP获利。LP出资，一般在投资收益中可以分享更大的比例，如70%~80%，LP可以分享更多，也乐于投入。不仅投入资本，很多聪明的创业投资者也充分调动LP的社会网络资源，为创业企业助力。LP向创业企业输入资源与能力，与创业投资者一起为创业企业创造价值，也从中分享价值。

创业投资者以创业企业的股权为黏合剂，把创业者、出资者及其他各种创业企业发展所需的资源与能力的拥有者黏合在一起，通过分享创业企业的股权增长的价值，建立共同目标，形成利益共同体。

创业企业的发展是一个不断整合资源与能力的过程。创业投资通过对创业企业的投资，锚定创业企业的市场价值，让创业企业的股权对外部的关键资源与能力的所有者具有吸引力，就可以用股权作为筹码交易并整合外部资源。更重要的是，创业投资者帮助创业企业打开通向资本市场的路径，让外部的资源与能力的所有者，看到在这条路的远方，创业企业按照“市梦率”折现后的巨大的股权价值，相信用自己的资源与能力所交换的创业企业的股权在未来的巨大价值，有意愿向创业企业输入资源与能力。换句话说，创业投资者的投资参股让创业企业的价值更可信、未来更清晰，可以用未来价值交换企业当下发展所需的人力、技术、信息等。

创业企业可以给人才期权，交易人才的核心能力。没有创业投资对市场价值的确认，创业企业的期权的价值很模糊。像一幅刚完成的当代中国书画，你可以说它价值千金，也可以说它只值一个装裱钱。创业投资让这幅画在画廊、在拍卖场有了最初的交易，有了可以作为价值参照的成交价格。创业企业的期权得以确价，人才认为既然创业投资愿意以800万元只交换10%的股权，那么这家企业在资本市场专业人士的眼中，价值8000万元，自己获得的1.5%的期权，至少价值120万元，而且创业投资机构一定希望这家企业的股权价值在未来高于8000万元，所以人才对于这家企业的未来会更有信心。在以人力资本为核心的影视行业，每一家重要企业，不管是已上市公司，还是潜在上市公司都通过股权捆绑了一批影视明星。

创业企业还可以把自己的股权分享给重要的供应商、渠道商、经销商甚至重要的客户，通过股权+业务的合作，把核心资源紧密地捆绑起来，没有创业投资的参与设计与引导，一般的创业企业很难以股权为纽带，串联上下游资源，甚至把客户变成股东。有了创业投资的股权价格确认，尤其是有了创业投资者所能对接的资本市场，让创业企业的供应商、渠道商、经销商、客户把今天及未来所能带给创业企业的利益按照市盈率的倍数放大。例如，一个供应商一年为一家创业企业提供1000万元的供货，可以从中获得300万元的净利润。换一个商业模式，这个供应商可以每年只赚100万元，让利200万元给创业企业，这200万元不要现金，折算成一定价值的创业企业的股权。对于创业企业而言，降低了200万元的成本，意味着增加200万元的利润，按照20倍的市盈率，意味着增加4000万元的市场价值。创业企业让渡给供应商2000万元市场价值的股权是划算的交易。对于供应商来说，短期牺牲了200万元的利润，得到了市场价值2000万元的股权。为Facebook办公室涂鸦的韩裔画家，把当时的几千美元薪酬折算成Facebook的股权，最后价值翻了千倍，是比较极端的个案，但是创业企业的供应商、渠道商、经销商、客户，把自己的现时利益与一家高速成长的创业企业的股权价值交换，确实可以在未来获得更大的折现。**创业投资的作用是通过投资交易为股权确价，通过对接资本市场为未来折现，帮助创业者有更丰富的交易筹码与各类合作伙伴交易创业发展所需的资源与能力。**

这就是创业投资商业模式企业层整合外部资源的特点，**以股权为交易工具、以更高市盈率的折现为交易目标、以外部各类资源所有者为交易对**

象，构建合作模式、交易资源与能力，将其注入创业企业，对创业企业进行加工升级。

在创业投资商业模式的企业层内部资源整合、组织与流程设计上，创业投资者充分发挥分享机制的激励效应，对内部的投资经理、风险控制人员、项目总监等都建立基于项目收益分配与项目风险分配相结合的管理办法。

通过分享价值，实现资源整合，通过资源整合创造价值，从而更好地实现价值分享是创业投资者的独特逻辑。整合能力是创业投资者价值创造的核心能力。

第七章

创业企业与创业投资者

站在门口的陌生人，沟通是双向的

《门口的野蛮人》一书用纪实性的报道再现了华尔街历史上最著名的争夺公司控股权的并购战。从此资本市场的企业股权并购者被称为“门口的野蛮人”。如果企业收购者被称为“门口的野蛮人”，那么创业投资者第一次来到创业企业时，是站在“门口的陌生人”。创业投资者与创业者互不了解，一切从沟通开始，收集信息，连接人际，建立关系。

沟通包括正式与非正式的信息分享。创业投资者的尽职调查、双方的商务谈判属于正式沟通，创业投资者对创业企业的环境（如厕所的干净程度等）、人与人之间的状态（如员工与老板之间彼此的称呼等）的观察与感知，属于非正式沟通。

非正式沟通的信息与感受非常重要，但这些往往不会体现在创业投资者的尽职调查报告中。

沟通的质量是关键，评价沟通的质量包含六个维度：实时性、完整性、可靠性、正确性、充足性、双向性。

创业者应向创业投资者提供完整、可靠、正确、充足的信息，发现创业者在应对创业投资者的尽职调查时有隐蔽、粉饰信息的倾向。创业者与创业投资者不是一次性的交易关系，而是建立在中长期基础上的利益共同体，创业投资者一旦做出合作决策，就会嵌入到创业企业组织中，隐蔽与粉饰的信息或许有一天会曝光，不利于双方的信任与合作。创业者在投资前阶段试图隐蔽、粉饰的某些信息，恰恰反映了创业企业存在的某些短板或者硬伤，与其隐蔽、粉饰这些短板或硬伤，莫不如与创业投资者探讨有什么办法可以弥补或者克服。如果能够一起设法弥补或克服，那么更证明双方合作的必要性。创业者与创业投资者沟通时，应该明确一个逻辑原则——双方不仅是一个交易的对手方，也是一个长久的合作方。

当然，创业投资者在对创业企业开展尽职调查时，应努力挖掘、验证创业企业的信息，获得完整、可靠、正确、充足的信息。

此外，创业投资者应重视信息交换的对等性。社会交换理论的假设是，社会行为是一连串的交换，这种交换遵循对等法则。社会关系中的人际信息交换也是如此，双向对等沟通更有效。

创业投资者的尽职调查不是警察查户口，尽职调查的过程既是创业投资者了解创业者的过程，也是创业者了解创业投资者的过程。创业投资者在投资前也要向创业者回答一个根本的问题：创业企业为什么选择我们？

创业企业选择创业投资者，不仅因为创业投资者能给钱。由于流动性过剩，虚拟经济高度发展，创业投资者如过江之鲤，数量之多甚至超过好的创业企业的数量，大量的创业投资者在追逐相对稀缺的好的创业企业。好的创业企业是高富帅、白富美，有很大的发展空间。所以，创业投资者要思考的除了钱，我们还能给创业企业带来什么？我们双方有什么样的互补性？并把这些告诉创业者。

由于我国目前创业氛围高涨，大量的创业企业在不断涌现，大多数并不够优质的创业企业缺少资本，又在追逐创业投资。对于这些不够优质的创业企业，创业投资者仅给他们钱还不够。如果创业投资者投资它们，需要通过服务注入资源，进行要素重组，补短板，促增长，才能保证投资的收益。所以，创业投资者也要与创业者沟通，我们能提供哪些服务？带来哪些资源？毕竟，**创业投资者对创业企业来说是服务者。**

沟通不仅是分享有意义的信息，也是在调整彼此的感觉和期望，增加彼此的情感与理解。创业投资者与创业企业的合作不仅是企业与企业之间的合作、不仅是创业投资者的资金与企业资源的合作，更是人与人的合作，人与人之间的感觉、期望、情感与理解很重要。

对于创业投资者，在投资前的沟通，一方面，通过尽职调研全面、系统、准确地掌握创业企业的信息，形成客观、完整、深入的评估；另一方面，通过商务谈判，判断创业企业对于企业估值、融资规模、释放股权比例、融资后企业控制权、对赌条件等的接受状态。

对于创业者而言，在投资前的沟通，一方面，借助创业投资的尽职调研，在系统梳理盘点企业的财务、法务、客户、市场、产品、服务、商业模式、团队、管理的基础上，通过创业投资者的视角，对企业进行一次深入的诊断，并有则改之地进行提升；另一方面，对创业投资进行评估，创业者不是投资的被动接受者，创业者需要的也不仅是投资，创业者评估创业投资者时，除了考虑资金之外，还考虑其能够为自己带来什么，创业者评估创业投资者是否陪伴并帮助自己发展。

〉〉创业投资的配对标准

创业投资只有建立科学的动态调整的评估标准，符合评估标准的创业企业，才会被列为投资决策的对象。

国内外部分学者对创业投资评估标准的研究（见表7-1）。

表7-1 国内外部分学者对创业投资评估标准的研究

研究者	年份	评估准则
凯利、坎帕内拉、麦基曼	1971	人：创业家及经营团队的人格特质；技术：创业企业的技术是否具发展潜力、被产业接受；产品：创业企业的产品是否具备差异性，且有发展潜力；市场：是否具备明确的市场区隔、市场潜力、市场的竞争程度；资本：除了资金，还包括创业投资投入的心力
威尔斯	1974	管理承诺、产品、市场与市场开发能力、工程设计能力、营销计划、融资能力、制造能力、推介材料、其他的项目参与者、行业与技术、变现方法
波因德克斯特	1976	管理层素质、期望收益率、期望风险、风险企业股份比例、管理层所占股份比例、有利于投资者的融资契约条款、融资企业的发展阶段、限制性契约、利率与红利率、现有资本化、投资者控制、税收保护
泰布吉、布鲁诺	1984	管理层技能和历史、市场的大小与成长性、收益率、市场位置、融资企业的融资纪录、融资企业位置、融资企业的成长潜力、所处行业的进入壁垒、投资规模、市场与行业的专业性、融资企业所处发展阶段、创业企业家所占股份比例
麦克米伦等	1985	A.提出六类二十七项投资评估标准： 一、创业企业家的个人特质 可以长期的投入心力；能良好的评估风险并做出反应；能清楚的描述新事业；细心；创业者的人格特质与创业投资者契合。 二、创业企业家的经验 是否全面的熟悉新事业的目标市场；在过去展现出的领导能力；拥有与新事业相关的工作经验；由可信赖的来源所推荐的；已熟知创业企业家的名声。

续表

研究者	年份	评估准则
麦克米伦等	1985	三、产品或服务的特性 产品的专利保护；产品的市场接受度；产品已发展出可运作的原型；产品被视为高科技。 四、市场特性 目标市场有重大的增速；新事业将刺激原有的市场；新事业在创业投资者熟悉的产业中；创业企业发展的前三年市场竞争上的威胁很少；新事业将开创出一个新市场。 五、财务考虑 在十年内至少有十倍的投资报酬；该投资易于变现；在五年内至少有十倍的投资报酬；不期待参加后续的投资；假使没有参加前次的投资，将能参加后续的投资。 六、创业团队 新事业由一人发起，他有相关的经验；新事业由多人发起，每人有相似经验；新事业由多人发起，并能达成功能上分工。 B.研究调查结果提出重要性排序创业家个人特质方面最重要的评估准则：能持续对项目投注精力与处理风险能力；产品方面最重要的评估准则是专利权的保护；市场方面最重要的评估准则是市场的高长成性；财务考虑方面最重要的评估准则是财务报酬的潜力与投资的高资产流动性。 C.提出不可缺的项目能持续对项目投注精力；对目标市场的熟悉；3.5~10年内至少有10倍的报酬
麦克米伦、策曼、亚纳拉西马	1987	最重要的是企业家的素质和能力
黄钰玲	1989	创业家的人格特质；市场潜力；经营团队；产品创新性；预期风险；市场竞争情况；预期报酬；市场规模

续表

研究者	年份	评估准则
荷尔、霍弗	1993	A.提出六类二十八项投资评估标准的选用： 一、创业投资者的要求 变现能力；股权比例；熟悉技术、产品与市场；与投资者相关的财务条款；地理位置；投资者的控制能力；投资者的群体；报酬率；风险；投资项目的规模；项目的发展阶段。 二、商业计划书的特性 其他资料的需求；计划的阶段。 三、创业家及创业团队的特性 评估风险的能力；能清楚的描述新事业；可以长期的投入心力；背景及经验；管理能力；管理团队的投入程度；他人对创业家的评价；管理团队在新创公司的股权比例。 四、新事业的本质 产品及市场。 五、所处产业的外在环境 对市场的吸引度；市场规模；技术；对威胁的抵抗。 六、新事业的经营策略 产品的差异化；产品的专利保护。 B.研究调查结果重要排序如下： 初步筛选阶段：创业企业的产业长期成长与盈利能力；商业计划书评估阶段：商业计划书的内容丰富程度
雷、图平	1993	提出五项必不可缺的评估标准： 熟悉产业；可以长期的投入心力；能良好的评估风险并做出反应；市场成长率；投资变现
弗里德、海斯里奇	1994	以概念、经营与报酬三方面提出十五项投资评估准则： 一、概念 拥有盈利成长的潜力；有效的商业构想，且在2~3年内会实践达成；拥有相对重大的竞争优势，或是在相对没有竞争的产业；要拥有合理的总资金需求的资金规划。

续表

研究者	年份	评估准则
弗里德、海斯里奇	1994	二、管理团队 人格正直；在先前的工作绩效良好；务实的；努力的；有弹性、能屈能伸；全面地了解产业；良好的领导力；拥有一般的管理经验。 三、报酬 提供投资退出的机会；提供30%~70%的高报酬率；提供高的股权流动性
拉夫哈等	1994	A.提出六类三十一项投资评估标准的选用： 一、管理能力 洞察及预测能力；细心与热忱；可靠性；组织管理能力；风险管理能力；过去在相关行业的经验；局外人对管理能力的看法；过去的管理经验；技术知识的程度；教育背景与经历。 二、融资能力 非正式的熟悉度；融资能力；抵押的状况。 三、产品的技术与优越性 产品的毛利率；产品性能的优越程度；产品的价格竞争力；产品的独特性；核心技术的程度；技术发展能力；技术人力的程度。 四、原材料的可得状况 原材料的稳定供应；原材料的价格稳定程度。 五、生产能力 劳力取得的容易程度；装备设施程度；设备布局的适合度。 六、市场吸引力 销售配送通路的程度；市场研发与销售策略；客户采购的程度；产品的市场接受度；市场大小；市场成长性。 B.利用规范模型研究创业投资家根据过去的经验来决定个别投资评估标准的重要性，排序如下： 管理能力；市场吸引力；产品及技术的优越性；融资能力；取得原材料的能力；生产能力

续表

研究者	年份	评估准则
埃兰戈等	1995	A.研究着重于投资于早期与晚期创业投资的特性差异，提出十一项投资评估标准： 创业家可以长期的投入心力；创业家能良好的评估风险并做出反应；创业家能清楚的描述新事业；创业家在过去展现出领导力；创业家全面的熟悉新事业的目标市场；创业家拥有新事业的相关工作经验；创业家是聪明、灵巧的；产品是专利权保护的；产品是独特的；市场拥有重大的成长率；在5~10年内至少有10倍报酬率。 B.研究结果投资评估排序如下： 投资早期：产品受到专利的保护，产品是独特的，市场高速成长；投资晚期：市场的接受程度
穆齐卡等	1996	提出研究中前十项较重要的评估标准： 主要创业家的领导潜力；管理团队的领导潜力；管理团队的产业专长；首席创业家的经历；管理团队的经历；维持市场占有率的竞争优势；管理团队的营销及销售能力；管理团队的组织及管理能力；变现能力；对产品及市场的了解程度
刘常勇	1997	提出五个层面、二十二项准则： 一、经营计划书的整体质量与可行性 经营计划书有无呈现出竞争优势与投资利基；经营计划书整体逻辑的合理程度。 二、经营团队的背景与能力 创业家或主要经营者的经历与背景；创业家或主要经营者的人格特质；经营团队的专长能力和管理能力；经营团队的经营理念；经营团队对营运计划的掌握程度 三、市场规模与潜力 市场规模；市场潜力；市场竞争优势；营销策略规划

续表

研究者	年份	评估准则
刘常勇	1997	四、产品与技术实力 技术来源；技术人才与研发能力；知识产权；产品附加价值或独特性；生产制造计划可行性与周边产业配套。 五、财务计划与投资报酬 公司的财务状况；公司的股东结构；融资公司的财务计划的合理程度；公司资金需求规划的合理性；预期投资报酬率；资金回收年限、方式与风险
周明智	2006	提出10个主要投资评估指标 有产业人脉网络；有专利或优越的技术；有产业视野、对市场深入了解；要诚实、直接要点说明创业方向；有能力主宰某个利基市场；正确的经营理念；产品定位清楚；具体的财务数字；拥有坚强的经营团队；有可获利的订单及合约

本书在讨论创业投资者进行尽职调查的“由表及里的挖掘、因果互推的验证”部分中构建的创业企业财务层、市场与客户层、产品与服务层、商业模式层、人力资本团队层及最核心的企业家，每一层的指标也都是创业投资评估创业企业的标准。

创业投资者根据类似的评估标准，对创业企业做出判断，符合评估标准的，进入投资决策程序，不符合评估标准的，不为他们“留灯”。

创业者的配对原则

创业者对创业投资者有选择标准，遗憾的是，目前大多数研究创业投资的文章并没有站在创业者的角度思考创业者选择创业投资看重的是什么。

创业是一种要素组合，创业者需要聚合资本、人力、技术、信息、注意力、土地等各种产业要素，创业企业寻求与创业投资者合作，不仅需要获得资本要素，还希望从创业投资者那里获得其他非资本的要素，主要包括三个方面：

（1）人力资本：创业投资者的管理支持。创业投资者成为创业企业的股东后，创业投资者有责任也有动力为创业企业提供管理支持。创业投资者可能作为董事会成员，参与创业企业的经营管理；也可能并不参与董事会，但从顾问的角度提供经营管理的建议。

根据戈尔曼和萨尔曼对49位创业投资者的问卷调查，他们平均花费一半时间在所投资的企业中担任董事会成员。主要作用是：财务监督、协助决策、协助后续融资、参与商业模式设计，对运营管理提供意见与建议，引导企业管理体系，包括财务制度、治理机制、人力资源体系、激励和薪酬体系等，甚至有的创业投资者还参与创业企业的一些人力资源工作，帮助创业企业推荐人才，猎头中层等。巴里等实证发现资本市场因为创业投资者的作用而给予他们所投资的企业在IPO时更高的市场估价。杰恩和基尼在实证中证明市场对创业投资者提供管理支持的企业给予更高的估价，这一估价与创业投资者的监督质量正相关。

通过积极参与并辅助创业企业的经营管理，创业投资者与创业企业分享的是其人力资本。

（2）关系资本：创业投资者与最终出资者的关系资源。人是社会关系的总和，创业投资者由于职业与经历的特点，有不同于创业者的社会关系。**创业投资者的社会关系网络，能够为创业企业带来新的信息、客户渠道、融资渠道、技术渠道，能够提高创业企业与其他交易主体的信任程度，降低交易成本，能够带来价值增值的资本，称为关系资本。**

不仅创业投资者拥有大量的关系资本，创业投资的最终出资者，如有限合伙制的创业投资基金中的有限合伙人拥有大量的关系资本，这些可能是创业者所不具备的，对创业企业的成长至关重要。

萨皮恩扎等调查研究发现，风险投资家为其投资的企业提供了关系网络，便利了所投资企业与其他公司、专业机构的合作。弗里德、海斯里奇认为风险投资家的关系网络资源，包括：筹资的渠道、高层管理人员的重要来源、业务的关系网络、专业服务机构和有价值的战略信息五大方面。

（3）声誉资本：创业投资提高创业企业的注意力价值与信誉。由于创业投资者作为专业的投资者，对于创业企业的严格筛选广为人知，因此一个初创企业能够获得创业投资，尤其是获得知名创业机构的投资，往往被认为是企业有潜质、有价值的体现。

几年前，接触主持人李静的东方风行（北京）传媒文化有限公司（简称“东方风行”），在介绍企业价值时，她自豪地说红杉资本中国基金的沈南鹏已经投资。李静是名人，东方风行在电视栏目制作与时尚营销方面也是知名企业，但在资本市场上还不为人知，红杉资本中国基金与沈南鹏是东方风行在资本市场上的声誉背书，这是创业投资者给创业企业带来的信誉提升。弗里德、海斯里奇认为，这些声誉与形象的提升有助于创业企业吸引人才，与其他拥有互补资源或能力的企业合作，甚至有助于树立银行对企业的信心，有助于吸引潜在顾客。

创业者评估与选择创业投资的重要原则是创业投资者能带来哪些人力资本、关系资本与声誉资本等非货币的价值。

匹配模型

创业投资与创业企业彼此寻求符合各自合作标准与原则的对象的行为是匹配。

匹配不是一方对一方的审视，而是二者的相互比对。匹配不是“丘比特的箭射中爱人”，而是“月下老人手里的红线”连接合适的他与她。

交友网站运用的就是匹配技术，让用户填写自身的资料与对另一方的要求，根据“我的条件——ta对我的要求”和“我对ta的要求——ta的条件”进行多条件项的匹配。

前面讨论的不管是“创业投资的配对标准”还是“创业者的配对原则”虽然标准与原则的具体内容不同，但基本上都是通过评估对方不同维度的特质，作为匹配条件，符合匹配条件的，才列为匹配对象。

其中，创业投资的评估标准的结构大致相同，泰吉和布鲁诺的投资决策模型的内在逻辑是以风险投资家对风险企业的市场吸引力、产品差异化、管理能力、环境威胁抵抗能力四个维度进行评价，从而得出对投资收益与投资风险的预期，决定是否投资。创业投资机构根据各自不同的评估标准参考泰吉和布鲁诺研究并总结的创业投资决策要素建立不同的匹配模型，如图7-1所示。

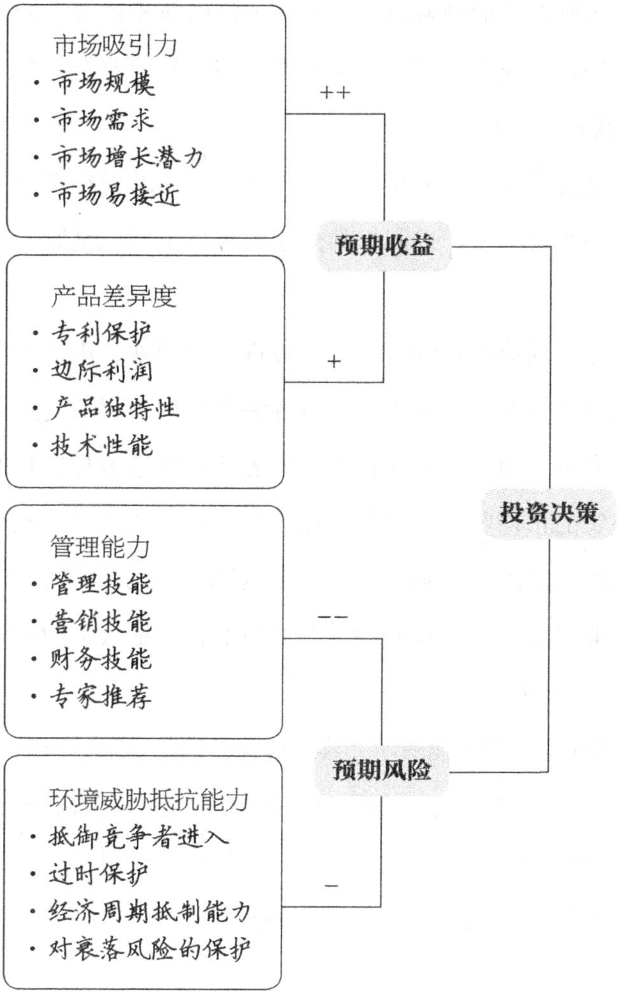

图7-1　风险资本投资决策模型

注：++，+，--，-为各因素的影响力权重，+为显著正相关、-为显著负相关。

同样，创业者选择创业投资也应该有一套系统的匹配标准。但遗憾的是，目前国内对创业企业融资决策的评估因素缺少实证研究。

根据前文讨论的创业企业配对原则，创业企业不仅需要创业投资的货币资本，也需要人力资本、关系资本、声誉资本等。因此，融资决策包括两个维度的因素：一个是创业投资机构的因素，包括：声誉、资本规模、协同资源、在创业企业所在产业领域有经验；一个是创业投资者人的因素，包括：创业投资者的经验与能力、创业投资者专长领域与创业企业的匹配性、创业投资者参与管理的积极性。

我们之前也讨论过，创业投资者与创业企业家关于投资价格的高低、保障性协议条款的严苛程度、控制权的分配权重，这些也是影响创业企业决策的因素。

创业企业评估创业投资的投资额、投资的长期性、声誉资本、在创业企业所处产业领域的资源与经验等与自身的需求匹配，评估创业投资者个人的经验、能力、专长、为创业企业提供管理支持的意愿等与自身的需求匹配，就形成融资决策的预期收益。创业企业评估创业投资的保障机制，包括创业投资对创业企业的控制权、对赌的风险等，就形成融资决策的预期风险。

将上述创业者融资决策权衡收益与风险的因素纳入创业投资与创业企业的匹配模型如图7-2所示。

如果创业投资对创业企业的评价结果高于期望值，则心理感受为预期收益。反之，则心理感受为预期风险。同样，如果创业企业对创业投资的评价结果高于期望值，则心理感受为预期收益。反之，则心理感受为预期风险。双方综合评价对比收益与风险后，选择合作配对，或者放弃，开始寻找下一个投资对象。

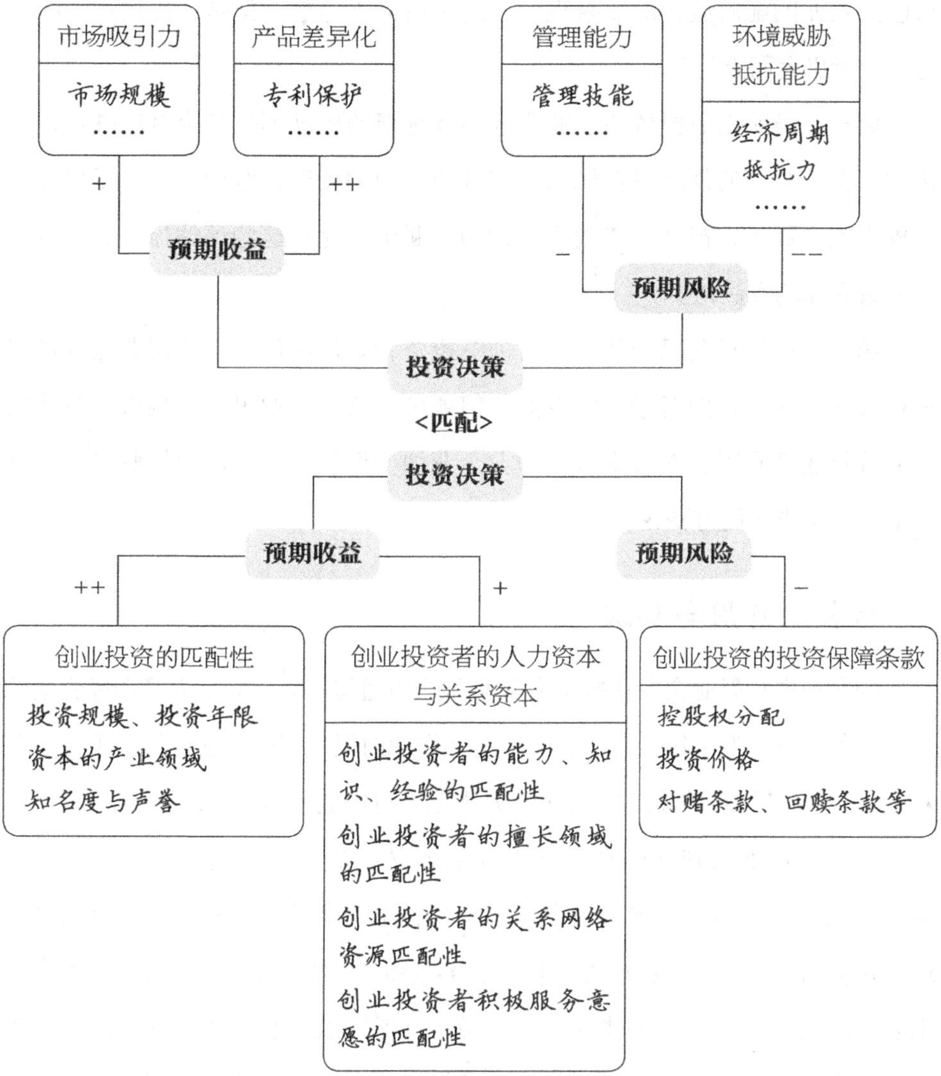

图7-2　创业投资与创业企业的匹配模型

注：++，+，– –，–为各因素的影响力权重，+为显著正相关、–为显著负相关。

模型是静态，选择则是动态变化的。就像某相亲栏目的女嘉宾对新登场的男嘉宾不断选择，直到牵手。

现实永远比理论复杂。在现实中，创业投资投资决策还受到经济、社会、舆论、资本市场环境的诸多影响。上面的匹配模型相比现实中创业投资与创业企业的配对过程的复杂程度，简化得近乎粗陋。但是，提出这个模型对从业者仍有两点价值。

第一，虽然创业投资与创业企业相互选择的标准不是完全客观并难以量化的，但一个好的创业投资机构应该试图去归纳梳理这些标准，并尽可能赋予权重赋予数值，根据现实的投资案例不断丰富完善这些评估标准，形成投资决策支撑的方法论。

第二，虽然目前已经有一些对创业投资者如何评价、筛选创业企业做出投资决策的研究，但对于创业企业如何评价、筛选创业投资机构做出融资决策的分析还很有限。对于大多数创业企业如何评价、筛选创业投资机构还缺少融资决策支撑的方法论。

信任的作用与层级

创业投资与创业企业在投资和融资前的沟通与博弈，既是为了选择合适的匹配对象，也是为了建立信任。信任是合作的前提。同时，这种信任关系随着双方达成合作后会继续发展，可能不断加强，也可能削弱信任，甚至反目。

首先，创业投资与创业企业彼此依赖又无法完全控制对方的行为，关系具有脆弱性；其次，未来的合作结果具有不确定性。信任在“具有绩效模糊、重大结果、高度互相依赖等特点的关系建立上发挥更加重要的作用”[1]。主要表现为三个方面。①建立与强化关系；②降低交易成本、降低风险和避免机会主义行为；③增加合作收入，信任可以导致合作的双方更好地交换资源，让资源得到更充分的利用，从而创造更大的价值。

创业投资者与创业企业之间通过尽职调查与商务洽谈、沟通与博弈、评估与选择达成合作的过程，也是一个从无到有建立信任的过程。

---

[1] SINGH J, SIRDESHMUKH, D. Agency and trust mechanisms in consumer satisfaction and loyalty judgments[J]. Journal of the academy of marketing science, 2000, 28(1):150-167.

巴内和汉森根据信任的程度把信任分为三类：弱式信任、半强式信任和强式信任。

通过各种渠道的引荐创业投资者出现在创业企业门口时，期望创业企业有成长潜值、双方有合作可能。此时，双方的关系是弱式信任。

半强式信任是一种有条件的信任，在理性判断双方合作有利的基础上信守承诺。

强式信任是一种超理性信任，往往来自双方的价值信念。双方充分了解对方的价值观，价值观已经内化为各自的行为原则，任何一方采用机会主义行为，伤害对方，都会违背自己的价值观与行为原则。

双方通过非正式沟通了解彼此的能力、历史；通过商务谈判探讨合作的条件、机制、未来的目标与发展路径。在这个过程中，双方经过理性的判断，构建的是半强式信任。实现半强式信任，就可能达成合作。

半强式信任需要基于正式控制的机制来保障。正式控制机制的特点是制度化、组织化、条文化。例如，签署条文尽可能完善的合同对设立、变更、终止双方的权利义务关系进行约定，一方不能履约，可以通过制度化的法律诉讼来主张权利，如创业投资派员参与创业企业的管理，进行监督。

创业投资与创业企业之间达成的合作建立的是基于正式控制的信任。随着双方的合作，创业投资者参与创业企业的经营管理，与创业企业家频繁的互动，尤其是共同克服困难，共同迎接挑战，不管是否存在详细的正式控制机制，都会充分信任。这时候就是强式信任。

由于双方很难把未来可能遇到的所有影响彼此合作的情况都事前预测，事前的合作契约具有不完备性。同时，由于双方面临未来发展过程中的一系列的不确定性，需要积极投入各自资源，共促发展。因此，创业投资者与创业企业家在合作后，确实需要建立强式信任，这种信任取决于双方价值观的相似度，双方经过分享对彼此价值观的认同，如图7-3所示。

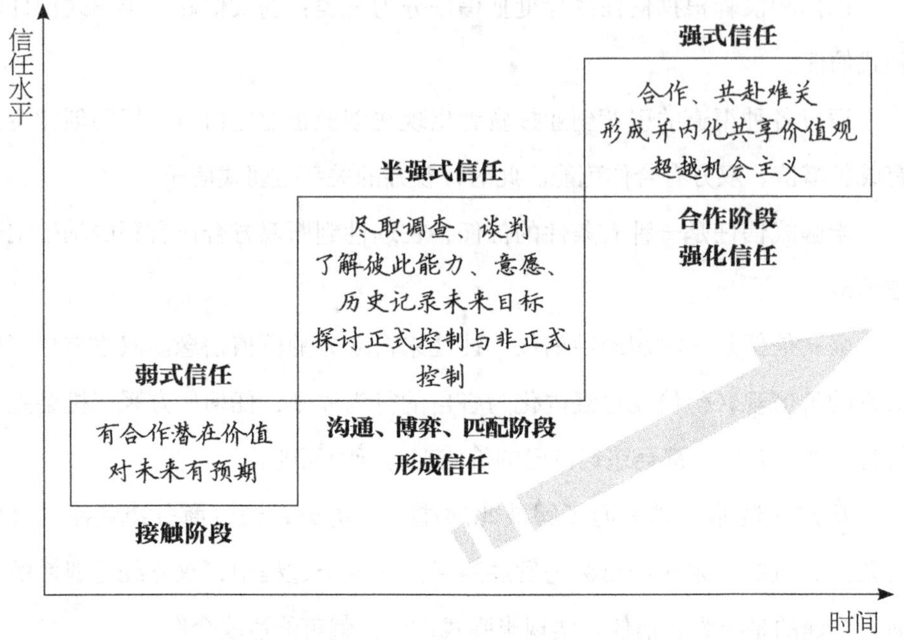

图7-3 信任的建立与发展

》结合为共同体

创业投资与创业企业牵手成功，不是开始浪漫的爱情之旅，而是开始现实地过日子——合作。

首先要签署一纸“婚约”。先签合同，再合作。虽然合同条款很难百分之百完备，但是合同可以增强双方的安全感，而且讨论合同条款，也是双方沟通的一种方式，通过讨论合同条款进一步交换信息，确认各自的责权利，找出符合双方的期待的共同利益。这份合同不仅是为了下一步的合作，更是为了有可能出现的不合作。作为发生冲突时的一份证明，避免事后扯皮的时间、人力等综合成本的浪费，并作为法律诉讼的依据。

当然，双方签约确立的合作关系，不仅是一种基于合同的法律关系，也是一种情感与利益的混合。

一般而言，创业企业与创业投资机构的合作具备以下特性。

首先，合作的目的性。企业合作是为了达到一些目标，这些目标依靠单个企业不能达到或者是不能有效达到。**合作是为了实现单个主体独自不能或难以完成的目标。**

双方合作的共同目标是创业企业的成长与股权价值的增值。

其次，合作的资源交换性。合作是指两个或以上的主体提供不同的资源交换的过程。每个企业拥有的资源具有：①异质性，与其他企业资源不同；②不可移动性，资源很难被其他企业拿走；③稀缺性，资源是稀缺的；④不可模仿性，资源很难被竞争者利用本身资源复制模仿；⑤不可替代性，很难被其他的资源替代；⑥价值性，资源可为企业创造竞争优势，并产生价值。

创业投资者投资创业企业，获得股权，是为了获得这家企业不可移动、不可复制、不可替代、能够创造价值的异质性资源。同样，创业企业向创业投资机构融资，也是为了获得资金以及创业投资机构提供的人力资源、组织资源、社会关系资源等。二者的**合作，表面上交易的是资金与股权，实质上交换的是各自所需的资源，并分享由于双方的资源重组后产生的价值增长。**

最后，合作的共识性，即达成共同认识。合作是指两个或以上参与者基于他们对问题的理解，而形成一种对问题或解决方案共同的看法的过程。

合作要有共识，这是需要着重讨论的，但往往被很多创业投资者与创业者在前期的沟通与谈判环节中轻视了。双方把大量的时间与精力用于讨论投资价值、法务与财务的尽调、合作的条款、投资的价格，而对很多未来更重要的共识性讨论较少。例如，创业企业未来的方向到底是什么？经营的底线是什么？双方应该采取什么样的方式合作？究竟需要对方怎样行为？合作双方只有达成好的共识才能更好地共事。

创业投资与创业企业的合作不属于契约式的联盟合作，而是相互嵌入形成新的共同体，如图7-4所示。

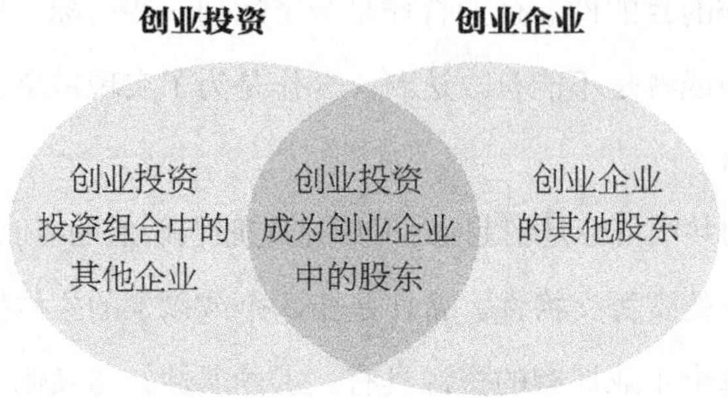

图7-4 创业投资与创业企业的相互嵌入

嵌入是你中有我，创业投资是创业企业的股东之一；我中有你，创业企业成为创业投资的参股公司之一，或投资组合之一。在法律上，创业投资参股的创业企业成为双方共有的主体。

资本发挥纽带作用使双方形成共同体，创业投资以创业企业的股权分享价值，分担责任，承受风险。双方的资源也因共同利益而实现要素组合，整合成为共同体的共享要素。

创业投资者与创业企业家在合作以后，表达的主语，不应该再是你、我、你们，而是我们。不仅是表达习惯的改变，更重要的是思维的改变。

由于是我们，所以可以整合的资源不仅是两个圆交集的部分，那只是体现创业投资者在创业企业中的占股，创业企业可以整合创业投资者的全部资源，包括创业投资者的LP，具备合格投资人财富条件的LP，不管是政府、产业企业还是个人都有其特定的资源；也包括创业投资者已经参股的其他创业企业，在创业投资组合的诸多创业企业之中也是可以形成优势互补与资源整合。

控制的“情、理、法”与“法、理、情”

创业投资者与创业企业所形成的共同体，仍有其脆弱性。创业投资者虽然是创业企业的股东，但毕竟只是外部管理者，不可能也不应该过多参与创业企业的日常经营管理。这就意味着创业投资者把资本委托给创业者管理。国内外很多研究将创业投资者与创业企业之间的关系视为一种委托-代理关系。

代理人存在“道德风险”。创业投资者和创业者由于双方的共同目标在合作中可能逐步变得不一致（如创业投资者希望创业企业被其他企业并购以实现退出，而创业者并不愿失去企业控制权）；创业企业的实际发展与创业投资者投资时的期望产生差异（如创业企业的实际业绩未能达到对赌要求）；对创业企业的经营管理，外部的创业投资者与内部的创业者之间也存在信息不对称，这些都可能导致创业者利用自身的信息优势，为自身利益采取投机行为。因此，创业投资者对创业者必须进行监督与正式控制。

正式控制一般包括两类。

一是基于结果的控制，双方明确约定合作要达成何种结果，如设定每年的业绩指标，设定五年的上市计划，从而明确双方的目标，并将利益奖惩和目标链接在一起，当超额完成目标时，给予怎样的股权与现金的奖励，当不能完成时，给予怎样的惩罚，利用诱因的设计促使结果符合双方的目标。

二是基于行为的控制，事前规定双方应有何种行为，并约定出现哪些不当行为将怎样制裁，通过事中的监督实际行为是否服从事先约定，并进行事后惩戒。

创业投资者与创业者之间实力不同，对另一方需求的强烈程度不同，可选择的替代者的范围不同，在沟通与谈判阶段体现出不同的议价能力。议价能力强的一方更能影响正式控制机制的设计和使用。强势的创业企业，创业投资者控制的话语权有限，甚至未必有董事会、监事会席位。反之，弱势的创业企业，创业投资者的控制力更强。

合作是对等的，控制存在一个平衡性的问题，任何一方如果要求过强的控制，平衡会倾斜，会导致信任的降低，有时候不仅不能降低另一方的机会主义行为的风险，甚至可能导致更多的机会主义行为；而且抑制了弱势一方能力的充分发挥，妨碍合作价值的实现。

尤其中国文化与充满契约精神的美国文化是不同的，美国的创业投资主要是通过法律契约实现对风险的控制，对创业企业的控制。实际上，目前风险投资依托的法律条款也主要是美国的法律条款，法条是严格详细的。

在熟人社会中，人与人之间的信任不是通过合同等其他正式控制机制来保障的。至亲好友借钱不用签合同，最多打个白条。因为有基于非正式控制机制的信任。非正式控制机制包括：价值观、文化、风俗、情感、习惯、社会网络关系、社会道德规范等。

中国文化的特点是按照“情、理、法”排序，而非美国按照“法、理、情”排序。我们可以把基于合同、制度等正式控制机制视为“法”；把创业投资与创业企业共同的愿景、共同的利益目标作为“理”；把双方的信任、沟通、共享价值观作为“情”。在中国建立作为“理”、作为“情”的共同目标、情感关系、共享价值观等非正式控制机制，对创业投资与创业企业的合作也很重要。

创业投资与创业企业在合作前与合作之初，没有非正式控制机制的基础，只能通过合同、董事会监督等正式控制机制保证信任。

随着合作的深入，好的创业投资者与创业者应该有意识的分享并理解各自的价值观，加强双方社会关系的相互嵌入，培养共同的社会关系网络，引导对方重视自身的声誉，从而建立基于非正式控制的信任。所以，在双方达成投融资之前的沟通阶段，创业投资者不仅需要详细、准确、全面了解创业企业，而且要与创业企业培育共识，以及双方的共同目标与合作前景，充分认知双方合作的互补性与可交换的资源，充分认知双方的价值观念与行为准则。

在双方达成合作的谈判阶段，双方不仅要通过合同确立法律意义上企业层面相互嵌入的共同体，而且要引导创业投资者与创业者确立社交意义上人的层面彼此嵌入的社会关系网络。建立双方对未来目标的高度认同，对自身声誉的高度重视，对社会关系的高度分享，对彼此价值观的高度认可。

两种人力资本以货币资本为黏合剂的结合

人力资本从依附于货币资本转向与货币资本平起平坐，甚至价值贡献能力超越货币资本。过去是资本雇佣劳动，现在为人力资本整合并使用货币资本，人力资本拥有剩余索取权，在价值创造过程从被动状态转变成主动状态。

创业者创业就是用自己及其团队的人力资本创造价值；创业投资者投资创业企业就是用货币资本与创业者及其团队的人力资本结为共同体，创造更大的价值并分享；创业者向创业投资融资，不仅为了获得货币资本，也是为了获得创业投资者的人力资本，结为共同体，创造更大的价值并分享。

货币资本作为一种黏合剂把创业者与创业投资者的人力资本结合在一起。

对于创业者来说，创业投资的区别不是钱，而是人。选择一家创业投资机构，是获得自己没有的且需要的人力资本。

创业企业需要什么样的人力资本就选择能够提供这种人力资本的创业投资。创业者需要什么样的人进入创业团队，就选择什么样的创业投资者。

创业投资者是无须付费雇佣的团队成员。不仅不用付薪酬，而且带资进企业。

创业者搭建创业团队，要向其他团队成员支付薪酬，有的要承诺期权或者直接兑付股权，总之需要用钱或者可以折算成钱的股权去交换其他团队成员的人力资本价值。创业者不用向创业投资者付薪酬，也不用承诺给其个人的股权。因为创业投资机构作为一个整体已经获得了创业企业的股权。创业投资者间接拥有创业企业的股权。创业投资者为了创业投资整体所持有的创业企业股权价值增值，有动力也有意愿为创业者提供知识、经验、社会关系，与创业者共同思考、讨论市场与客户、产品与服务、商业模式、团队搭建与企业管理。

创业者要看看自己缺什么。如果只缺钱，找一个有资金规模的创业投资就够了；如果缺声誉、注意力资源，可以找一个有品牌影响力的创业投资机构；如果团队还不完善，就要找一个能够真正派员辅助自己的提供深入服务的创业投资。这时候，小的、成长中的、精品化的创业投资机构可能更有动力，更有时间与精力提供深度服务；规模大的、品牌好的创业投资机构，其投资组合中的项目太多，很难对一个项目投入过多的精力。

创业企业与创业投资机构之间存在阶层，头部的创业创业，背后是头部的创业投资，中小创业投资很难分得一杯羹。如同婚恋的匹配关系存在门当户对，海归创业项目的创业投资者往往也有海归背景，创业项目走境外上市路径；本土创业项目的创业投资者往往来自本土，创业项目走境内资本通道。实际上，有时候互补比相似更重要。

创业企业是创业者的孩子，为了更好养育这个孩子，为他找一位教父，创业投资者就是教父，为了给教子提供更好的成长建议与更多的社会资源，创业者应该选一个与自己能力、性格、资源不同的人来做教父。

创业者从自己以及团队的人力资本的特质出发，寻找与创业团队存在互补性与结合度的创业投资者，**重要的不是所谓“好”的，而是“对”的，“对”的才是合适的。**两个有能力的好人未必适合一起过日子。

〉〉 合适的人力资本结合

对于创业者而言，创业投资者的人力资本的合适性体现在四个方面：**志愿一致、风格匹配、知识互补或叠加、能力加强。**

（1）志愿一致，表现在意愿、志向与态度上。意愿是创业投资者有积极的意愿充分调动自己的人力资本、关系资本为创业企业创造价值。有的创业投资者的人生发展与创业者有同步性，也处于成长期，有意愿与创业者共同思考、讨论、设计商业模式与企业战略；有的创业投资者虽然已经有所成就，走到前面，但愿意成为青年人的导师。但是，有的创业投资者是纯粹的投资思维，并不倾向于把自己的经验、知识、能力与创业者分享。

志向是志同道合，双方对创业者对开拓的事业有类似的兴趣、追求、价值观念。所以，我建议不仅是创业投资者在尽职调查过程中要了解创业者的人生、成长、价值观、兴趣爱好、追求、信念等，创业者也要去了解创业投资者的这些表面看起来与投资距离甚远，但实际上决定了两个人深层合作的人的最本质的东西——人生、成长、价值观、兴趣爱好、追求、信念。

态度是双方对特定对象（人、观念或者事件等）所持有的稳定的心理倾向，蕴含着主观评价以及由此产生的行为倾向。态度一旦形成很难改变。创业者要了解创业投资者对工作、创业者、创业企业、合作的态度。当年中国足球队请了位德国教练施拉普纳，他的语录就是：态度决定一切。创业投资者的态度也在很大程度上决定了他的工作动能和效率。

合适的创业投资者是有良好的合作意愿、积极的合作态度，且与创业者志同道合的。否则，即使这位创业投资者是高手中的高手，创业者也无法分享其人力资本价值。

（2）风格匹配。人有不同的风格。有人主观，有人客观；有人富于想象力，有人长于冷静分析；有人能为组织带来美好的希望，能够为组织带来精准的条理；有人善于管控，能为组织带来严明有力的纪律；有人强于沟通，能为组织带来自由开放的交流；有人谦虚，擅长倾听，能够给组织带来知识的分享与民主的氛围；有人强硬，擅长指挥，能够给组织带来高效的执行与阶层化的氛围；有人擅长冲刺，解决突发问题，攻关克难；有人擅长耐力赛，点滴积累、持之以恒。

一个好的创业团队需要不同的角色，探索者、创新者、控制者、组织者、设计者、谋划者、分析评价者……不同风格的人适合担任不同的角色。创业者要根据自己的风格与现有团队的风格，寻找合作的创业投资者。这与招聘的逻辑是一致的，找现有团队缺乏的、作用关键的、市场稀缺的那一种人补充到团队中。所谓作用关键的，指的是创业企业需要各种各样的人，但目前阶段作用最突出、功能最关键的是哪一类，就找那一类。所谓市场稀缺的，就是如果这类人力资本通过人力资源市场容易找，不如直接去雇一个职业经理人，相对于人力资本，创业投资者是更稀缺的。

（3）知识互补或叠加。创业者评估创业投资者是否有助于完善创业团队的知识结构。创业投资者的能力可以通过其专业背景与职业经历初步了解，还可以通过双方的沟通进一步深入判断。

从知识结构上，一般创业者是垂直型知识结构，即在一个领域内的高度聚焦与深入，对于自己所创业领域的产业知识、技术知识掌握得更多更深。而创业投资者往往是水平型知识结构，从业经历更复杂，作为投资者接触过不同的企业、不同的行业，有的创业投资者本身就曾经是创办过企业。创业投资者有知识宽度，创业者在具体产业领域有知识深度，两者结合形成“T”型的知识结构，如图7-5所示。

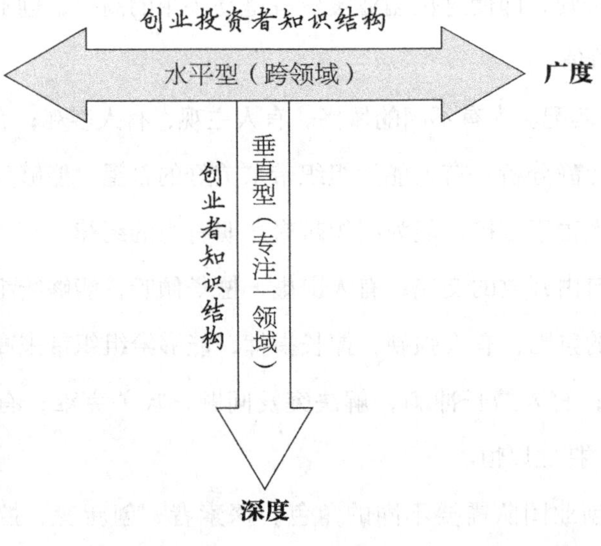

图7-5 创业投资者与创业者知识结构互补模式（1）

一般而言，创业投资者的复合型知识，对创业者的作用更大。创业者对自身专业领域的知识即使不完备，补充起来更容易，毕竟就在行业中。而创业投资者其他领域的知识是创业者自身难以短时间获得积累的。“他山之石，可以攻玉”，创业者需要来自其他领域的知识碰撞，帮助自己找到各种创新的解决方案。创新往往在一个领域边缘或者两个领域的结合部。创业者在自己领域内的苦思可能不如创业投资者从另一个角度帮他打开一扇窗。

创业者与创业投资者的人力资本的知识结构也可以形成另一种“T”型。有的创业者本身从业经历丰富，甚至是系列创业者，知识结构是复合的，是水平型的。这样，他的创业团队需要若干类专家。很多创业投资者一般在财务、法律、金融，尤其是资本运作方面具有深厚的专业知识与实践经验，在创业团队所需要的知识结构中拥有特定领域的垂直知识。两者之间也存在“T”型结构的互补性，如图7-6所示。

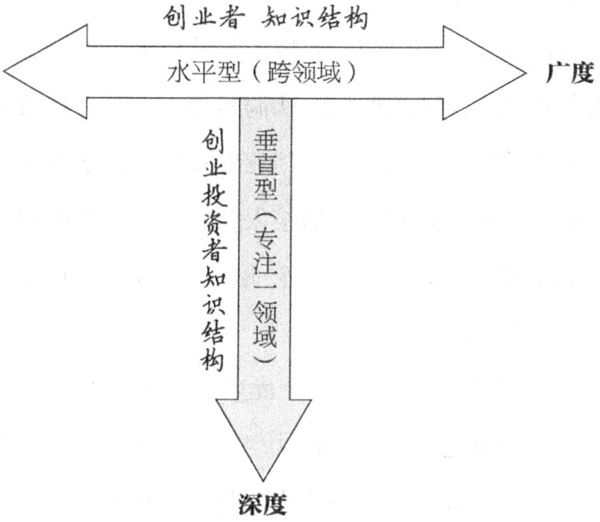

图7-6 创业投资者与创业者知识结构互补模式（2）

当然，创业者与创业投资者的知识结构未必一定是互补关系，也可以是进一步叠加的关系。

（4）能力加强。能力不同于知识，是对已有知识的应用，对新知识的创造。创业企业家最重要的能力是洞察力、创新力、统率力、决策力。

洞察力、创新力、决策力建立在对有价值的信息的占有与分析之上。

创业者受制于创业初期的纷繁琐碎的事务性工作，受制于在一个产业、一个市场、一个细分门类、一个业务领域、一个创业企业内的信息局限。

相反，创业投资者可以更便捷地收集来自不同产业、不同市场、不同领域、不同企业的信息。一个创业投资者一年可能看到上百份企业的投资价值分析报告与商业计划书，对数十家企业尽职调查，与数十位不同的创业者深入沟通，创业投资者比创业者拥有信息优势。

更重要的是，创业投资者与创业者角度不同，对信息的认知、理解、消化吸收与处置不同，将创业投资者所拥有的信息A与创业者所拥有的信息B进行交换，创业者所得到的信息不仅是A与B，而且在双方不同角度的思考转化中可以产生出一个新的信息。

对客户需求与潜在需求的洞察、对技术与社会未来的趋势的前瞻，就是在不同信息碰撞与转化中发现的商机，从洞察力上，创业投资者可以给创业者很大的补充。熟悉的地方没有风景，创业者孜孜耕耘于专业领域，反而容易只见树木不见森林，创业投资者帮助接入新的信息、新的思维角度，有助于提升创业者的洞察力。有时候，创业企业的商业模式是创业者与创业投资者共同讨论而梳理出来的。

决策力是企业家最重要的能力。一个优质的决策取决于:①尽可能充足的信息；②尽可能多的可供选择的方案；③尽可能客观的评估与推理方法；④尽可能清晰明确的目标；⑤由目标所决定的优先级标准；⑥能力与态度都值得信赖，又没有利害冲突的人协助。

在决策的过程中，创业投资者作为重要的合伙人，可以协助创业者获取决策所需信息，设计决策备选方案，客观评估与推理。创业者善用创业投资者的辅助，有助于优化决策内容与过程，提高决策能力与绩效。

〉〉创业投资者帮助创业者完善企业治理

创业投资者首轮进入创业企业，对创业企业来说是一个质的变化，它不再是创始人或联合创始人拥有的内部人企业，而是引入了外部合作者的企业。随着创业投资的进入，创业企业的中期目标更加明确，首选独立上市，次选并购重组，主要瞄准资本市场。因此，创业企业要按照资本市场的要求治理。

但是，很多创业企业的战略尚不清晰、商业模式尚未定型，企业的制度尚未规范，创业元老们能力参差不齐，人力资本团队尚未完善。这样的企业可能依靠短期利润，但难以达到资本市场的要求。为此，创业投资者必须协助创业者完善企业治理，让企业具备长期股权价值，而不仅只有短期利润。

创业企业的治理不完善，既有创业者能力不足的原因，也有创业者意愿不强的原因，创业者不是不能规范管理，而是不愿意。因为规范治理意味着更大的综合成本，发生更多的资金成本，投入更多的时间与精力。而且创业企业在创业初期的野蛮生长阶段，治理不规范，可能效率更高。比如，完善治理意味着财务的透明与规范，可能产生更大的税负；完善治理意味着决策的正规化、标准化、流程化，相比过去创业者一个人简单拍板，会降低效率；完善治理意味着更多的制度规则，对创业者而言，甚至是一种束缚。

我们接触过这样的例子，几年前，一个在三线城市的创业者，企业干得不错，每年有几百万的利润，在当地已经算是成功者，但企业治理，尤其是财务并不规范，因为创业者不想规范。

这个创业者接触到创业投资者，创业投资者告诉他，这个企业可以做得更大，甚至可能上市。创业者想有所发展又犹豫，觉得生活已经富足，规范企业会产生更多的社保费用、更高的进货成本、更多的税费，而且还要承担更大的挑战与风险。创业投资者帮他理解了企业的规范治理、整合资源、重塑商业模式以后，可以突破目前发展的天花板，利润产生十倍甚至数十倍的增长；理解了对接资本市场以后，随着企业利润的增长，企业股权价值获得几何倍数的增长，三到五年以后，这个企业可能市值数十亿元；理解了创业者的人生可能比今天的成就更加波澜壮阔，更能造福社会，再次点燃了创业者内在的激情与梦想。于是，这个企业向创业投资者融资、企业改制、进一步创新。今天，这家企业已经有几千万利润，正在上市的过程中，企业家的价值追求、社会责任感也有了提升。

由此可见，创业投资者不仅是通过自己对企业规范治理的知识与经验给予创业者技术层面的帮助，更是给予创业者思维层面的帮助，突破目前的认知，产生完善企业治理的内在动力与积极意愿，双方一起为创业企业的市值增长而努力。

人未必生而优秀，是一级级迈过台阶而成长的，有时需要有人帮着拉一把。如果说，企业家精神是火，创业投资者的思维可能是鼓风机。

创业投资者帮助创业企业完善治理，很重要的内容是参与规范与完善企业的制度。

首先，一个企业的制度总是从无到有，逐步明确、系统、完善的。企业在创业阶段，生存发展是关键，一切以生存发展为优先级，制度有时与效率相冲突。因此，制度建设不是工作重点。但创业投资机构进入以后，企业的目标明确是对接资本市场，而且对接资本市场后，企业的股权价值产生市盈率的大幅增长，股权价值更容易兑现。创业投资者给了创业者完善制度的动机。

其次，制度的价值不在于制定，而在于执行。但是，很多创业企业即使有制度，也往往是形同虚设的，因为创始人的决定是制度，创始人自己不愿意被制度约束，成为制度的破坏者，同时由于创始人创业维艰，对与他共赴难关的创业元老也比较纵容，创业元老在组织中的作用往往大于制度。所以，在创业企业中，制度既约束不了创业者，也约束不了作为核心员工的创业元老们。托马斯·巴宾顿·麦考利在《论弥尔顿》中说：一部好宪法胜于明君。一个企业最终需要一部宪法，逐步摆脱人治，一个好的成熟的企业组织，是法治的。创业投资者作为外部出资人介入，按照符合资本市场的要求规范治理企业，不仅完善制度，并强化执行，真正让制度说话，让制度大于总经理。

最后，随着创业投资者的进入，创业企业的规模也随之壮大。如果说，之前的创业企业只是一驾马车，创业者靠一根鞭子，几句口令，令行禁止，就能“赶得马车跑，叫得马车停”。随着企业的扩大，单靠创业者的一己之力，管理幅度、管理层级达不到。此时，创业者驾驭的“马车”已经变成了“飞机”，需要各种“仪表盘”来全面了解企业的运行情况，需要严格详细的操作规范保证“飞行”，制度成为企业自身发展的刚需。

〉〉 两种思维的整合

创业也是一场思维运动。创业者用自己的思想说服尽可能多的人一起去实现一个梦想，通过自己的思维描述这个梦想，描述这个梦想实现路径，同时在实践中不断修正这个路径，用思考与行动使这个梦想渐进明晰。

一个创业者最有价值的最重要的力量是思想，思想洞察现实指向未来，思想决定战略的规划与商业模式的设计。

一个人真正的成长，是认知的升级。同理，企业家思维僵化是造成企业自我超越困难的重要原因之一，它制约企业的创新与实践探索。企业要发展，需要推动企业家突破思维。所以，一个创业企业的发展也是其创业者的思维模式与格局的发展。

创业投资者与创业者的思维整合，有助于突破创业者既有的思维边界。创业者与创业投资者来自不同背景，拥有不同的经验、知识与能力，更重要的是拥有不同的思维观念。观念是第一生产力，创业者引入创业投资者，创业者带来一系列不同的思维、观念、管理理念，这些与创业者原有的思维、观念、管理理念冲撞在一起。

弗·菲兹杰拉德说：一流的智商取决于头脑中同时存在两个相互矛盾的想法而能继续思考的能力。运用思辨的头脑从对立的思维模式中找到结论的人比只能从一种思维模式思考的人要优秀。一个成功者可以衡量两种对立的观点，并善于融会贯通，综合两者的优势形成最终的抉择。

创业者与创业投资者通过沟通产生思维的冲突，创业者进行反思，选择接受或拒绝，在过程中得到启示，并把启示内化到思想与行为中，从而拓展思路，甚至影响价值观念。一个优秀的创业者能够与自己思维模式不同的创业投资者碰撞，获得两种视角、两种思维模式。同样，一个优秀的创业投资者本身就是一位教练加陪练，既辅导创业者的战略战术，又陪着一起演练对打，帮助创业者突破思维的天花板，突破潜能的天花板。

创业者通过与创业投资者的思维整合，提升自己对商机的洞察力，对员工的统率力，对产品、服务、技术、流程、商业模式的设计与创新能力，对外部合作伙伴的资源整合能力。

创业投资者与创业者思维的整合，不仅可以帮助创业者提升企业家综合能力，也能帮助创业者破除企业的刚性。

〉〉 破除创业企业与创业者的刚性

创新是创造性的破坏。刚性是创新重要的阻力，“刚性”本是物理学上的一个概念，意思是在外界环境不变的条件下，物体保持不变的特性。创新也可以理解为破除刚性。

美国学者巴顿提出了企业核心刚性的特征：对企业以往经验的盲目迷信，企业内部限制创新，限制未来进行创新性试验，从企业外部吸收的新知识被滤出。企业刚性产生的原因主要有三方面：第一，企业成员的认知惯性；第二，企业成员厌恶风险的人类天然倾向；第三，企业资产的专用性。

核心竞争力与核心刚性就像一枚硬币的两个方面，一个企业的核心竞争力有时会成为阻碍这个企业变革创新的内在阻力。企业如此，一个人也如此。每个人都有自己对思维模式、行为模式的惯性依赖，创业者自身的优势会成为自身的束缚，创业者的核心刚性也会成为自身发起变革、推动创新的阻力。

创业者与其团队都是“只缘身在此山中”，都是当局者的一部分，很难发现自己的核心刚性，更难主动破除自己的核心刚性，甚至沉溺于自己的核心刚性。创业企业的团队对于创业者而言，往往是从属关系，是助手、雇员，他们或者成为组织核心刚性的一部分，或者虽然能够发现阻碍企业更上一层楼的核心刚性，但受限于身份、位置，无法发起创新，破除创始人与创业企业的刚性。

一个创业者的过去越成功，一个创业企业的核心竞争力越突出，这种核心刚性就越强，越助长个人自满与组织惰性，越不利于组织持续创新。

企业必须永不满足，永远创新，企业家必须革自己的命，这需要外来的创业投资者的帮助，如图7-7所示。

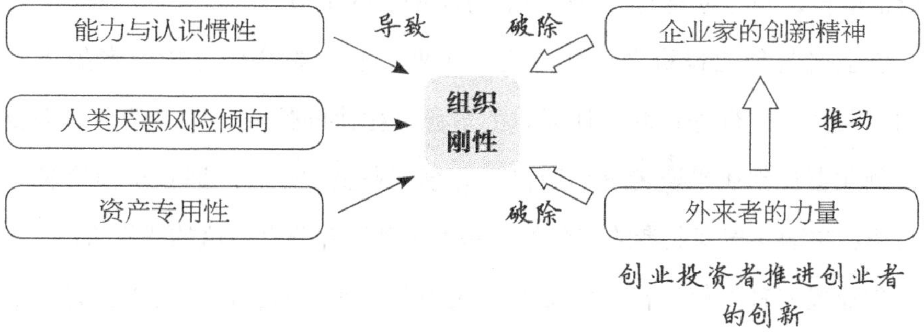

图7-7 创业投资者推动创业者创新

创业投资者旁观者清，容易发现创业者与创业企业的问题，创业投资者不能容忍组织惰性和文化惰性，因为它们将影响到企业的股权价值，因此创业投资者有动力，也有能力帮助创业者认识到核心刚性问题的存在，激发创业者身上的创新精神。

创业本身就是运用想象力去创造并实现一个现实中并不存在但在创业者的脑海中可以看到的图景与事业。但遗憾的是创业企业家不同于成熟企业的企业家，由于团队的不完善、业务的不稳定、资源的不充沛，创业企业家不能从实务工作中抽离出来，创业企业家需要想象力的相互启发、放大。

创业投资者对创业企业的产品、服务、市场、客户、商业模式，有所了解，又没有受到具体的研发、设计、生产、质控、销售、管理的细节干扰，有助于提出创意火花。

创业投资者不能在创业者不接受的情况下推动创业企业变革和破除组织刚性，而应引导创业者意识到这一点后，由创业者来发起。

创业投资者协助创业者整合资源

一个创业企业的发展就是创业者不断对外整合智力、信息、技术、关系、货币等不同资源的过程，通过付出当期的利益或者未来的收益引导其他主体与自己交换资源，从而完善自己的资源配置，创造价值，实现创业企业的价值增长，并与重要的资源提供者分享增长的价值。

创业者与创业投资者合作是为了企业成长，整合创业投资者的货币、人力、关系、声誉等资源，让双方的资源产生协同价值。为了整合，需要分享，创业者让创业投资者分享股权，分享创业企业未来的股权价值增长。创业投资者主动参与创业者的资源整合是为了创造并分享增值的股权价值。

创业投资者不仅将自己的资源注入创业企业，而且还协助创业者整合其他主体的资源。甚至成为创业企业资源整合的主要推动者，很多创业企业并购重组的主要推手是创业投资者，而非创业者。创业投资者积极推动创业企业的资源整合是为了自身的利益能够早日实现。

创业投资者协助创业者整合资源，包括两个部分：一是协助整合人力资源，更好激发已有的人力资本，更好吸纳新的人力资本，构建并完善人力资本团队；二是整合创业企业上下游重要合作伙伴的资源。

协助整合人力资源

创业企业永远缺少人才，创业成长就是要不断整合人的资源。创业企业如何留住现有人才；如何吸引随着企业发展所需要的新的人才；如何充分激发工作的积极性、主动性、创造性，如何使人才凝聚为团队。这些都是并不容易的课题。

激发现有人才的积极性、主动性、创造性，需要提高其工作满意度。一般包括三个方面：通过企业愿景、宗旨、使命，帮助人才找到工作的意义；通过工作设计与授权，帮助人才找到工作的挑战性、责任感与乐趣；通过绩效评估与奖励机制的设计，帮助人才找到工作付出的合理性。

吸引外部人才到企业来，需要提高企业在人才市场的竞争力。就像在产品市场上的竞争一样，企业之间在人才市场也存在竞争。创业企业规模不大，发展不确定，缺乏雇主品牌，在人才市场如何形成独特的竞争优势？

创业企业应该比其竞争对手有更深刻的认识、理解人才的物质与精神需求，并设法满足人才的物质与精神需求，以此设计雇主品牌。

创业企业在人才市场的第一个竞争优势不是薪酬水平、不是企业规模，不是工作的稳定性，而是挑战，是不确定性所带来的个人发展机会。

随着社会的不断发展和进步，人才与企业的关系发生改变，从无条件的忠诚与依附转向有条件的交换与合作，从终身的雇佣转向有期限的共同成长。人才有更强烈的个人意识，不再是被动地被挑选、被雇佣，而是希望自我主导职业生涯。现代人才管理理念认为，老板和员工是平等的合作伙伴关系，是情感交流与价值交换关系。企业是人才实现自我的平台，人才发展的台阶。

创业企业在人才市场的第二个竞争优势是由于创业投资者的介入带来的股权市场价值。创业投资的介入让创业企业的股权价值被市场确认，有助于以股权或期权为纽带吸引整合外部人才。

创业者可以让岗位关键的或者市场稀缺的人才实际持有创业企业股权，享有对应股权的权利——表决权、分红权、转让权、处置权等，使人才真正成为创业企业的股东、创业者的合伙人。但是，创业企业的股权价值未必增长，可能下跌，也可能一文不值。

创业者也可以与人才协商，让人才获得股权的期权。在其任期内的某个时间按事前约定的行权价格获取企业的部分股权，可以选择让人才自己出资购买，也可由创业者或创业企业直接配给。通过期权这种中长期的激励方式，避免人才的短视行为，激励人才努力工作。因为只有共同使创业企业股权价值提高，在未来约定时间高于目前约定的价格，行权才能获利。期权不需要人才现在就支付资金购买股权，也不需要进行频繁的股权变更登记手续，届时可以选择行权直接获得股权再增值收益，如果届时企业的股价不宜购买，人才也可放弃权利。

创业投资者帮助创业者用股权、期权这样一种方式更好地吸引、凝聚、激励员工，实现对人的整合。

》对外部合作伙伴的资源整合

一个人能够整合的资源是以自己为圆心的，以整合能力为半径的一个圆圈，我将其称为“资源圈”。创业者与创业投资者都拥有自己的资源圈，二者的合作不仅是人力资本的合作，也是各自关系资本的整合与共享。

创业投资者通过四个层面帮助创业者拓展资源整合的范围，提升资源整合的能力。①创业投资者的社会关系网络扩大了创业者的资源圈；②创业投资者可以协助创业者对接LP的社会关系网络以及创业投资者已投资的其他创业企业的社会关系网络，进一步扩大创业者的资源圈；③创业投资者的声誉资本所带来的背书效果，被创业投资者选中的创业企业比较优质，这样创业企业可以借助信誉提升资源整合能力；④创业投资者对创业企业投资，创业企业就可以用有价值的股权与拥有资源能力和外部主体进行交换。过去，创业企业获得这些资源与能力需要用现金或者当期的利益交换；现在，创业企业可以用股权、期权等未来利益交换，增加可交换的筹码，提高资源整合能力。

一家企业的商业模式起于所发现的商机，成于所拥有的资源与能力。引入创业投资者作为合作伙伴，打破自身的局限，不仅获得创业投资者及其LP与所投资其他创业企业的社会关系网络，更重要的是依托声誉背书与股权价值可以设计新的合作模式，架构新的合作伙伴关系，并通过整合的资源与能力的扩张，形成更好的商业模式。

因此，创业投资者可以帮助创业企业更好整合外部合作资源，形成资源要素之间要素重组与优化配置，推出更好的产品与服务，收获更大的市场与客户，产生更多的收入，从而升级商业模式，提升企业股权价值，如图7-8所示。

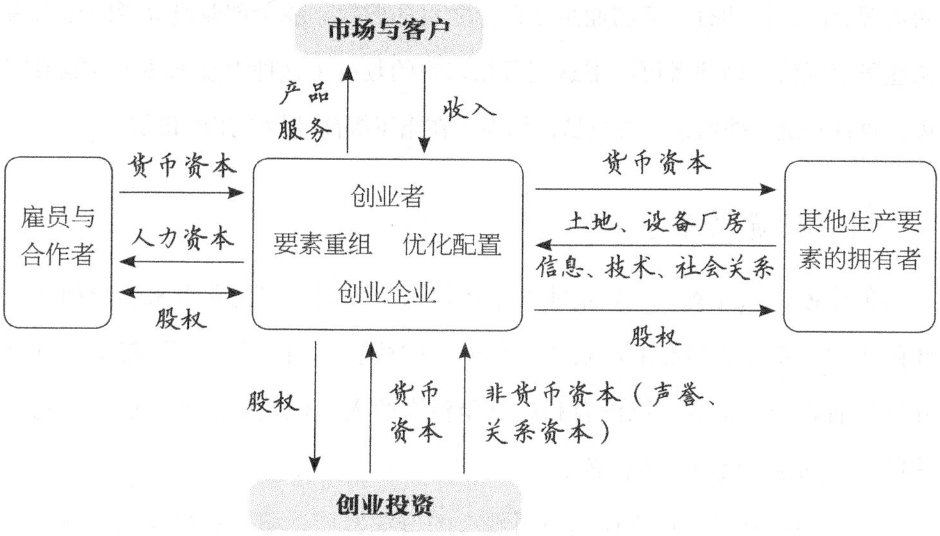

图7-8　资源整合：资本、权益与资源要素的交换

创业者与创业投资者的交易是交换创业企业的股权，获得创业投资者的货币资本以及人力资本、关系资本、声誉资本等非货币资本，创业投资者获得创业企业的股权，分享创业企业的未来收益。

创业者与联合创始人、雇员交易，给他们一部分货币作为薪酬，让他们分享当期的收益，给他们股权或期权，让他们分享未来的收益，获得人力资本。

创业者与其他拥有资源要素的主体，如供应方、渠道方、技术方、加工生产方等，创业者给他们货币资本获得所需的原材料、半成品、销售渠道、技术、设备或者加工生产能力等资源要素，也可以通过一部分股权把这些合作伙伴变成合伙人，把交易的博弈关系变为共赢的关系，共同分享创业企业股权价值的增长。

创业投资者带来创业企业资源整合方式的创新，创业者不仅可以用货币资本与当期收益向资源拥有者交换资源，也可以用股权价值的未来收益向资源拥有者交换。

这对于创业者而言意义深远，因为创业可以预支未来。创业之初，创业者的资源有限，但拥有一家创业企业百分之百的股权。随着创业投资者的进入为这些股权标价，创业者可以用这些股权未来的收益（这种收益未必一定能够实现，也许只是一种想象）去交易，相当于在当下提前使用未来的价值。

创业投资思维

创业投资思维衡量一家企业的市场价值是预测这家企业未来创造利润总和的折现，看企业现在的增长速度与未来的成长空间。企业可以轻资产甚至几乎没有资产，企业可以没有利润甚至没有收入，但如果能够创造巨大的未来收益，那企业就有巨大价值。

过去的经营思维是企业如何用现有的资源发展、积累后再发展，有什么资源做什么事，把事情做好，把现有的资源用好。

现在的创业投资思维是企业如何设计利益相关者共赢的商业模式，以货币的当期收益或股权的未来收益作为支付工具和交易所需的各种资源。企业可以没有资源，也可以不拥有资源的所有权，但可以通过引导利益相关者对企业未来价值的预测、判断、想象与分享，实现各种形式的资源整合，从而实现未来的成长价值。

创业投资者与创业者相互整合思维、协助创业者整合人与资源，推动创业企业成长，让企业的“市梦率”转化成市盈率，这才是创业投资的价值逻辑。